POCHES ODILE JACOB

DU MÊME AUTEUR
CHEZ ODILE JACOB

*Maigrir, c'est dans la tête*, Paris, 1997 ; 2007

*Maigrir, c'est fou !*, Paris, 2000 ; « Poches Pratique », 2006

*Les Relations durables*, Paris, 2004 ; « Poches Odile Jacob », 2006

*Dictature des régimes, attention !* (en collaboration avec Jean-Philippe Zermati), Paris, 2006 ; « Poches Pratique », 2008

GÉRARD APFELDORFER

# MANGEZ EN PAIX !

Odile Jacob
poches

15, rue Soufflot, 75005 Paris

www.odilejacob.fr

ISBN : 978-2-7381-2268-1
ISSN : 1621-0654

# *Introduction*

J'ai écrit ce livre afin de vous aider à arrêter la guerre des assiettes, à abandonner vos peurs au vestiaire.

Je vous propose de faire la paix. Avec vous, tout d'abord. Faire la paix, cela signifie être à l'écoute de ses besoins, être gentil et doux avec soi-même.

Et patient aussi, parce qu'écouter les messages que nous adresse notre corps prend du temps et demande de l'attention.

Et tolérant, parce que, bien des fois, ce qui nous fait manger, ce sont des besoins émotionnels. Pour éviter que ceux-ci prennent le dessus, qu'on se mette à manger à tort et à travers, il ne faut pas combattre ces émotions-là, mais les respecter, leur donner ce qu'elles demandent, peut-être sous une autre forme.

Il faut aussi faire la paix avec vos aliments. Ils sont bons. Ou, en tout cas, ils ne sont pas si mauvais que ça. Vous pouvez les aimer sans crainte, les aimer d'amour : ils ne vont pas vous tuer, ni sur un mode foudroyant ni même à petit feu. Nous avons la chance, nous autres Occidentaux, d'avoir plus à manger qu'il ne nous en faut, bien plus. C'est merveilleux. Nous vivons de plus en plus vieux et c'est en partie parce que nos nourritures sont bonnes. C'est formidable !

Pourquoi avoir peur ? De mal manger, d'être empoisonné par ce qu'on mange ? Pourquoi accuser ses aliments de faire grossir ? Ceux qui sont minces mangent le plus souvent les mêmes…

La peur et la culpabilité sont mauvaises conseillères. Elles débouchent sur une recherche effrénée d'aliments parfaitement bons, ce qui est un excellent moyen de se gâcher la vie.

Elles débouchent sur des efforts de contrôle en vue de maigrir ou de ne pas grossir, qui aboutissent à une perte d'écoute de soi. On cesse de manger en personne civilisée, on perd ses savoir-faire alimentaires, on ne mange plus quand on a faim, on ne s'arrête plus quand on est rassasié et content, on ne cherche plus à savoir ce dont on a envie à un moment donné.

Tous ces efforts pour vous discipliner ne font qu'aggraver vos problèmes. Ils dérèglent vos automatismes alimentaires : plus on se contrôle, moins on sait manger. Et plus on doit se contrôler… En définitive, on grossit alors qu'on cherche à maigrir, on mange mal alors qu'on cherche à manger à la perfection.

Pour vous sortir de là, je vous propose donc un cheminement. Il y aura des explications, car il en faut pour se rassurer. Et il y aura aussi des exercices pratiques, car vos conduites alimentaires ne se modifieront pas toutes seules.

Nous verrons tout d'abord ce que manger normalement veut dire. L'acte alimentaire est un acte riche, qui répond à de multiples besoins, physiques, psychiques, émotionnels. On ne peut pas se permettre de négliger certains besoins fondamentaux au profit d'autres. Mais aussi, l'équilibre entre ces besoins s'établit spontanément, sans lutte, dès lors qu'on est en paix et qu'on s'écoute.

Nous examinerons ensuite la qualité de nos aliments. Sont-ils dignes de confiance ? Sont-ils adaptés à nos besoins ? Nous font-ils grossir malgré nous ? Nous empoisonnent-ils ?

Je vous rassure tout de suite : les aliments qui sont à notre disposition, sans être parfaits, loin de là, sont suffisamment bons. Mais, là encore, vous n'êtes pas obligé de me croire sur parole, et nous entrerons dans le détail de ces peurs.

Nous en arriverons aux situations concrètes, à la façon dont on peut appliquer ce qui a été vu précédemment à la vie quotidienne. Comment faire ses courses, comment cuisiner, comment se comporter à table ou en dehors de la table, avec ou sans les autres.

Et puis, peut-on manger en dehors des repas, et quoi ? Comment faire face à une cantine qui ne propose que des produits médiocres, ou à un buffet garni de tant de bonnes choses ?

Certains ont des problèmes alimentaires coriaces. Ils sont en souffrance avec leur poids et leur comportement alimentaire. J'espère bien que, grâce au début de ce livre, ils auront pu redonner son lustre à l'acte alimentaire, faire à nouveau confiance à leurs aliments. Mais ce ne sera sans doute pas suffisant pour les tirer d'affaire, et il leur faudra poursuivre la démarche, apprivoiser leurs aliments un par un, apaiser les conflits avec leur apparence corporelle, avec eux-mêmes, et aussi avec ceux qui les ont blessés, afin que cessent les troubles du comportement alimentaire et que le poids se stabilise au poids d'équilibre.

Enfin, je donnerai quelques conseils à tous ceux qui sont parents et qui se demandent comment faire l'éducation alimentaire de leurs enfants, afin qu'ils deviennent des personnes civilisées, qu'ils soient en bonne santé et qu'ils ne succombent pas à l'épidémie d'obésité dont on les menace. Doit-on les laisser manger ce qu'ils aiment, ou bien doivent-ils aimer ce qu'on dit être bon pour eux ?

Voilà un long périple. Mais le problème est d'importance, n'est-ce pas ? Si la guerre est simple à déclarer, la paix est longue et difficile à obtenir. Cependant, cette dernière n'en vaut-elle pas la peine ? Je parle d'alimentation, bien sûr. Dans ce domaine, la paix s'obtient par une écoute attentive de ses différents besoins, par une alimentation civilisée. Le poids revient alors à son poids d'équilibre, la santé va aussi bien que possible, la vie est devant soi.

CHAPITRE PREMIER

# *Mangez harmonieusement*

> « Lorsque nous disons que le plaisir est le souverain bien, nous ne pensons pas aux plaisirs des débauchés ni à ceux qui consistent dans les jouissances physiques. [...]
> Le plaisir dont nous parlons consiste dans l'absence de souffrance physique et de trouble de l'âme. »
>
> ÉPICURE

Nous allons donc commencer par décrire une alimentation « normale ».

Manger normalement consiste à être attentif à ses besoins et à y répondre au fur et à mesure qu'ils se manifestent. Ces besoins sont vastes : ils sont tout à la fois corporels, psychologiques et émotionnels.

Nous allons voir que c'est en s'écoutant, et non en se disciplinant, qu'on parvient à y répondre. On mange alors harmonieusement.

L'harmonie alimentaire consiste en un équilibre sans cesse remis en question. Ou plutôt, il s'agit d'un déséquilibre permanent qui, quand on a une vue d'ensemble, sur une période de plusieurs semaines, s'avère dessiner un équilibre.

Voilà qui paraît compliqué. D'une certaine façon, ça l'est. Mais en pratique, cette complexité, nous n'avons pas à la connaître. Elle nous est cachée car elle est prise en charge par des mécanismes de régulation entièrement automatisés, qui se déroulent en dehors de notre conscience.

Tout ce que nous avons à connaître, pour notre bonheur, ce sont les signaux que ces mécanismes automatiques adressent à la partie de nous qui est consciente. Ces signaux sont simples, de nature intuitive : on a faim, et pas forcément de n'importe quoi, puis est rassasié et contenté. Jusqu'à la prochaine fois.

Voilà qui n'est donc pas bien sorcier. Et pourtant, quand on pense que j'écris tout un livre là-dessus…

## Comment ça marche quand ça marche bien ?

On mange donc plusieurs fois par jour dès sa naissance et quand tout va bien de ce côté-là, cette merveilleuse harmonie alimentaire passe inaperçue.

Elle correspond à une bonne santé, une absence de problème. Elle n'occupe pas l'esprit. Manger n'est alors qu'un aspect de la vie parmi tant d'autres. Il y a tant de choses à faire, si passionnantes ! Manger n'est en rien une préoccupation.

Ce n'est que lorsque l'harmonie fait défaut qu'on s'aperçoit à quel point elle est importante.

Et, de fait, nombre d'entre nous l'ont égarée, cette harmonie. Enivrés par nos richesses alimentaires, nous avons banalisé le fait de manger. De plus en plus inquiets et culpabilisés par des discours à la fois péremptoires et contradictoires, nous avons perdu notre sérénité alimentaire. Nous

nous inquiétons de notre santé, menacée, de notre poids, bien trop haut. Quel dommage ! Quelle pitié !

Quand on en est là, à ne plus savoir s'il faut d'abord avancer le pied droit ou le pied gauche, on a sans doute besoin de revenir aux principes de base.

Commençons donc au tout début : manger, finalement, ça sert à quoi ?

Nous allons voir que cela sert tout d'abord à apporter de l'énergie à notre corps. Une énergie vitale : quand on cesse de manger, une fois les réserves épuisées, on cesse de vivre. Et personne n'ignore que, pour ne pas s'affaiblir et péricliter, le corps n'a pas seulement besoin d'énergie, mais aussi de certains nutriments et micronutriments spécifiques. Il faut différentes sortes de glucides, de protéines contenant des acides aminés particuliers, différentes variétés de lipides, plein de minéraux, et aussi des tas de molécules que notre organisme ne sait pas fabriquer et qui lui sont pourtant indispensables, qu'on appelle des vitamines.

Jusque-là, tout le monde est d'accord. Mais, et le plaisir dans tout cela ? Et la convivialité ? Et les représentations, c'est-à-dire les images, les discours, les souvenirs, les sentiments dont les aliments sont porteurs ? Sont-ce juste des sortes de bonus ?

Et l'amour, est-ce un bonus, lui aussi ?

Mais non, voyons, l'amour n'est pas un bonus. En fait, tout est à l'envers dans cette histoire.

### ➤ *Manger est un acte d'amour, simple et magique*

Remettons l'histoire à l'endroit.

Elle commence par l'amour, se poursuit par l'amour et, je l'espère pour vous, finit en amour.

Lorsque votre maman vous a nourri, elle l'a fait avec de l'amour. Oh, ne vous trompez pas, je ne veux pas dire par là qu'elle vous a donné son lait avec amour. Non, c'est bien plus que ça. C'est l'amour qui vous a nourri et le lait était une composante de cet amour.

Sans cet amour, donné par votre mère ou une personne qui en a fait fonction, vous n'auriez tout simplement pas grandi. Vous n'auriez pas pu avaler le lait et, si on vous avait forcé à le prendre malgré tout, vous ne l'auriez pas digéré. Et si vous en aviez digéré un peu malgré tout, vous n'auriez pas grandi et vous seriez mort en bas âge. Et si vous n'étiez pas mort, eh bien, vous auriez de gros problèmes affectifs et psychologiques[1].

L'amour est partout en matière alimentaire : l'amour de soi, bien sûr, qui s'est construit à partir de l'amour reçu. C'est cet amour qui nous permet, parce que nous nous voulons du bien, d'écouter attentivement les messages que nous adresse notre corps, afin de répondre gentiment à ses moindres besoins. Avec amour et dans l'harmonie.

Les aliments : nous avons besoin de les aimer, faute de quoi ils ne se laissent pas digérer. Comme quoi, entre eux et nous, c'est parfois l'amour vache.

Nos semblables : nous voulons partager avec eux l'amour des aliments, afin qu'on puisse s'aimer.

L'amour, aussi, c'est magique. Songeons à ce miracle : nous mettons en nous quelque chose qui n'est pas nous et qui le devient. Nous absorbons ce que nous mangeons, nous le transformons en énergie et, plus magique encore, ce que nous mangeons devient notre propre substance !

On comprend qu'on ait fait de cet acte troublant, durant des millénaires, un acte de nature religieuse, ayant une dimension spirituelle. Comment expliquer la merveilleuse adéquation qui existe entre nos aliments et nous, si ce n'est par l'amour des dieux, de Dieu ? Il conviendrait donc, chaque fois qu'on mange, de remercier le ciel de cette forme de miracle.

Bon, je vous l'accorde, les avancées de la biologie permettent une autre explication : tous les êtres vivants ont une origine commune, sont construits à partir des mêmes molécules et fonctionnent sur les mêmes bases biochimiques. Il n'est donc pas si surprenant que les uns puissent se nourrir des autres, que nous puissions puiser dans leur énergie, que leurs molécules puissent devenir nos molécules.

Nous faisons donc partie intégrante de la nature. Nous lui sommes consubstantiels. Manger est donc une façon de communier avec elle, de nous ressourcer en elle et d'y participer.

Si ce n'est pas une histoire d'amour, ça…

### ➤ *On mange pour répondre aux besoins de son corps en énergie*

Mais, dans notre voyage, abandonnons la magie de l'amour un instant et revenons au ras des pâquerettes, c'est-à-dire au niveau cellulaire.

Même si nous sommes loin d'être seulement un tas de cellules, nous sommes cela aussi. Manger sert à se développer et rester vivant. Notre corps doit maintenir sa température à 37 degrés, notre cœur doit battre, nos muscles doivent travailler, notre cerveau doit carburer. Sans compter nos poumons, notre foie, nos reins, notre tube digestif, nos différentes glandes, toute cette machinerie sophistiquée qui s'active afin que nous puissions œuvrer à nos occupations. On comprend qu'il faille fournir du carburant à l'organisme pour qu'il mène à bien toutes ces tâches, vitales ou motivées par nos désirs et nos objectifs.

*Manger ce dont notre corps a besoin*

Le carburant de référence, ce sont les glucides, c'est-à-dire les sucres simples des fruits, du lait, des produits sucrés, ainsi que les sucres complexes, qui se digèrent plus lentement, à base d'amidon, comme le pain, le riz, les pâtes, les semoules et les légumes secs.

Les lipides, très énergétiques, se trouvent dans les huiles, les margarines, le beurre, la crème fraîche, les viandes, les poissons, les œufs, les fromages et autres produits laitiers, les pâtisseries, certaines confiseries. Notre corps, s'il peut faire quelques réserves de glucides sous forme de glycogène dans les muscles et dans le foie, a la capacité de stocker bien davantage d'énergie sous forme de lipides. Mais ces réserves lipidiques ne sont pas immobiles : l'organisme en a constamment besoin pour joindre les deux bouts et il passe donc son temps à stocker et déstocker. Notre graisse n'est pas inerte, elle est vivante !

Une bonne part des acides aminés des protéines des viandes, des poissons, des œufs, des laitages et de certains végétaux peut aussi être convertie en glucides ou en lipides s'il en est besoin et être utilisée comme carburant.

Bref, nous autres, *Homo sapiens*, qui sommes des omnivores, nous sommes polyvalents et notre moteur, bien qu'ayant ses préférences, accepte bien des carburants.

Qu'en est-il de la consommation ? Elle est des plus variable. En moyenne, un être humain au repos complet a besoin de 1 600 kcal par jour, ou 6 700 kJ (l'unité internationale d'énergie est le kilojoule, et 1 kcal = 4,18 kJ). C'est ce qu'on appelle le métabolisme de base. Dès lors qu'il sort de son lit et vaque à ses occupations, son métabolisme tourne alors à environ 2 400 kcal/j, soit 10 000 kJ/j.

Bien évidemment, tout dépend de l'énergie qu'on met à vivre : un petit gabarit vivant au ralenti dans une maison bien chauffée, pourra se contenter de 1 400 kcal/j, tandis qu'un grand costaud qui court dans tous les sens, qui coupe son bois torse nu et à la hache par temps de gel, aura besoin d'au moins trois fois plus.

La consommation de base, sans qu'on fasse autre chose que de rester vivant, c'est-à-dire d'avoir le cœur qui bat, les poumons qui respirent, et les organes qui fonctionnent, est aussi très inégale.

Supposons que nous soyons des voitures : le métabolisme de base serait alors l'équivalent de la consommation d'une voiture immobile mais vivante, c'est-à-dire qui aurait son moteur en train de tourner. Le métabolisme énergétique total représenterait la consommation de cette voiture lorsqu'elle roulerait.

Certains d'entre nous sont du type petite cylindrée, tandis que d'autres sont plutôt du type voiture de course. Les Ferrari ou les Maserati ont un métabolisme de base élevé : lorsqu'elles font du zéro km/h, par exemple lorsqu'elles sont arrêtées à un feu rouge, elles consomment jusqu'à cinq fois plus d'essence qu'une voiture de petite cylindrée[2]. Lorsqu'elles roulent, elles maintiennent bien évidemment une bonne partie de ce différentiel.

Chaque modèle a ses avantages : les voitures avec un gros moteur sont puissantes et rapides ; les voitures avec un petit moteur trouvent leur intérêt quand l'essence devient rare et hors de prix, et finissent elles aussi par arriver à destination.

Chez les êtres humains, les forts métabolismes sont plus vigoureux, courent plus vite, ont plus d'endurance, mais doivent manger davantage. Les individus avec un tout petit métabolisme sont plus frileux, vite fatigués, un peu lymphatiques, mais fort heureusement pour eux, ne sont pas plus bêtes : leur cerveau consomme autant que celui des grands costauds et ne tourne pas au ralenti. Et puis, en cas de famine, les petits consommateurs tiennent plus longtemps avec une même quantité de nourriture, ce qui leur permet de survivre là où les grands baraqués meurent de faim. Cette capacité à survivre avec peu, cette tendance à l'économie énergétique, à la mise en réserve de la moindre calorie qui passe, aurait même été, au cours des temps, un facteur de sélection de type darwinien : voilà qui expliquerait que les économes en énergie soient majoritaires dans la population.

Le problème aujourd'hui pour nos économes, c'est que, dans nos contrées, on manque de famines qui leur permettraient de prendre l'avantage sur les dépensiers.

### ➤ *On mange pour répondre aux besoins de son corps en nutriments et micronutriments*

L'organisme n'a pas simplement besoin d'énergie. Il est en perpétuelle reconstruction. Par exemple, les cellules qui tapissent notre intestin et qui permettent l'absorption des aliments sont en quelque sorte à usage unique : elles ne durent que trois jours avant de laisser la place à de nouvelles cellules. Les neurones, fort heureusement, nous font plus d'usage.

Toutes nos cellules sont construites à base de protéines et de lipides. Chaque jour, notre corps détruit 300 grammes de ses propres protéines. Quelle usine ! Voilà qui fait un turn-over d'environ 110 kilos par an de protéines, soit presque deux fois le poids d'un corps moyen ! Une partie cependant est l'objet d'un recyclage : les protéines usagées libèrent les acides aminés qui les constituent, qui sont récupérés par d'autres cellules pour former de nouvelles protéines. Mais ce recyclage n'est jamais total : 50 à 80 grammes de protéines sont définitivement perdus, transformés en urée, évacuée dans les urines. C'est bien évidemment à l'alimentation qu'il revient de fournir les acides aminés de remplacement, et en particulier les acides aminés dits essentiels, que notre corps est incapable de synthétiser[3].

Il en va de même pour les lipides, c'est-à-dire les triglycérides et les acides gras, le cholestérol et les phospholipides, qui sont entre autres choses des constituants des membranes cellulaires, tout particulièrement nécessaires à notre cerveau, constitué de lipides à 50 % pour la substance grise, et 70 % pour la substance blanche. Là encore, si notre organisme se débrouille pour fabriquer lui-même bon nombre de molécules, il se révèle incapable de synthétiser certains acides gras dits essentiels, précurseurs des familles oméga 3 et oméga 6, sur lesquelles nous aurons l'occasion de revenir.

Outre les glucides qui apportent l'énergie, nous avons donc un besoin vital de protéines et de certains corps gras, qui apportent des nutriments essentiels. Comme nous sommes remarquablement bien faits, nous avons de l'appétence, non seulement pour les protéines ou les lipides en tant que tels, mais pour les acides aminés et les acides gras essentiels qu'ils contiennent, en proportion de nos besoins[4].

Ce n'est pas tout : notre corps, pour fonctionner, réclame aussi un certain nombre de micronutriments, vitamines et minéraux et, pour un certain nombre d'entre eux, on a pu mettre en évidence des *appétits spécifiques* qui se déclenchent quand le manque s'en fait sentir[5].

Nous sommes sans doute naturellement équipés pour réguler sur des bases intuitives une bonne part des nutriments qui nous sont nécessaires : sans que nous sachions pourquoi, à certains moments, nous ressentons une appétence particulière pour certains aliments que nous connaissons intimement pour les avoir déjà consommés dans le passé, et qui contiennent les molécules qui nous font défaut.

Mais cela ne marche pas à tout coup. Parfois, le malaise lié à la carence, le mieux-être lié à l'apport alimentaire se manifestent si lentement qu'ils sont peu perceptibles. Par exemple, lorsqu'on est un mangeur de riz, il faut des mois, voire des années, avant de souffrir des effets de la carence en un acide aminé, la lysine, qui manque aux protéines des céréales. Il faut des semaines, ou des mois, pour que nos systèmes de régulation de la prise alimentaire fassent la relation entre un mieux-être ressenti et le fait qu'on se soit mis à ajouter systématiquement à son riz des aliments complémentaires contenant de la lysine, en l'occurrence des légumes secs, un laitage ou de petits morceaux de viande, de poisson ou d'œufs.

Fort heureusement, chaque individu n'a pas à redécouvrir par lui-même le fil à couper le beurre ! Ce que nous avons bien du mal à faire à un niveau individuel, notre culture l'a déjà fait pour nous. Les hindous mangent leur riz aux lentilles, les Sud-Américains leur maïs aux haricots rouges et la semoule du couscous réclame ses pois chiches ! Les lentilles, pois chiches, fèves, haricots et soja apportent la lysine qui fait défaut aux céréales, tandis que le blé, l'avoine, le riz, le maïs, le seigle apportent la méthionine qui manque aux légumineuses. La part la plus riche de l'humanité se simplifie la vie et varie ses menus en recherchant ses acides aminés manquants dans un complément de laitages, de viande, de poisson, d'œufs ou de charcuterie. On peut donc se nourrir de pâtes à la sauce bolognaise, ou bien au parmesan, ou bien avec les deux, tandis que des pâtes à l'eau sont aussi tristes qu'insuffisantes. De même, le pain réclame son bout de fromage, de pâté ou de jambon et les céréales du petit déjeuner ne se conçoivent pas sans leur lait.

Chaque culture aura opéré des choix alimentaires, concocté des recettes qui permettent de faire au mieux avec ce qui est disponible, sans que nous ayons à nous poser trop de questions.

À condition, bien entendu, que tous ces savoirs ne se soient pas perdus en route…

### ➤ *On mange pour répondre à sa faim de représentations*

Ceux qui nous ont précédés et qui ont survécu, au moins le temps nécessaire pour enfanter et permettre à leurs enfants de grandir et de leur succéder, sont les gagnants de l'histoire. En suivant la tradition, en mangeant comme eux, on a des chances raisonnables de faire nous aussi partie des gagnants, d'avoir une santé suffisamment bonne.

Certains en déduisent que les traditions alimentaires des différents peuples du monde obéissent essentiellement à une logique hygiénique et diététique sous-jacente, qui aurait représenté un facteur de sélection naturelle.

Certains aliments qui, pris séparément, répondraient à nos besoins de façon incomplète forment, lorsqu'on les cuisine ensemble, des plats complets, procurant une meilleure santé aux populations qui ont développé ces coutumes. Ou bien encore, les juifs et les musulmans du Moyen-Orient, en instaurant un tabou sur la consommation de porc, éviteraient-ils d'être contaminés par une parasitose qui était courante dans ces pays, la trichinose.

Après tout, pourquoi pas ? Mais la trichinose était-elle une maladie si débilitante, si grave, qu'il a fallu que Dieu s'en mêle ? Ou bien est-ce le fait d'ingérer des aliments porteurs de représentations, enrichis en valeur symbolique, qui a dopé ces populations et leur a conféré un avantage sur ceux qui ne faisaient que nourrir leur corps sans s'occuper de nourrir aussi leur psyché ?

## Nourritures et religion

Pour les docteurs de la foi judaïque, l'affaire est entendue : ils ont de tous temps professé qu'aucune logique humaine, qu'aucune visée hygiéniste ne sous-tendent les prescriptions alimentaires de la cacherout. Les prescriptions alimentaires doivent être acceptées telles quelles, comme une évidence[6]. En fait, prétendent-ils, ce que la nourriture casher fait au juif, c'est renforcer sa nature de juif en le nourrissant d'« étincelles divines ». La nourriture casher, pour le juif, contient une énergie profonde qui entretient la vie, qui donne des forces spirituelles intellectuelles et émotionnelles à son âme juive[7]. Il en va de même pour les autres religions : chaque aliment ou catégorie d'aliment est porteur de représentations qui confèrent à l'acte alimentaire une valeur spirituelle. On conçoit alors que porter une bouchée à sa bouche, mâcher, déglutir, ressentir la valeur nourrissante de cette bouchée requière toute l'attention du mangeur.

Personnellement, je suis laïc et fier de l'être. Cela ne me dispense certainement pas de m'émerveiller ! Manger me permet, plusieurs fois par jour, de percevoir dans ma chair le miracle de la vie, le fait que je fais partie d'un tout plus grand que moi, d'un équilibre écologique proprement stupéfiant. Quel dommage de passer à côté de ce miracle, en mangeant sans y penser !

Lorsqu'on n'oublie pas de faire de l'acte de manger un acte d'amour, culturel et spirituel, consommer les produits de son pays, de sa région, de sa famille permet de se retremper dans sa culture d'origine. On se nourrit en vivifiant ses racines. Si le Breton ou l'Alsacien aiment à manger des plats bretons ou alsaciens, c'est parce qu'en les incorporant ils se ressourcent et sortent de table davantage bretons ou alsaciens. Une viande casher ou halal, ou bien une viande Label rouge, ou bien une viande de batterie ont des qualités nutritionnelles très voisines, mais ne nourrissent pas notre psyché de la même façon. En fait, une viande non casher ou non halal, pour le juif ou le musulman orthodoxes, est à vomir. Certains ne sont pas loin de penser la même chose des viandes un peu trop industrielles…

Comme je suis né à Lyon, ce n'est jamais sans une certaine émotion que je mange du saucisson brioché et pistaché, accompagné de pommes vapeur. À défaut de saucisson brioché, je peux aussi me rabattre sur de la rosette, ou mieux, du jésus. Ma mère faisait aussi des criques, qui sont une forme d'omelette lyonnaise aux pommes de terre râpées, dont j'aime parfois à retrouver le goût.

Les voilà, mes madeleines de Proust ! La simple évocation de ces noms me replonge dans mon enfance, me rappelle mes parents, la monumentale mairie de Villeurbanne, son style stalinien si désuet et si touchant, la place Bellecour, la basilique de Fourvière, les vieilles traboules et ce fichu accent lyonnais que je retrouve alors instantanément.

**À VOUS DE JOUER**

Et vous, quelles sont vos madeleines de Proust ? Quels sont ces aliments puissants qui font remonter des souvenirs en vous, bons ou mauvais ?

Mais ne croyez pas que je sois perpétuellement à la recherche du temps perdu. J'aime aussi les aventures alimentaires et je ne dédaigne pas, de temps à autre, m'imaginer japonais en consommant quelques sushis, yakitoris ou tempuras, ou encore italien grâce à un plat de spaghettis *al dente*, quand ce n'est pas américain, au moyen d'un hamburger !

Tous ces aliments qui me permettent de me retrouver, ou bien qui me permettent de partir à l'aventure, à la rencontre d'autres, différents de moi, comment puis-je faire autrement que les respecter, leur consacrer toute l'attention qu'ils méritent ? À chaque bouchée, me voilà qui me sens davantage moi-même, selon les moments conservateur, tenant des vieilles traditions, du retour aux sources, et à d'autres moments aventureux, à la recherche d'enrichissantes nouveautés.

Il m'arrive aussi de ne pas me contenter de mes vieilles histoires, ou bien de voyages à la petite semaine, mais de me nourrir d'histoire. Lorsque je mange un croissant, je ne peux pas m'empêcher d'évoquer mentalement l'histoire de cette viennoiserie. Nous la devons aux Viennois, bien évidemment, qui l'ont inventée en septembre 1683. Ils avaient eu chaud : les Turcs, qui assiégeaient Vienne, venaient d'être repoussés de justesse. Pour fêter ça, les boulangers confectionnèrent des croissants à dévorer, dont il s'agissait de ne faire qu'une bouchée, comme on prétendait l'avoir fait pour le Croissant turc. Et comme, en s'enfuyant, les Ottomans avaient abandonné quelque cinq cents sacs de café, une boisson bien exotique à l'époque, le « petit déjeuner continental » était né !

Manger un croissant en pensant aux Austro-Hongrois et aux Ottomans oblige à respecter la viennoiserie porteuse de sens qu'on porte à la bouche. Voilà qui décuple le plaisir qu'on prend à la manger, qui démultiplie la satisfaction qu'elle apporte. On mange de bon cœur, et on se nourrit de cette joie qui nous remplit !

En temps normal vient un moment où, je le sens, l'aliment a atteint son but. Je suis à la fois nourri par les nutriments de ma pitance et satisfait par les représentations, les symboles véhiculés. Voilà pourquoi je m'arrête : je sens bien que manger davantage n'ajoutera pas à ma satisfaction, déjà complète.

Parfois, cependant, tout occupé à me nourrir d'histoires, d'histoire, de géographie, de spiritualité, je ne prête qu'une attention distraite à mes signaux de rassasiement. Ce qui est important, alors, c'est de contenter ma psyché. Si bien que, d'un point de vue énergétique, je me laisse aller à manger au-delà de ma faim. Certes, je sors de ma zone de confort, mais est-ce grave ? Vais-je grossir ?

Et aussi : préoccupé par la valeur symbolique de mes aliments, je néglige mes appétits spécifiques et je consomme des aliments qui n'apportent pas forcément les nutriments dont mon corps a besoin. Vais-je m'affaiblir, voire tomber malade ?

Quelle drôle d'idée ! Raisonner ainsi, c'est se croire bien fragile ! Fort heureusement, il n'en est rien. Repu de représentations, ayant satisfait ma faim d'histoire, de géographie, de transcendance, ces besoins passeront au second plan lors des repas suivants, ce qui me permettra de centrer alors mon attention sur, par exemple, mes besoins énergétiques. Je m'apercevrai alors que je n'ai qu'un appétit bien chétif et, n'écoutant que cet appétit, qui ne me dirait rien, je me garderai de manger, ou bien je mangerai de façon minimaliste.

Ou encore, ce qui prendra le dessus, ce seront des besoins en certains nutriments ou micronutriments. Je me sentirai en appétit pour tels ou tels aliments, qui me sembleront à même de les satisfaire. Je mangerai de bon appétit ces aliments-là, qui m'apporteront ce que mon corps réclame, et je remettrai à plus tard la régulation précise de mes besoins énergétiques.

### ➤ *On mange pour répondre à sa faim des autres*

Nous sommes fondamentalement des animaux sociaux, faits pour manger en groupe ou en famille. Dans nombre de pays, on considère que manger seul, sans partager, est d'une tristesse infinie, le signe d'une grande misère sociale.

Bien sûr, il arrive qu'on mange seul, lorsqu'on est en déplacement, loin des siens, qu'on travaille et qu'il n'est pas possible de rentrer chez soi. Mais alors, il ne s'agit que d'un en-cas, pas d'un repas digne de ce nom. Dès que c'est possible, on mange en personne civilisée, c'est-à-dire en partageant.

Partager, ai-je dit. Autrefois, il s'agissait d'un partage véritable : la plupart du temps, le plat était sur la table et tout le monde mangeait la même chose. Chacun était mimétiquement conduit à prêter attention à ce qu'il ressentait en mangeant ce que l'autre mangeait. Le sentiment de faire partie d'un groupe, d'une communauté, d'une famille naissait de ce qu'on était des mangeurs qui mangeaient pareil. Que sont des copains, si ce n'est ceux qui mangent le même pain ?

Aujourd'hui, il est courant qu'on mange non pas ensemble, mais à côté des autres. Au restaurant, chacun commande ce qu'il désire, sans se préoccuper de l'assiette du voisin. Et même, à la maison, chacun peut disposer de sa portion individuelle réchauffée au micro-ondes.

Du coup, comment parler de la nourriture, comment lui donner du sens ? Certes, on peut interroger l'autre pour savoir s'il trouve ce qu'il mange à son goût, mais on ne peut plus échanger de point de vue sur ce qu'on mange. Voilà qui appauvrit singulièrement l'acte alimentaire.

## Manger en privé, manger en public

Dans les pays anglo-saxons, et tout particulièrement aux États-Unis, on mange souvent seul et sans se préoccuper du moindre horaire. Cette solitude alimentaire se justifie par le fait qu'on conçoit le fait de manger comme n'étant rien d'autre que le moyen d'apporter à l'organisme les nutriments dont il a besoin. Dans cette vision diététisante et puritaine de l'alimentation, le plaisir est considéré comme du superflu, et même il convient de s'en méfier. La faim des autres, la faim de représentations, les besoins émotionnels sont considérés comme négligeables.

Si manger n'est rien d'autre que la satisfaction d'un besoin corporel, comme aller aux toilettes ou se laver, c'est alors une activité d'ordre privé. On mangera donc à chaque fois que le besoin s'en fait sentir.

Mais voilà : manger ainsi conduit à manger davantage. Comme on est seul, il ne semble pas nécessaire de civiliser son acte alimentaire et on mange donc bien plus vite. Comme ce qu'on ingurgite n'est pas porteur de représentations, d'amour et de chaleur humaine, on ne lui témoigne pas de respect. Et manger des aliments méprisables conduit à se mépriser soi-même.

Comme c'est triste ! Et, sensible à cette tristesse, ayant le sentiment d'être abandonné, on en vient à se consoler en engloutissant davantage.

Au contraire, dans les pays où manger est un acte public, convivial, l'acte alimentaire revêt davantage d'importance. La nourriture paraît meilleure, et elle nourrit aussi bien l'esprit que le corps. Les quantités dont on a besoin sont alors moindres.

Civiliser son comportement alimentaire est loin d'être du temps perdu !

### À VOUS DE JOUER

Mangez-vous le plus souvent seul(e) ou bien à plusieurs ? Dans un cas et dans l'autre, mangez-vous différemment ? Que ressentez-vous ? Avec qui aimez-vous partager votre nourriture ?
Lors d'un prochain repas à plusieurs, soyez attentif au plaisir procuré par le fait de manger la même chose au même moment, de partager.

## ➤ *Manger sous le coup des émotions est normal*

Quelle belle histoire que de manger paisiblement, des aliments riches en énergie, en nutriments, en micronutriments, riches en représentations nourrissantes, tout cela en bonne compagnie ! On apprécie alors ce qu'on mange et on se nourrit de bonheur.

Malheureusement, tout le monde ne vit pas en permanence dans ce monde idyllique.

« Avec tous les malheurs qui m'arrivent, une bonne petite bouffe entre amis, ou bien des chocolats mangés en secret seront les bienvenus ! », se dit-on aussi parfois. Et, de fait, manger des nourritures goûteuses, bien grasses et bien sucrées, peut nous permettre de réguler nos émotions et nous réconcilier avec la vie.

Certes, on aura mangé au-delà de ses besoins énergétiques, et pas forcément les nutriments réclamés par l'organisme à ce moment précis.

Après ces excès, apaisé, on se sent prêt à repartir d'un bon pied et on écoute alors ses appétits. Comme justement on n'en a guère, on mange peu par la suite.

Enfin, voilà comment ça se passe normalement, quand les comportements alimentaires ne sont pas déréglés.

**À VOUS DE JOUER**

Certains mangent quand ils ressentent de la colère, de l'anxiété, de la dépression, mais aussi quand ils sont un peu trop heureux.
• Vous arrive-t-il de manger sans faim, en raison d'émotions ? De quelles émotions s'agit-il ?
• Vers quels aliments vous sentez-vous attiré ? Il y a fort à parier que ce sont des aliments gras et sucrés.
Les mangez-vous en profitant pleinement de leur goût, de l'apaisement qu'ils procurent ? Vous êtes alors dans la normalité alimentaire.
• Les quantités consommées sont-elles importantes au point d'empêcher toute régulation par la suite ? Culpabilisez-vous, vous angoissez-vous à l'idée de grossir ?
Si vous répondez oui à ces deux questions, vous avez un problème dont nous nous occuperons plus loin (voir : « Faites la paix avec vous-même », page 220).

### ➤ *La régulation des différents besoins se bricole*

Peut-on courir après l'énergie, après les nutriments et les micronutriments dont le corps a besoin, après la convivialité, après l'amour, après la paix de l'âme dont l'esprit a besoin ? Peut-on satisfaire tous ces besoins à la fois ?

Eh bien oui, on le peut. Mais sans doute faudra-t-il s'y reprendre à plusieurs fois, et satisfaire ces besoins les uns après les autres. Et, comme la satisfaction de certains besoins conduit à créer de nouveaux déséquilibres, ces derniers devront être compensés. Les régulations se feront donc sur le mode d'un *bricolage* génial et perpétuel, c'est-à-dire un équilibre fait de bric et de broc, à la va comme je te pousse, avec les moyens du bord.

En fait, tout se passe comme si notre organisme se contentait de parer au plus pressé, de satisfaire le besoin le plus criant, souvent au détriment d'autres appétits. Si, par exemple, nos besoins énergétiques s'avèrent importants, nous avons alors faim d'aliments nourrissants, du gras, du sucré, pleins de bonnes calories. Avons-nous des besoins insatisfaits en fer, en protéines ? Les viandes, les légumes secs nous paraîtront tout particulièrement attirants. Nos appétits spécifiques nous feront désirer les aliments en fonction de leur composition, rendant délectables des aliments riches en magnésium ou en zinc dans le moment où nous manquons de magnésium ou de zinc.

Avons-nous surtout faim des autres, soif de liens, avons-nous besoin de resserrer des liens familiaux ou amicaux ? Nous privilégions la convivialité et mangeons alors les aliments qui s'y prêtent, sans nous occuper d'autre chose. Ou bien avons-nous besoin de retrouver nos racines, de savoir qui nous sommes ? Nous voilà partis à la recherche d'aliments porteurs de symboles forts. Notre faim de représentations nous fera ainsi préférer les nourritures qui, par le sens qu'elles véhiculent, par les valeurs spirituelles auxquelles elles se rattachent, renforcent certains éléments de notre personnalité.

Ou bien encore sommes-nous perturbés par diverses émotions et pensées déplaisantes et avons-nous appris à les combattre au moyen de compulsions alimentaires, de grignotages et de boulimies ? Nous ferons alors appel aux produits les plus gras et les plus sucrés, qui sauront apaiser nos angoisses, tenir à distance nos inquiétudes.

Ainsi va la vie, en fait : cahin-caha, et non pas à la façon d'un plan comptable. Les désirs se succèdent et, lorsqu'ils sont satisfaits, ils cèdent la place aux désirs suivants. Si bien qu'à la longue, les déséquilibres successifs s'équilibrent et que, sur la durée, une alimentation perpétuellement « déséquilibrée » s'avère parfaitement équilibrée.

Par exemple, pris d'un désir d'amitié et de chaleur humaine, désireux de resserrer des liens distendus avec certains de mes amis, j'organise une petite soirée et je leur mitonne une blanquette à ma façon, avec un gâteau au chocolat. Faire un repas sans entrée digne de ce nom, sans plateau de fromages ne serait pas leur faire honneur, et il nous faut aussi boire au nom de l'amitié, sans doute plus que de raison. Se retenir, se surveiller, refuser tel ou tel plat seraient des freins à la circulation des sentiments, refroidiraient la chaleur humaine.

Quel plaisir que ce partage des aliments, cette convivialité, quelle fête, quelle joie ! Et comme, tous, alimentés par ces échanges sentimentaux, nourris des autres, nous nous sentons bien dans notre peau, heureux, épanouis, après cette joyeuse soirée !

Il y a fort à parier que ce repas, qui aura satisfait ma psyché, qui l'aura nourrie d'émotions tendres, aura engendré des déséquilibres à d'autres niveaux.

J'aurai bu trop d'alcool, trop mangé, une nourriture trop riche et trop abondante pour mes besoins énergétiques. Mais qu'importe, puisque le lendemain ou le surlendemain, mon appétit sera diminué d'autant.

N'écoutant alors que mon appétit, qui semble être aux abonnés absents, peut-être sauterai-je un repas ; ou bien, sans aller jusque-là, aurai-je de l'appétence pour des choses légères, rafraîchissantes, par exemple un peu de verdure, quelques bouchées de ceci ou cela. Si bien que, sans que je m'en occupe rationnellement, simplement en suivant mes sensations alimentaires, mon équilibre nutritionnel se rétablira de lui-même à l'échelle de la semaine ou de la dizaine de jours.

### *Se faire confiance*

Nos choix et nos modes alimentaires sont donc le fruit d'une incessante négociation entre les différents étages de notre être.

On conçoit que, pour que cela fonctionne, pour qu'on parvienne à réguler autant de choses, de nature si différente, par le moyen de nos comportements alimentaires, un certain nombre de conditions doivent être remplies.

Il convient tout d'abord qu'on accepte de satisfaire ses besoins dans l'ordre où ils apparaissent, et de ne pas se tracasser de déséquilibres passagers, de considérer que la somme de ces déséquilibres, à l'échelle de la semaine, de la quinzaine, engendrera un équilibre de niveau supérieur.

Nos mécanismes de régulation fonctionnent en majeure partie en dehors de notre conscience. En temps normal, quand tout se déroule à merveille, nous ne savons d'eux que ce qu'il est nécessaire d'en savoir.

Seuls parviennent à notre conscience des appétences, des émotions, des désirs, des sensations, qui réveillent des représentations et nous orientent vers certains aliments à certains moments. Quand la satisfaction est obtenue, que la faim est calmée, qu'on est apaisé, on comprend qu'on peut s'arrêter de manger.

Il faut pouvoir accepter de se reposer sur cette splendide machinerie, hautement sophistiquée, plutôt que sur la logique, le raisonnement, des connaissances qui se veulent « scientifiques », mais qui ne le sont pas tant que ça, car trop parcellaires, s'attachant à certains détails en négligeant l'ensemble.

### *Faire confiance à son corps*

En somme, il convient de faire confiance à sa nature, qui se révèle être à plusieurs étages.

Le premier consiste en des mécanismes neurohormonaux de la régulation des prises alimentaires, mis au point tout au long d'une évolution qui s'est déroulée sur des millions d'années.

Mais, chez nous autres, mammifères, c'est à partir des comportements alimentaires de la prime enfance, des premiers échanges entre le nouveau-né et sa mère nourricière que nous avons nos premiers émois ; c'est à partir de là que se structure notre être émotionnel. Si bien qu'il est dans notre nature d'être émotionnés par nos actes alimentaires.

Nos représentations mentales donnent du sens à nos émotions, les complexifient en sentiments.

Les savoir-faire alimentaires bricolés lors des derniers millénaires nous permettent de ne pas partir de zéro : le savoir-manger est un acte culturel.

De tout cela, nous nous servons pour satisfaire notre faim amoureuse des autres, de nous-même en étant aux petits soins pour nous, attentifs à nos sensations et nos émotions alimentaires, comme pour nous prouver à quel point nous nous aimons.

Et quand survient un orage émotionnel, manger constitue souvent notre ultime recours.

Tout ce bricolage permet une adéquation optimale entre nos besoins psychiques et physiques, et le monde dans lequel nous vivons, les nourritures disponibles.

Fort heureusement, il n'est pas nécessaire de satisfaire tous ces besoins à chaque prise alimentaire ! En suivant notre intuition, nous satisferons les besoins les plus urgents, nous réaliserons des compromis. Un besoin non satisfait le sera lors d'une prise alimentaire postérieure. C'est dans la durée que l'alimentation s'harmonise.

## Ces sensations, ces émotions et ces compétences qui guident notre comportement alimentaire

Ce que nous recherchons avant tout, c'est nous trouver dans cette *zone de confort*, où l'on se sent bien, où les besoins sont satisfaits, sans manque ni excès. Avoir faim n'est guère confortable et on tente de calmer cette faim en mangeant. Mais aussi, à un moment donné, on sent que certains aliments nous iront mieux que d'autres, qu'ils apaiseront davantage certains appétits que nous ressentons en nous.

Nous sentons aussi intuitivement que trop manger nous fait sortir de notre zone de confort. On sera lourd, on aura la digestion difficile, les idées confuses. Se rendant compte qu'on n'a pas mangé de façon adéquate, on ne sera pas content de soi. Certains iront jusqu'à se sentir coupables d'avoir mangé de façon immorale, c'est-à-dire diététiquement incorrecte, et s'angoisseront à l'idée de grossir.

Rester dans la zone de confort suppose qu'on mange lorsqu'on est modérément affamé, et qu'on s'arrête de manger lorsqu'on est modérément rassasié. C'est un peu comme un moteur de voiture : lorsqu'il tourne à trop bas régime, ou bien lorsqu'on appuie trop sur l'accélérateur, il peine. C'est un régime modéré qui lui convient le mieux.

### ➤ *S'écouter vaut mieux que se contrôler*

Il n'est pas rare que, lorsque j'explique à certains de mes patients qu'il n'y a pas de bons ou de mauvais aliments, qu'il n'y a que des aliments qui, à un certain moment, sont adaptés à nos besoins et d'autres qui le sont moins, ils prennent cela pour une autorisation à manger tout et n'importe quoi, dans n'importe quelle quantité. Puisque ce sont les interdits qui pèsent sur les aliments qu'on aime qui exacerbent nos désirs, mangeons-en donc à volonté ! Le résultat est prévisible : les voilà qui grossissent...

Il est vrai que le contrôle de son alimentation, la discipline qu'on s'impose au nom de la raison ou de la science obligent le plus souvent à mettre entre parenthèses ce qu'on perçoit de ses sensations alimentaires et de ses appétits spécifiques. On a faim à 11 heures, mais comme il n'est pas l'heure de manger, on essaie de se détourner de ses sensations de faim. On n'a pas faim à midi, mais on mange quand même car c'est l'heure. On a envie de chocolat, mais comme c'est un aliment gras et sucré, on décide de prendre un fruit à la place.

Il s'avère en fait très difficile de manger à l'encontre de ses appétits. Au début, tout va bien. Mais, au bout de quelques semaines, quelques mois, les désirs s'exacerbent et on finit par craquer sur ces aliments qu'on désire et auxquels on n'a pas droit. On mange alors sur un mode compulsif, boulimique, le plus souvent sans véritable plaisir gustatif, en se sentant coupable de faire mal et anxieux à l'idée de grossir.

À force de désobéir aux messages de son corps, on finit par perdre le contact avec lui et ne plus ressentir ses appétits. L'anxiété, la culpabilité sont de puissantes et envahissantes émotions, qui brouillent les messages en provenance de notre corps ; les sensations alimentaires deviennent inaudibles ; on ne sait plus à quel saint se vouer ; on éprouve le besoin de se discipliner encore davantage, afin de mettre de l'ordre dans sa cacophonie alimentaire.

Mais, comme on vient de le dire, la discipline éloigne encore un peu plus la personne de ses sensations alimentaires et aggrave la situation.

Cet état est bien connu. On l'appelle la *restriction cognitive*, ou encore le contrôle alimentaire raisonné. Nous verrons dans la partie du livre consacrée aux dérèglements alimentaires comment faire pour se sortir de ce mauvais pas.

Mais, à ce point des choses, contentons-nous d'envisager l'autre terme de l'alternative, celui d'une alimentation non pas exclusivement fondée sur le contrôle et le raisonnement, mais fondée sur l'écoute de soi-même, des besoins du corps et de l'esprit.

Dès lors qu'on décide de manger en écoutant ses différents besoins afin d'y répondre au mieux, on a tôt fait de s'apercevoir qu'on ne fait pas ce qu'on veut. Il est tout d'abord nécessaire de se montrer attentif aux besoins du corps, à ceux de l'esprit, à ses émotions. Voilà qui n'est pas si facile : il convient de prendre le temps de s'écouter, de se ménager des moments pour cela. Quand on mange, repérer le moment du rassasiement, se laisser gagner par le contentement nécessitent qu'on mange dans de bonnes conditions matérielles, avec suffisamment de temps devant soi, et qu'on soit dans un état d'esprit et émotionnel propice.

En somme, manger de façon régulée est une forme de discipline, très éloignée de l'anarchie.

Nous allons passer en revue toutes ces choses auxquelles il nous faut prêter attention afin que la régulation se fasse : la faim, les appétits spécifiques, le rassasiement, le contentement. Est-ce vraiment si compliqué ? Ce savoir, nous l'avons tous au fond de nous. Dans bien des cas, c'est parce que nous nous sommes éloignés de nous-mêmes que manger, au lieu d'être un acte simple et naturel, s'est transformé en un problème générateur de souffrances.

**Pourquoi les régimes amaigrissants échouent-ils tous à la longue ?**

Quand on se veut autrement, on se débat comme on peut pour y parvenir. La méthode la plus évidente est de suivre un régime amaigrissant. Or, on le sait aujourd'hui, si environ les trois quarts des personnes qui suivent un régime perdent du poids dans un premier temps, ce sont 90 % qui, dans un délai de quatre à cinq ans, ont regrossi, et repris souvent plus qu'elles n'avaient perdu.

Pis encore, les régimes amaigrissants peuvent conduire à des troubles du comportement alimentaire avérés, une perte prononcée de l'estime qu'on se porte, à des états dépressifs.

Ces troubles surviennent en bonne partie parce que les méthodes diététiques conduisent à minimiser les aspects psychologique et émotionnel de l'acte alimentaire, considérés comme accessoires. Or les sensations et les émotions alimentaires, l'amour qu'on voue à ses aliments, sont des pièces maîtresses des mécanismes de la prise alimentaire.

En somme, la diététique, en nous demandant de manger avec notre tête et non pas avec notre cœur, détruit l'objet qu'elle cherche à protéger : une alimentation globalement équilibrée !

### ➤ *La mécanique de la faim et des appétits spécifiques*

La faim signale que le corps a besoin d'énergie. Mais comment identifier cette faim ? Bien des personnes se fient à leurs sensations au niveau de l'estomac : les contractions rythmiques, qui sont autant de gargouillements, de crispations allant parfois jusqu'à la douleur, signalent que l'estomac est vide.

Mais a-t-on faim pour autant ? Ce n'est pas sûr et mieux vaut y regarder à deux fois, examiner aussi d'autres sensations avant de décréter qu'il est temps de manger. Car il peut arriver que notre estomac crie famine sans que nous soyons en appétit pour autant.

Prenons un exemple concret : c'est la période des fêtes de Noël et nous faisons le plein d'amour et de chaleur humaine. Nous mangeons et nous buvons avec nos collègues de bureau, nous échangeons avec eux de l'amour sous la forme de chocolats ou d'autres friandises ; puis nous réveillonnons en famille et avec nos amis. À l'issue de tous ces jours si chaleureux, nous constatons que nous n'avons pas seulement fait le plein d'amour, mais aussi le plein d'énergie, que notre corps aura stocké sous forme de glycogène et de graisses. Le 1er janvier au matin, nous n'avons décidément pas faim et sautons le petit déjeuner. À midi, notre estomac couine, mais l'idée même de manger provoque en nous du dégoût, si bien que nous sautons aussi le déjeuner, ou bien, à la rigueur, pour calmer notre estomac, nous grignotons une petite chose légère et rafraîchissante, un fruit, un yaourt. Vers 17 ou 18 heures, enfin, nous ressentons un frémissement de notre appétit et nous faisons un repas léger.

Comme nous avons bien fait de ne pas nous fier au vide de notre estomac durant cette journée ! Car si nous y avions cédé, nous aurions mangé sans plaisir, en nous forçant, et nous aurions retardé le retour à nos équilibres fondamentaux !

À l'inverse, on peut ressentir la faim alors que l'estomac est plein. Cette situation bien inconfortable survient lorsqu'on essaie de tromper sa faim en remplissant son estomac de choses insuffisamment nourrissantes. Les Patagoniens, peuplade perdue au bout du continent sud-américain, sur une terre aride et pauvre, avaient autrefois pour stratagème de tromper leur faim en ingérant des boulettes d'argile. Les citoyens des pays riches, repus et désireux de s'affamer afin de perdre des réserves qu'ils jugent inutiles, ont renoué avec cette vieille tradition, remplaçant toutefois l'argile par des plâtrées de légumes à l'eau, des soupes de même composition, du fromage blanc à 0 % de matière grasse, ou encore des mucilages achetés en pharmacie, c'est-à-dire des aliments factices destinés à convaincre qu'on a mangé alors que tel n'est pas le cas[8].

Sur le coup, lorsqu'on se remplit ainsi l'estomac, on ressent du soulagement. Mais une petite heure plus tard, on se rend compte qu'on a toujours faim, alors que le ventre est plein. Ou bien encore, on ne se rend compte de rien, essentiellement parce qu'on se refuse à écouter ses appétits, et on est la proie un peu plus tard de compulsions alimentaires inexplicables.

Si donc le vide de l'estomac n'est guère plus qu'un indice que, peut-être, nous avons faim, à quoi peut-on se fier ? À ces sensations plus diffuses, cet état de faiblesse, de nervosité, de mauvaise humeur, de difficulté de concentration, un assemblage de perceptions assez hétéroclites, différent d'une personne à l'autre, mais qui dessinent ce qu'on nomme la faim. Ces sensations sont probablement dues à une légère hypoglycémie qui, agissant sur les centres de la faim, les réveille[9]. D'autres personnes évoquent surtout cette obsession d'aliments, cette bouche qui semble en attente de nourritures appétentes : ce mécanisme-là est sans doute de nature conditionnée.

Comme dans nos sociétés repues, peu d'entre nous sont en situation de connaître réellement les affres de la faim, les signaux de faim à percevoir sont discrets, modérément intenses. Ils peuvent parfaitement passer inaperçus si on est très occupé par son travail ou toute autre activité prenante qui nous détourne de nos sensations corporelles, si on est sujet à des émotions perturbatrices, ou si, tout simplement, on ne veut rien savoir de sa faim.

*Le jeu du jeûne*

La faim, négligée, se vexe et disparaît. Mais c'est pour mieux revenir une demi-heure ou une heure plus tard, dans une deuxième vague, plus forte. On pourra avoir ainsi deux à trois vagues de faim. Qui n'a pas déjà vécu cette situation bien déplaisante : on est entre amis et on attend, pour passer à table, que les retardataires se pointent. De délicieuses odeurs s'échappent de la cuisine. On salive, on espère, on anticipe. Mais comme les retardataires n'arrivent pas, la faim finit par disparaître ; lorsqu'ils débarquent enfin et qu'on passe à table, on a perdu l'appétit. Comme on les maudit, ces retardataires, de nous avoir gâché le bel ordonnancement de notre plaisir !

À trop attendre, à attendre sans fin, la faim finit par disparaître purement et simplement pour ne point revenir. On est à l'orée de l'état de jeûne et, à partir de là, l'organisme doit faire appel à ses réserves. Les acides gras stockés dans les adipocytes sont transformés en corps cétoniques, qui passent dans le sang et servent de combustible.

Cela a, au bout d'un moment, des effets tout à fait intéressants sur certains de nos neurones : le fait d'utiliser les corps cétoniques en lieu et place du glucose supprime la faim, nous détourne de nos sensations corporelles et nous oriente vers le monde des idées. Nous avons l'esprit clair, des idées lumineuses, nous sommes presque euphoriques, dans l'état idéal pour conceptualiser, méditer, nous tourner vers la spiritualité.

Bien sûr, si le jeûne persiste, on perd ses réserves et ses forces, on s'étiole. Mais on peut jeûner assez longtemps avant que le corps n'en souffre sérieusement, comme on peut le constater chez les grévistes de la faim, qui survivent de deux à trois mois, ou chez certaines anorexiques mentales, qui dépérissent durant des années. C'est que, durant le jeûne, le corps fonctionne à l'économie ; la température corporelle descend, les efforts musculaires, et même les gestes courants, se font rares.

Mais ce sur quoi je voudrais attirer votre attention, c'est surtout sur ce piège, cette chausse-trape que constitue la disparition de la sensation de faim. Bien des personnes qui tentent de surveiller leur ligne se réjouissent de basculer dans cet état. Elles ont tort, car il suffit d'un rien, d'une pichenette, d'un petit bout d'aliment, de la simple idée d'un petit bout d'aliment, pour qu'on bascule tout à coup dans une faim sans limites, dans un comportement boulimique incoercible.

On n'a rien mangé durant des heures, voire des jours, mais quand on se met à manger, on fait mieux que se rattraper. On se dépasse, on se gave, on se goberge, on gobe, on avale, on engloutit. Et il est plus que probable qu'à l'arrivée on aura surcompensé, et de loin. Le jeûne aura, dans un premier temps, obligé le corps à utiliser ses réserves, mais, dans un second temps, il en synthétisera de nouvelles, plus importantes que les précédentes.

Ce que je viens de dire ne signifie pas que je déconseille de jeûner. Il n'y a pas de mal à jouer ainsi avec sa faim, à s'en servir pour s'éclaircir l'esprit, pour mener à bien des expériences spirituelles, ou pour se défendre d'injustices, à la vie à la mort.

Mais voilà : jeûner est un acte des plus sérieux, à ne pas prendre à la légère. Il y faut un début et une fin. Le jeûne nécessite qu'on le médite, qu'on le prépare, qu'on l'organise, et qu'on sache le terminer.

Surtout si le jeûne a duré longtemps, plusieurs jours ou davantage, on devra en sortir avec précaution, en consommant tout d'abord de toutes petites quantités d'aliments légers, pour préparer son corps, son esprit, à cette émergence, à cette renaissance.

Jeûner doit donc rester une expérience d'exception. Le reste du temps, pour bien se porter, être bien dans sa peau, il convient au contraire d'être à l'écoute de sa faim, de la prendre au sérieux, de ne pas la négliger, de donner à son corps ce qu'il réclame sans le faire attendre plus que nécessaire. En ne l'affamant pas, en ne créant pas de famine artificielle, on ne l'encouragera pas à stocker pour prévenir les mauvais jours.

### *Les trop gros qui sont insatiables et qui ne connaissent pas la faim*

Le poids des individus qui mangent en écoutant leurs différents appétits se révèle d'une stabilité confondante. Il ne subit statistiquement qu'une dérive de quelques kilos en plusieurs dizaines d'années. Or il suffirait qu'on mange en moyenne 20 ou 25 calories de trop par jour, par rapport à ses besoins, soit la valeur d'un sucre, pour prendre une dizaine de kilos en une dizaine d'années.

La précision de cette régulation a conduit les spécialistes, voilà une trentaine d'années, à postuler l'existence d'un poids d'équilibre, ou *set-point*, qui serait fixe. Lorsqu'on s'écarterait de son poids d'équilibre, par exemple en maigrissant anormalement, un mécanisme de nature biologique interviendrait pour augmenter l'appétit pour les aliments énergétiques et diminuer les dépenses. Tout serait donc en place afin qu'on retrouve son poids d'origine. Il en irait de même si on grossissait anormalement : l'appétit serait en berne et on mangerait moins jusqu'à ce qu'on revienne à son poids d'équilibre.

Cette théorie ne s'est pas révélée tout à fait exacte, mais certains mécanismes récemment découverts y ressemblent fort. Tout d'abord, ce n'est pas le poids qui est l'objet d'un contrôle, mais la quantité de graisses stockée dans l'organisme, la masse grasse. Les cellules graisseuses adressent aux centres nerveux des signaux afin de les informer de la taille du stock[10]. Lorsque ce stock est trop important, nous devenons plus sensibles aux signaux de rassasiement. En somme, nous avons faim moins longtemps et nous nous arrêtons plus vite de consommer.

De plus, la taille des réserves adipeuses est sans doute modulée, non seulement par des facteurs génétiques (nous avons davantage de chances d'être enrobés si nos parents l'étaient) mais aussi par notre mode de vie (une vie active stabilise notre poids à un niveau un peu plus bas qu'une vie sédentaire) et par notre histoire nutritionnelle. Des périodes de famine artificielle – que dans nos contrées on appelle des régimes amaigrissants – entraînent habituellement une succession de pertes de poids et de reprises ; cela a tendance à faire monter le niveau des réserves adipeuses.

Tout se passe comme si le corps, méfiant, anticipait la famine suivante et s'y préparait, non seulement en stockant des graisses dans les cellules adipeuses, mais en multipliant le nombre de celles-ci. En d'autres termes, la succession des régimes amaigrissants conduit à prendre de plus en plus de poids et à le perdre de plus en plus difficilement.

Une autre conséquence de cette théorie est que, si on est plus gros que ne le voudrait sa nature, il y a tout lieu de s'en féliciter ! Car cela signifie qu'on a la possibilité, si on s'y prend bien, de revenir à son poids d'équilibre, et donc de maigrir durablement.

Si donc, par exemple, vous mangez de façon excessive pour apaiser des états émotionnels, pour camoufler des pensées dérangeantes, ou bien si vous mangez trop parce que vous avez un mode de vie qui ne vous permet pas de manger sur un mode civilisé, dites-vous bien que vous avez de la chance. Ce sont là des facteurs sur lesquels il est possible d'agir. À l'inverse, si vous mangez le plus souvent à votre faim, sans la dépasser, vous êtes peut-être déjà à votre poids d'équilibre biologique. La marge de manœuvre, dans votre cas, sans être inexistante, est sans doute plus limitée.

## Manger par besoin, manger par envie

Ce n'est pas tant un besoin énergétique qui conduit les personnes ayant un poids supérieur à leur poids naturel à manger, mais des besoins d'une autre nature.

On constate que lorsqu'elles n'ont à leur disposition que des aliments peu savoureux, elles se passent très bien de manger. Mais lorsque ce sont des aliments qui procurent des sensations intenses, elles n'en finissent pas de les consommer[11].

On comprend qu'on ait pu décrire ces gourmands comme des toxicomanes courant après un plaisir inaccessible[12] !

Après quoi courent-ils donc, quels sont ces besoins impératifs qu'ils doivent satisfaire ? Pour moi, il ne fait guère de doute que ce ne sont pas des besoins physiques, mais plutôt des besoins d'ordre psychologique et émotionnel.

Comment se sortir de là ? Mon constat, avec mes patients, m'a conduit à penser que chez ces personnes, les sensations de faim et de rassasiement sont amoindries, mais présentes. Un travail sur les sensations alimentaires permet de mieux reconnaître les sensations de faim et de rassasiement, de différencier le besoin de manger de l'envie.

On prépare ainsi le terrain pour une seconde étape : l'identification des situations, des émotions et des pensées qui engendrent ce besoin impératif de stimulations alimentaires.

*De l'appétit, mais pas pour n'importe quoi*

Certains aliments, sans que nous sachions bien pourquoi, nous semblent extrêmement attirants : nous nous surprenons à rêver d'une salade de lentilles, ou bien d'un gros bifteck, ou bien de telle ou telle variété de fromage, ou encore d'une banane ou d'une pomme. Parfois, il s'agit d'un plat : nous avons une envie folle de cassoulet, de pâtes au parmesan ou de yaourt à la confiture. Ce sont souvent des plats ou des aliments auxquels nous n'avons pas eu accès depuis un certain temps.

À l'inverse, nous nous lassons de manger certains aliments lorsque nous les consommons un peu trop souvent. Ce qui nous paraissait délicieux au premier jour finit par nous répugner.

Cet appétit spécifique pour un aliment peut avoir une origine biologique. Nous avons vu précédemment que lorsque nous manquons d'un nutriment, par exemple de protéines, ou bien d'un micronutriment, c'est-à-dire d'une vitamine ou d'un minéral, et que nous nous interrogeons sur ce que nous avons envie de manger, nous éprouvons une attirance pour des aliments qui contiennent ce qui nous manque. Plus nous sommes carencés, et plus notre appétit pour ce dont nous manquons est intense. C'est dire si nous sommes bien faits !

D'autres fois, il s'agit plutôt d'une appétence d'origine psychologique : ce qui nous attire vers un aliment donné, c'est une émotion, un sentiment, une représentation dont l'aliment est porteur.

Dans d'autres cas encore, l'appétence ne porte que sur la catégorie de l'aliment. Lorsque par exemple nous désirons des aliments gras et sucrés, au goût puissant, pour combattre un état émotionnel pénible, nous pourrons nous satisfaire tout aussi bien de chocolat ou de barres chocolatées que de biscuits et, si nous n'en avons pas sous la main, nous pourrons nous rabattre sur de la charcuterie.

## Les femmes enceintes ont des appétits spécifiques

Le bébé qui grandit dans le ventre d'une femme enceinte a des besoins bien précis pour pouvoir se construire. Par l'intermédiaire du placenta, il prélève dans le corps de sa mère les nutriments dont il a besoin et entraîne donc des carences chez celle-ci. L'appauvrissement en fer peut ainsi susciter des désirs de viande rouge ou de légumineuses riches en fer. Les besoins en calcium peuvent entraîner une appétence toute spéciale pour les laitages. À l'inverse, certains mets sont rejetés violemment car porteurs d'arômes insupportables.

Comme la nature est bien faite ! Comme les femmes enceintes ont des besoins spécifiques qu'il leur faut satisfaire, leur odorat est plus développé qu'à l'habitude et elles deviennent capables de repérer plus précisément leurs besoins.

Bien faite, la nature ? Pas tout à fait : certaines mères semblent ne pas avoir cette capacité de s'orienter vers les aliments qui contiennent les nutriments qui leur sont nécessaires. Elles ressentent un besoin flou, sans savoir ce qu'il convient de manger. C'est parfois parce qu'elles identifient mal leurs besoins qu'elles mangent sans fin et prennent trop de poids.

Et puis, certains désirs alimentaires ne sont pas en relation avec des besoins physiologiques. Il peut s'agir d'un besoin de régression, de la recherche du plaisir d'être petite fille gâtée une dernière fois, avant de devenir mère à son tour. De là ces caprices alimentaires, ces désirs irrésistibles de roudoudou ou de fraises Tagada !

Pourquoi n'écouterions-nous pas nos désirs ? Pourquoi mangerions-nous autre chose que ce à quoi nous aspirons, puisque nous avons la chance de vivre dans l'abondance et que nous pouvons nous le procurer ?

J'entends souvent dire, par mes collègues médecins, par mes patients, que, certes, les appétits spécifiques sont à écouter et à respecter lorsqu'ils sont de nature physiologique, mais que manger ceci ou cela pour satisfaire un besoin émotionnel n'est pas légitime. Il me semble en fait s'agir d'une position morale, issue en droite ligne de la tradition puritaine : il faut manger pour vivre, ne pas y prendre trop de plaisir, car tout plaisir conduit sur la voie du péché. Il ne s'agit pas en l'occurrence d'un péché contre Dieu, mais contre une diététique élevée au rang de règle, et bientôt de loi. Quant aux émotions négatives, elles doivent être jugulées, maîtrisées, et non masquées par des stratégies d'évitement.

Cette façon de voir se heurte à un problème : *qu'elles soient d'origine biologique, ou bien psychologique et émotionnelle, nos différentes appétences nous apparaissent comme des besoins aussi puissants, aussi impérieux, traités par notre cerveau de façon équivalente.*

Et c'est vrai, nos besoins émotionnels revêtent pour nous, pour notre confort, pour notre survie, une importance au moins égale à nos besoins en nutriments et en micronutriments ! Pourquoi les négliger, les mépriser ? Si nous avons envie de manger du chocolat plutôt que des fruits et des légumes, pourquoi chercher à contrarier ce penchant ? Car cette appétence signifie que, à ce moment précis, c'est le chocolat qui répondra le mieux à notre besoin du moment, et qui, de ce fait, nous donnera le plus de plaisir.

Mais je joue là au naïf : certes, il n'y a guère de problème à désirer lundi du chocolat si mardi on désire des fruits et des légumes, si par ce génial bricolage dont je parlais plus haut, on satisfait ses appétences les unes après les autres. Or certaines personnes restent en quelque sorte bloquées en permanence sur une même appétence, comme si l'acte alimentaire n'avait pas permis de trouver la satisfaction.

Nous verrons un peu plus loin comment elles peuvent échapper à ce dysfonctionnement.

**À VOUS DE JOUER**

Voilà un petit exercice amusant pour vous permettre de repérer la ronde de vos appétences.
Demandez-vous quel est le plat pour lequel, aujourd'hui, vous avez la plus grande attirance.
Consommez ce plat à l'un des repas principaux durant quatre à cinq jours.
À chaque repas, notez sur 10 l'appétence que vous éprouvez pour l'aliment.
*Si votre appétence diminue au fil du temps, quel que soit votre amour pour ce plat au premier jour. Vos systèmes de régulation fonctionnent correctement et vous pouvez donc sans risque vous laisser guider par vos appétences.*
*Si au contraire, vous n'éprouvez pas de lassitude à manger ce plat, alors sans doute avez-vous un problème qu'il vous faudra identifier. Poursuivez votre lecture !*

### ➤ *Le rassasiement et le contentement*

Voilà qui nous conduit à préciser ce qui fait qu'on s'arrête de manger.

Je ne le dirai jamais assez : nous sommes bien faits ! Nous autres, omnivores, sommes souples et adaptables. Nous pouvons à l'occasion trop manger, ou bien pas assez, ou bien manger durant quelque temps une nourriture qui n'apporte pas tout ce dont nous avons besoin, sans que cela mette en péril nos équilibres fondamentaux.

C'est sans doute pour augmenter la sécurité, pour permettre des réponses affinées, non pas sur le mode du tout ou rien, mais nuancées, que nous disposons de plusieurs signaux nous avertissant du moment où il convient de s'arrêter de manger.

*Le rassasiement par le volume*

Le premier de ces signaux est le remplissage de notre estomac. Lorsque le ventre est plein, on s'arrête d'engloutir. Disons-le tout net, ce signal est en grande partie inadéquat dans le monde dans lequel nous vivons.

Sans doute fait-il l'affaire des lions : ils boulimisent leur proie puis, la panse bien remplie, ils vont se coucher sous un arbre, attendant paisiblement, en l'occurrence plusieurs jours, que la faim se manifeste à nouveau. Ils se mettent alors en quête d'une autre proie, et ainsi de suite.

Peut-être aussi cela peut-il fonctionner lorsqu'on mange en permanence une nourriture monotone. Imaginons un petit Chinois pauvre dont la ration alimentaire est constituée à 90 % de riz, ou bien encore un ouvrier européen de la fin du XIX$^{e}$ siècle qui, lui, doit se contenter la plupart du temps de pain accompagné de petits bouts de lard ou de fromage.

Dans le cas de ces nourritures monotones, un même volume de nourriture a une valeur nutritionnelle toujours identique. Notre situation est toute différente. Nous consommons toutes sortes d'aliments, nous faisons des repas variés. Pour satisfaire nos faims, nous pouvons indifféremment manger de grands volumes d'aliments peu énergétiques, ou bien de petits volumes d'aliments très énergétiques. Nos repas sont d'ailleurs composés des uns et des autres. Nous associons par exemple des végétaux, aliments peu énergétiques, à des produits céréaliers ou des légumes secs, des viandes et des poissons, moyennement énergétiques, qui sont cependant cuisinés ou assaisonnés de matières grasses hautement énergétiques, et nous raffolons aussi de charcuteries, de fromages, de pâtisseries.

Autant dire que le volume de nos repas ne nous fournit guère d'indication sur leur valeur nourrissante.

**À VOUS DE JOUER**

Pour faire la différence entre être rempli ou être nourri, je vous propose une petite expérience.

• Alors que vous avez très faim, consommez par exemple une grande quantité de fromage blanc à 0 % de matière grasse, ou bien encore une énorme portion de légumes à l'eau.

*Dans un premier temps, vous aurez l'impression d'avoir satisfait votre appétit. Mais une heure plus tard, vous aurez une sensation toute différente, celle d'avoir à nouveau faim, alors que votre estomac est toujours plein.*

• À l'inverse, toujours en ayant faim, consommez cette fois-ci un aliment hautement énergétique, par exemple un gâteau à la crème, du chocolat, ou bien une bonne portion de rillettes d'oie.

*Environ un quart d'heure plus tard, vous aurez le sentiment d'être rassasié, alors que votre estomac sera loin d'être plein.*

## Être rempli ou bien être nourri ?

Bien des personnes considèrent qu'elles sont rassasiées quand leur estomac leur paraît plein. Ce signal n'est pas des plus satisfaisant : on peut être suffisamment nourri par un repas de très faible volume, si celui-ci est constitué d'aliments à haut pouvoir énergétique et, inversement, rester sur sa faim tout en ayant la panse bien pleine, si on n'a mangé que des aliments sans grand pouvoir énergétique.

J'irai même plus loin : chercher à augmenter le volume de ses prises alimentaires en consommant les aliments les moins nourrissants possible s'apparente à une addiction. Peu à peu, comme la satisfaction apportée par ces aliments va en diminuant, on se voit dans l'obligation d'augmenter les doses, de manger des volumes de nourriture de plus en plus importants.

On est alors en bonne voie pour devenir boulimique, pour avoir des compulsions alimentaires : on commence par se remplir avec des aliments peu nourrissants, comme du fromage blanc à 0 % de matière grasse, des légumes à l'eau, des produits allégés, puis, un jour ou l'autre, on passe aux drogues dures, aux aliments nourrissants, c'est-à-dire aux produits gras et sucrés, qui apportent des sensations alimentaires d'une intensité bien supérieure !

Il convient en fait de se désintoxiquer de ce besoin de remplissage, et de faire tout l'inverse : mieux vaut manger des produits nourrissants et satisfaisants, qui nourriront sans remplir et qui apporteront un réel rassasiement et un réel contentement.

*Le rassasiement par le goût*

Si donc on renonce à se fier au volume, à quels indices pouvons-nous déterminer que nous sommes suffisamment nourris pour le moment ?

On peut tout d'abord se fier à son goût. Lorsqu'on a faim et qu'on mange un aliment qui nous convient, on le trouve délicieux. Puis, au fur et à mesure qu'on l'ingère, notre attirance pour cet aliment décroît, pour aboutir à de l'indifférence. Cet aliment-là ne nous dit plus rien. On cesse alors d'en manger.

Cela ne signifie pas qu'on n'ait plus faim. Car si on nous présente un autre aliment, d'une autre sorte, nous retrouvons une nouvelle appétence. Nous sommes rassasiés de bœuf aux carottes, mais nous avons de l'appétit pour le fromage. Nous n'avons plus faim de fromage, mais nous sommes prêts à faire honneur au dessert.

Ce type de rassasiement, qu'on nomme le *rassasiement sensoriel spécifique*, est d'ordre sensoriel. Il est lié au plaisir gustatif que l'on prend à manger un aliment donné. Ce plaisir s'épuise, pour aboutir à de l'indifférence[13]. Ce n'est que lorsqu'on persiste dans la consommation d'un aliment au-delà du rassasiement que survient le dégoût.

Ah oui, encore un détail, qui a son importance : la lassitude du goût est d'autant plus facile à repérer que l'aliment est énergétique. Il ne faut que quelques bouchées pour se lasser du goût du chocolat ou d'un fromage bien gras, alors que le fromage blanc à 0 % de matière grasse n'évolue pas en bouche. C'est très bien ainsi : les aliments énergétiques ne se consomment pas comme les aliments qui n'ont rien dans le ventre ! Les premiers, au goût puissant, mobilisent toute notre attention, et les bouchées sont comptées ; les seconds, qui n'ont que peu de goût, se mangent au volume. On en consomme habituellement un petit tas, sans excès, afin de ne pas quitter sa zone de confort (avoir le ventre trop rempli est désagréable) et ne pas devenir accro au volume !

*Le rassasiement global et la satiété*

Le rassasiement global, qu'on ressent en fin de repas, est de nature différente. Il correspond à une sensation diffuse, qu'on ne peut pas associer à une zone précise du corps. On prend tout simplement conscience que nos principaux besoins ont été satisfaits. On aboutit à la satiété, c'est-à-dire une période d'indifférence vis-à-vis de la nourriture.

Ce signal qu'on a assez mangé, de ceci ou de cela, ou bien de tout, est le résultat d'un apprentissage. Comme nous avons déjà expérimenté les aliments que nous mangeons, notre système nerveux sait comment ils nourrissent. Il peut donc procéder à une computation qui permet de déterminer les quantités à consommer.

Le rassasiement complet nécessite aussi que de la nourriture parvienne dans la première partie de l'intestin et qu'elle y soit détectée par des récepteurs spéciaux[14]. Le passage du pylore n'est pas immédiat, ce qui explique qu'on ne puisse pas se sentir pleinement rassasié avant dix à quinze minutes. Si donc on mange très vite, on a le temps de manger trop avant que la sensation de rassasiement apparaisse.

Lorsque ce qu'on mange apporte un plaisir tout particulier, soit parce que l'aliment est spécialement bon, ou bien porteur de riches représentations et d'amour, ou bien parce qu'on utilise ce plaisir à combattre des sentiments négatifs, on peut dépasser les limites du rassasiement. Voilà qui ne doit pas inquiéter, car cela aura pour effet de diminuer la faim qu'on aura un peu plus tard. Soit on retardera la prise alimentaire suivante (on appelle ce mécanisme la *corrélation postprandiale*) ou bien on sera conduit à manger moins lors des repas suivants (il s'agit du mécanisme d'*ajustement calorique*).

*Le contentement*

Nous avons vu qu'on peut avoir son content de calories, mais ne pas avoir son content d'un nutriment ou d'un micronutriment particulier, ce qui peut conduire à persister dans la prise de nourriture, à la recherche de ce qui fait défaut. Mais être rassasié de calories, ou bien de nutriments, ne suffit pas pour arrêter de manger. Encore faut-il être contenté par ce que l'on mange.

Le comportement alimentaire est en effet sous le contrôle non seulement d'un circuit faim-satiété, soumis à des appétits spécifiques, mais aussi sous le contrôle d'un circuit plaisir-déplaisir. En quelque sorte, on peut dire que le plaisir pris à manger a une valeur rassasiante !

Voilà pourquoi il n'est pas très raisonnable de considérer sa nourriture comme un conglomérat de nutriments. Avoir son content, c'est aussi avoir absorbé des représentations bienfaisantes. On aura mangé des aliments qui auront nourri notre psyché d'images, de symboles, d'émotions positives, d'amour, et procuré un délicieux apaisement. On aura pu satisfaire ses différentes faims, physiques, mentales et émotionnelles.

Sans plus de désir ni de besoin à satisfaire, on s'arrêtera à l'optimum du bonheur de manger, dans ce moment où, on le sent, manger davantage nous conduirait à une détérioration et non plus une amélioration de notre état.

## À VOUS DE JOUER

• Pendant une semaine, évaluez sur une échelle de 0 à 10 votre niveau de faim habituel avant vos prises alimentaires, votre niveau de rassasiement et de contentement 10 minutes après avoir fini de manger.
0/10 signifiera que vous n'avez pas faim en commençant à manger ou que vous n'êtes pas du tout rassasié en terminant votre prise alimentaire.
Vous coterez 10/10 si votre faim est intense et douloureuse, et si, en ce qui concerne le rassasiement, vous avez mangé jusqu'à être repu, autant que vous étiez capable de le faire.
Une faim trop intense conduit le plus souvent à manger dans la précipitation et en trop grande quantité. Un rassasiement trop important aboutit à l'inconfort.
L'idéal est donc plutôt 5/10 : on ressent une faim et un rassasiement modérés, qui permettent qu'on se situe dans sa zone de confort.
Pour évaluer le rassasiement, tenez compte de l'évolution du goût en bouche, du sentiment de rassasiement global, et pas du volume du repas.

• Distinguez la faim, qui est un signal physiologique vous indiquant que votre corps accepterait volontiers du carburant, et les envies de manger dues à d'autres appétits : la faim des autres, la faim de représentations, la nécessité de contrecarrer de fortes émotions négatives ou positives.
*Si certains appétits autres que la faim vous conduisent à manger en excès, prenez patience et poursuivez votre lecture, nous y venons plus loin.*

## Le cassoulet, c'est nourrissant !

L'autre jour, je suis allé dîner avec des amis dans un petit restaurant servant de la cuisine du Sud-Ouest et j'ai commandé un cassoulet.

À mi-assiette, le propriétaire des lieux apparut et nous entreprîmes un agréable bavardage autour de sa cuisine. Il nous expliqua que son cassoulet était confectionné, non pas à partir de la recette de Carcassonne ou de Toulouse, mais de celle de Castelnaudary, selon lui la plus authentique. J'appris aussi que cette recette avait subi des transformations décisives au XVIII^e siècle, lorsqu'on abandonna les fèves européennes pour les haricots du Nouveau Monde. Rien n'est immuable, n'est-ce pas ?

Quoi qu'il en soit, le plaisir de la conversation, l'accent chantant, l'évocation des vieilles pierres, tous ces voyages imaginaires, depuis les Amériques jusqu'aux villes ensoleillées du sud de la France vinrent enrichir considérablement mon plaisir. Qu'est-ce que c'était bon !

À notre table, une autre convive, Juliette, ne voyait pas les choses du même œil : pour elle, le cassoulet, c'était du porc, du confit et de la graisse d'oie, c'est-à-dire d'horribles lipides, servis avec des féculents, donc des glucides, le tout formant un mélange explosif vous retombant forcément sur les hanches. Elle commanda donc à la place une salade de gésiers, mais, comme ceux-ci se révélèrent être confits et qui plus est servis dans une sauce d'huile d'olive, elle tenta de se nourrir des feuilles de salade servies en garniture.

Je sortis de table fort content, de moi et du reste du monde. Le lendemain, comme le cassoulet de la veille m'habitait encore, je me contentai d'un petit déjeuner et d'un déjeuner des plus frugaux.

Quant à Juliette, sans doute se rua-t-elle sur du chocolat, un paquet de gâteaux engouffrés à la va-vite. Pauvre Juliette…

### ➤ *La dégustation permet de mieux repérer ses sensations alimentaires et d'atteindre le contentement*

Civiliser ses comportements alimentaires conduit à accorder davantage d'attention à ce qui se passe tandis qu'on mange. C'est donc tout naturellement qu'on mangera en dégustant, en pensant à ce qu'on mange, en prêtant attention aux émotions que cette nourriture suscite en nous. Le plaisir sensoriel et mental qu'on en retire est alors plus intense, et le moment où l'appétence diminue, où manger commence à faire plus de mal que de bien, est plus perceptible.

Tel est aussi l'enjeu, pour nous autres, citoyens de pays de Cocagne : nous avons la chance merveilleuse de disposer de nourritures infinies, plus savoureuses les unes que les autres. Mais manger tout ce qui est à notre disposition nous fait plus de mal que de bien. Aussi est-il essentiel que nous sachions repérer le moment où nos besoins physiques et mentaux sont satisfaits.

La dégustation des aliments est une pièce maîtresse dans notre perception du rassasiement. C'est en dégustant attentivement qu'on sait à quel moment on a mangé suffisamment d'un aliment donné.

#### *Imaginez ce que vous allez manger*

La dégustation commence en fait par un temps imaginaire. Nous contemplons notre plat, nous anticipons nos sensations alimentaires et vérifions ainsi que tout va bien se passer.

Parfois, ce que nous voyons n'est pas l'aliment lui-même, mais sa représentation. Il peut s'agir d'images publicitaires, de la photo alléchante d'un paquet alimentaire, ou bien d'une courte description sur la carte d'un restaurant. Il s'agit parfois d'une odeur évocatrice, qui nous met en appétit. D'autres fois encore, nous connaissons tant l'aliment, le plat que nous allons manger, que nous n'avons besoin d'aucun support, si ce n'est son nom, pour vérifier que nous allons bel et bien y prendre du plaisir.

Ce plaisir naît d'une rencontre, celle d'un aliment et d'un appétit. Plus l'aliment sera en correspondance avec l'appétit qu'on ressent, et plus le plaisir sera grand. Par exemple, si nous avons très faim, des aliments riches nous paraîtront sans doute délectables, alors qu'au contraire si nous ne sommes pas en appétit, ils nous paraîtront trop lourds. Nos appétits sont aussi spécifiques et, certains jours, sans que nous sachions pourquoi, nous sentons que c'est tel ou tel aliment qui nous apportera le plaisir maximal. Nous sommes bien inspirés de suivre cette intuition car il y a de bonnes chances que l'aliment en question contienne des nutriments dont notre corps a besoin.

« Un peu plus, s'il te plaît, j'ai faim ! », demandons-nous. L'anticipation de notre repas nous permet aussi de déterminer par avance quelle quantité nous conviendra et de nous servir en conséquence.

« Un petit morceau, s'il te plaît, car je me réserve pour la tarte aux pommes. » Un repas, cela se construit : dès lors qu'on sait qu'on va manger plusieurs plats d'affilée, mieux vaut anticiper le dessert lorsqu'on consomme l'entrée, sous peine d'épuiser toute sa faim et de ne plus pouvoir apprécier la dernière assiettée comme elle le mérite.

Pour que le temps de dégustation imaginaire puisse fonctionner au mieux, certaines conditions doivent être réunies : il faut tout d'abord bien se connaître et savoir comment évolue son appétit au cours d'un repas. Il faut ensuite connaître ce qu'on va manger, avoir appris cet aliment, ce qu'il nous fait, comment il nous nourrit. Il faut enfin, bien évidemment, être à l'écoute de ses besoins, prendre le temps pour cela, ne pas être perturbé par des facteurs émotionnels.

La plupart des enfants, et ce jusqu'à l'adolescence et au-delà, ne sont guère en mesure de procéder à cette computation mentale. Ils ont souvent les yeux plus grands que le ventre et surévaluent leur appétit, si bien qu'ils ne parviennent pas à profiter de leur dessert.

*Utilisez tous vos sens*

Examinons maintenant dans le détail les sensations que procure la nourriture. Nous allons voir que tout notre être participe.
• La vue : avant de porter l'aliment à la bouche, nous le regardons. Il s'agit tout d'abord de vérifier que ce n'est pas du poison, que c'est bel et bien un aliment. Si la vue ne suffit pas pour nous rassurer, nous pouvons toucher l'aliment, le palper, le flairer, vérifier l'étiquette afin d'être sûr qu'on n'a pas passé la date de péremption.

Bon, nous voilà rassuré. Et même, notre plaisir à manger a déjà commencé. Un aliment bien présenté nous met dans de bonnes dispositions. Nous nous préparons à recevoir la nourriture en bouche et nous salivons par avance. Notre estomac lui aussi sécrète déjà ses sucs gastriques !
• Le toucher : les aliments, lorsqu'ils sont mis en bouche, sont perçus comme durs, mous, rugueux, râpeux, moelleux, piquants, onctueux. Qui plus est, lorsqu'on les garde suffisamment en bouche, leur texture se modifie. La croûte du pain se ramollit, le chocolat, dur au départ, devient liquide.

Le côté croustillant ou ramolli d'un biscuit est important pour notre plaisir gustatif. Pour percevoir ces subtilités, il convient de faire travailler ses dents et sa langue, de garder les aliments en bouche un temps suffisant.
• La sensibilité thermique : la température de l'aliment influence son goût. À concentrations en sucre et en gras égales, un aliment froid paraîtra moins sucré et moins gras qu'un

aliment tiède ou chaud. On aura donc tendance à en consommer davantage pour qu'il procure la même satisfaction.

• L'ouïe : s'écouter manger participe au plaisir alimentaire. Entendez comme cela croque, comme cela croustille ! On est aussi influencé par l'ambiance environnante, et un endroit trop bruyant empêche de percevoir les saveurs et les arômes, diminue le plaisir, ce qui conduit souvent à des prises alimentaires exagérées.

• Le goût : c'est le sens par lequel on perçoit les saveurs. Elles sont classiquement au nombre de quatre : acide, salé, amer, sucré. Mais c'est là une simplification bien abusive.

Quoi qu'il en soit, elles sont perçues très vite en bouche et on sait immédiatement si un aliment est trop salé ou pas assez sucré.

• L'odorat : le nez et la bouche communiquent et les arômes diffusent jusqu'au nez par voie rétronasale. Les arômes sont plus lents à apparaître que les saveurs, car il faut, pour bien sentir, que l'aliment soit mâché, étalé dans la bouche, et que les sucs salivaires aient le temps de faire leur effet.

Autant dire que lorsqu'on se montre glouton, on ne sent pas grand-chose !

### Des goûts et des couleurs...

On décrit quatre saveurs dites « fondamentales » : sucré, salé, acide et amer, qui sont détectées par des récepteurs situés dans les papilles de la langue. Mais des scientifiques japonais ont pu montrer que l'*umami* présentait toutes les caractéristiques d'une saveur. *Umami* signifie « délicieux » et correspond au goût de glutamate, très utilisé dans la cuisine asiatique.

*La saveur sucrée* est, pour tous les êtres humains, une source de plaisir et de réconfort tout au long de la vie, quoique nous

.../...

l'appréciions à des intensités différentes, qui dépendent de notre génétique et de notre état nutritionnel à un moment donné.
Les édulcorants, tel l'aspartame, ont bel et bien un goût sucré, mais notre cerveau ne les confond pas avec le saccharose. Lorsqu'on porte un produit sucré à sa bouche, le pancréas sécrète immédiatement de l'insuline par anticipation pour préparer le corps à l'arrivée de l'aliment. S'il s'agit d'aspartame ou de saccharine, il n'en fait rien. Il est donc faux de dire que la consommation d'édulcorants pousse à consommer du sucre !
*Le goût amer* est quant à lui considéré comme déplaisant et associé aux poisons. On peut cependant apprendre à aimer l'amertume du café ou du chocolat…
*Les différences de perception gustative* varient grandement d'un individu à l'autre. Le programme génétique de chaque individu le conduit à avoir une sensibilité différente à certaines saveurs, qu'il aura éventuellement tendance à nommer différemment. Le pamplemousse, qui pour l'un paraît très amer, peut paraître surtout acide pour l'autre.
De plus, les sensibilités varient de façon très importante d'une personne à l'autre : les plus sensibles à l'amertume auront besoin d'une concentration cinq cents fois moins forte que d'autres personnes, moins sensibles au goût amer. Les différences pour les autres saveurs sont moins prononcées, mais néanmoins importantes elles aussi.
*Ajoutons aussi le goût de gras.* On a longtemps prétendu que le gras n'avait pas de goût et qu'il n'était détectable que par l'onctuosité qu'il confère aux aliments. Il semble bien qu'il n'en soit rien et que notre langue soit pourvue de récepteurs à certains acides gras[15].
Voilà une bonne nouvelle, qui confirme ce que chacun peut vérifier : le gras a du goût et est rassasiant ! Les aliments gras nous semblent bons quand on est en appétit, et écœurants dès qu'on est rassasié.

…/…

Mais attention : ce goût de gras se révèle souvent tardivement en bouche, et souvent après qu'on a dégluti. Si bien que lorsqu'on mange à la va-vite, en enchaînant les bouchées sans discontinuer, le gras perd de son pouvoir rassasiant. Quel dommage ! Car à trop négliger le goût du gras, à ne pas percevoir le dégoût qui pointe, on risque de trop manger !
Les graisses servent aussi de révélateur à quantité d'arômes, qui ne sont guère perceptibles lorsque l'aliment est trop maigre. D'ailleurs, la cuisine ne consiste-t-elle pas, entre autres choses, à doser le gras dans les aliments ?
*Les arômes* comportent une tonalité affective déterminante, qui conduit une personne à trouver déplaisant un arôme qu'une autre personne trouvera à son goût. Sans doute les odeurs sont-elles indissociables des souvenirs, des situations dans lesquelles on les a rencontrées pour la première fois.
*Les sensations trigéminales*. À tout cela, ajoutons encore certaines sensations en bouche comme le piquant, le brûlant, l'astringent, l'irritant, à la limite du déplaisant et de la douleur, souvent provoqués par des épices ou des condiments comme la moutarde, le piment, le poivre. Ces sensations sont véhiculées jusqu'au cerveau par le nerf trijumeau.
On appelle une *flaveur* l'addition des saveurs, des arômes et des sensations trigéminales. Mais, à vrai dire, notre cerveau se fiche de savoir si nos perceptions naissent dans notre bouche, dans notre nez ou sont véhiculées par tel ou tel nerf. À partir de toutes ces informations, il compose une représentation mentale que nous appelons le goût, ou bien la flaveur, caractéristique de l'aliment consommé.

### *L'arrière-goût ou la longueur en bouche*

Ce n'est pas parce qu'on avale qu'on en a fini de déguster ! Bien des aliments ont un goût qui persiste en bouche. Pour le chocolat comme pour le vin, par exemple, on utilise le terme de longueur en bouche. On lui prête toute l'attention qu'elle mérite, car cette persistance est souvent le signe de la qualité du produit.

Certaines sensations gustatives se révèlent plus particulièrement dans l'arrière-goût. C'est en particulier le cas du goût de gras, qu'on ne discerne parfois qu'après avoir avalé. Il serait bien dommage de s'en priver en enchaînant trop vite les bouchées, puisque ce gras est un plaisir lorsqu'on est en appétit, et vire au déplaisir dès que la faim se calme. Il constitue, lorsqu'on mange des aliments riches en lipides, un bon signal de rassasiement.

**À VOUS DE JOUER**

Mangez quelques bouchées d'un aliment que vous aimez, puis décrivez vos sensations.

• La vue : notez comme la vue est importante, comment elle nous prépare à apprécier ou à rejeter ce qu'on va mettre en bouche.
• La texture : pour un aliment donné, quelles sont les textures que vous appréciez.
• La température : trop chaud, trop froid ? Notez comment le goût se révèle au fur et à mesure que la bouchée se met à bonne température dans votre bouche.
• Les sons : écoutez-vous manger ! Ça croque, ça croustille, ça grince, ça glougloute !
• Les saveurs : les quatre saveurs classiques se marient entre elles et sont perçues immédiatement.
• Les saveurs fortes : pour certains, le piquant, l'irritant, l'astringent ont leur charme !
• Le goût de gras : il prend du temps à venir en bouche.
• Les arômes : on ne peut les décrire qu'en se référant à d'autres arômes ou sensations, ou bien à des images évocatrices, des souvenirs.

*Lorsque vous avez terminé votre dégustation, mettez une note de 0 à 10 à l'aliment.*

*De l'importance de déguster ce que l'on consomme*

Manger en dégustant, en prenant le temps de savourer les représentations de nos aliments, demande de l'attention. Cette attention, nous ne pourrons l'avoir que si nous créons les conditions matérielles et psychologiques le permettant.

Voilà qui, vous allez le constater, nécessite qu'on fasse de nombreux efforts. Mais ces efforts en valent la peine ! Et puis, c'est dans nos habitudes, à nous autres êtres humains modernes, de déployer une grande énergie afin que nos besoins naturels se passent au mieux. Permettez-moi de faire la comparaison avec un autre besoin naturel, pour la réalisation duquel nous déployons bien des efforts, le plus souvent sans même nous en rendre compte tant cela nous paraît naturel : dormir.

Afin de pouvoir dormir dans les meilleures conditions, d'un sommeil paisible que rien ne vient déranger, la plupart d'entre nous disposent d'une chambre réservée à cet effet, et d'un mobilier – un lit, un matelas, des draps, des couvertures ! – choisi avec soin. Cette chambre à coucher doit être isolée du bruit et de la lumière afin que rien ne vienne nous déranger pendant que nous nous livrons à cette activité essentielle. Nous réservons une grande plage de notre emploi du temps à dormir. Lorsque vient le temps de sombrer dans les bras de Morphée, nous faisons en sorte de nous placer dans les conditions psychologiques qui favorisent le sommeil : nous savons bien, pour en avoir fait l'expérience, que mieux vaut ne pas se livrer à des activités trop prenantes juste avant d'aller se coucher, que mieux vaut ne pas se concentrer sur des soucis, mais plutôt sur des souvenirs agréables. Quand le sommeil tarde à venir, la plupart d'entre nous ont des petits trucs pour le faciliter : écouter une musique lénifiante, lire quelques pages d'un livre soporifique, ou bien regarder la télévision quelques minutes.

Si nous faisons tous ces efforts pour pouvoir accéder à un sommeil paisible et réparateur, pourquoi n'en ferions-nous pas autant quand il s'agit de ce besoin tout aussi essentiel : se nourrir ? Pourquoi certains d'entre nous croient-ils qu'ils peuvent se permettre de bâcler un acte aussi essentiel, aussi vital, aussi indispensable, et que tout se passe bien malgré tout ?

En somme, la bonne façon de manger consiste à faire confiance à ses mécanismes automatiques de régulation de la prise alimentaire, et pour cela être à l'écoute de ses sensations de faim, de rassasiement, rechercher le contentement.

Pour ses choix alimentaires, pourquoi ne pas se laisser guider par ses appétences, qui nous orientent vers certains aliments à certains moments ?

Comme notre cerveau traite tous les appétits de la même façon, qu'ils soient d'origine biologique, ou bien psychologique ou émotionnelle, nous ne les différencions pas, nous ne privilégions pas les uns par rapport aux autres et nous nous contentons de les satisfaire à tour de rôle.

Et lorsque quelque chose cafouille, que nos appétits se dérèglent, plutôt que de faire appel à la volonté, plutôt que de nous accuser et de nous en vouloir, cherchons à identifier les problèmes auxquels nous sommes confrontés.

### À VOUS DE JOUER

Lorsque vous ressentez une appétence pour un aliment particulier, qui peut vous apparaître selon son intensité comme une simple préférence, mais qui peut aller aussi jusqu'au désir frénétique, n'ayez pas peur d'y répondre.
*Cet aliment-là, votre corps, votre psyché, c'est-à-dire vous, en ont besoin. La satisfaction ressentie, l'apaisement, la cessation du besoin sont des preuves que l'aliment répond à un besoin légitime, que la consommation est adéquate.*

Si le besoin persiste, que vous désirez manger encore et encore, interrogez-vous :

• Est-ce parce que l'aliment n'a pas nourri le corps ?
*C'est le cas si on mange un ersatz, un produit de remplacement, par exemple allégé en calories, ou encore de composition différente du produit habituel. On fera alors un nouvel essai, à la recherche d'un aliment plus adéquat.*

• Est-ce parce que l'aliment n'a pas nourri la psyché ?
*L'aliment consommé n'a pas été suffisamment apprivoisé, tissé de représentations. Il est insensé et ne contient pas d'amour. Il soulage la faim mais n'apporte pas de contentement.*

• Est-ce parce que l'aliment est porteur d'angoisse et de culpabilité ?
*La culpabilité de consommer des aliments « interdits », l'anxiété de grossir, la crainte de manger un aliment malsain, tout cela peut gâcher la fête. Sans contentement, on n'en finit plus de manger.*

*Si vous êtes dans ce cas, je vous demande un peu de patience : nous verrons comment y remédier dans la partie consacrée aux dérèglements alimentaires.*

## Mangez des aliments bons à aimer, bons à penser

Faire le plein d'énergie et de nutriments nous permet tout juste de survivre, mais pas de vivre. Nous avons aussi l'ardente nécessité de nous nourrir des représentations dont les aliments sont porteurs, de prêter attention aux émotions que ces aliments éveillent en nous.

Détaillons donc la façon dont nous nous y prenons pour nous sustenter à partir de mots, d'images, de sons, qui évoquent en nous tant de souvenirs chargés d'émotions et de sentiments.

### ➤ *La culture et les savoir-faire alimentaires*

L'histoire, la géographie des aliments, celle qui est commune à un pays, une région, et celle qui est de nature plus intime, liée à notre histoire et notre géographie personnelles, ce n'est pas rien ! Nous en avons besoin. Nous renforçons notre nature en mangeant des choses en correspondance avec elle. Ou bien nous l'enrichissons d'apports nouveaux en découvrant des aliments inconnus.

Et puis, soyons pragmatiques ! Non seulement manger des aliments porteurs de valeurs culturelles, de significations personnelles nourrit notre faim de représentations, mais cela nous permet aussi d'avoir confiance dans la nourriture que nous mangeons. En mangeant selon la tradition, nous diminuons les risques !

*Le comestible et le non-comestible sont affaire de culture*

La culture alimentaire consiste justement, en tout premier lieu, à déterminer ce qu'on considère comme comestible, et qui a valeur d'aliment. Nombreux sont les produits que notre corps est parfaitement à même de digérer, mais que notre esprit se refuse à considérer comme un aliment !

Si bien que, si nous sommes conduits à en manger quand même, ils nous restent sur l'estomac.

Par exemple, si, comme la majorité des Français et des Italiens, je mange à l'occasion des escargots et du lapin, je sais bien que bon nombre d'Anglais ou d'Américains du Nord s'y refusent. J'aime aussi les grenouilles, que consomment volontiers une bonne part des Français et des Chinois, mais cela répugne à la majorité des Européens et aux Américains.

Que dire des insectes ! Prenons le cas des termites, considérés comme délicieux en Amérique latine, en Asie, en Afrique, et qui avec 38 % de protéines constituent en fait un aliment de choix du point de vue diététique. Eh bien, vous ne m'en ferez pas manger, pas plus que du rat, que l'on consomme sans rechigner dans le Nord-Est brésilien, ou du chien, qu'on trouve délectable en Corée, en Chine et en Océanie.

Les différentes religions édictent presque toutes des règles qui déterminent ce dont chacun peut se nourrir. Par exemple, la viande de bœuf n'est comestible pour le musulman ou le juif que si l'animal a été tué selon un certain rituel, que si la viande a été convenablement débarrassée de son sang et, dans le cas du juif, si cette viande n'est pas associée à des produits laitiers. Respecter ces règles permet sans doute au juif et au musulman d'apprivoiser la viande, de la rendre inoffensive. Les viandes sont en effet des produits suscitant intuitivement la méfiance, car évoquant la possibilité du cannibalisme. Manger l'autre, ou bien manger un autre un peu trop proche de nous, risque de mettre en danger notre identité : les substances qui nous composent et qui le composent se mélangeraient et modifieraient dangereusement notre nature.

*Façons d'enfants*

La cuisine, les manières de table nous protègent, non pas de la pollution de notre être par des substances étrangères, mais de notre propre tendance à la sauvagerie. Que deviendrions-nous dès lors que nous serions laissés à nous-mêmes, sans la moindre éducation alimentaire ? Nous aurions alors tendance à satisfaire nos appétits sur le mode de la dévoration. La faim nous ferait manger précipitamment, goulûment, violemment, salement. Nous mangerions les aliments dans l'état dans lequel nous les trouvons, sans nous livrer à ces raffinements qui consistent à mélanger différents ingrédients selon des recettes éprouvées pour composer des plats cuisinés, les faire cuire pour les rendre meilleurs et plus digestes. Nous mangerions debout, ou bien avachis, ou bien couchés, et ne nous servirions de couverts que lorsqu'il n'est vraiment pas possible de faire autrement. Repus, nous nous mettrions à jouer avec la nourriture, car celle-ci cesserait de représenter un aliment pour devenir une matière dont on peut s'amuser.

Cela ne vous rappelle rien ? C'est ainsi que mangent les petits enfants, avant qu'ils ne deviennent des êtres de culture. C'est aussi, malheureusement, la façon de manger de personnes qui n'ont guère reçu d'éducation alimentaire, qui ont été livrées à elles-mêmes face à des nourritures aisément disponibles, et qui ne savent pas se comporter autrement qu'en barbares. C'est encore la façon de manger de personnes souffrant de troubles du comportement alimentaire, chez qui tous les savoirs et les savoir-faire alimentaires sont anéantis.

*Civiliser son alimentation*

Dans nos pays, civiliser son alimentation consiste en premier lieu à manger assis face à une table, en utilisant une assiette, un verre et des couverts. On pose une serviette sur ses genoux. Un repas comprend classiquement plusieurs plats, et chaque plat peut être composé de plusieurs éléments. Les aliments se mangent dans un certain ordre, déterminé par la tradition.

Manger est normalement un acte convivial, qu'on fait en bonne compagnie. Voilà qui oblige à établir des horaires, à respecter son prochain pendant qu'il mange lui aussi. De là découlent des règles de savoir-vivre : on se sert tout d'abord avec modération, à son tour. On ne touche pas les aliments avec les doigts, sauf le pain. On se tient tranquille et calme, on ne produit pas de bruit intempestif. On boit à petites gorgées et on prend de petites bouchées, qu'on mâche la bouche fermée, en faisant mine de les apprécier. On veille aussi à avoir une conversation plaisante, portant sur des sujets qui ne risquent pas d'induire des émotions violentes, telles que la colère, la tristesse, la passion qui perturberaient alors le plaisir de manger et pourraient gêner la digestion.

Ces façons de manger occidentales sont héritées dans l'ensemble de la bourgeoisie du XIX^e siècle et ne se sont constituées que progressivement. On était moins regardant en 1526, et quand le philosophe Érasme énonce dans son *Traité de civilité* quelques préceptes, il s'agit par exemple de s'abstenir de remettre dans son assiette des aliments déjà mâchés, de ne pas remettre des aliments dans le plat après les avoir pris, de ne pas plonger les doigts dans les sauces ou de lécher son assiette. En 1765, Antoine Le Courtin, dans son *Traité de civilité*, « défend de laper comme une bête », alors que La Bruyère dépeint *a contrario* dans ses *Caractères* ce qu'il ne faut pas faire à table en évoquant un Gnathon, le goinfre, « pour qui la table est un râtelier ».

Bien sûr, les cuisines et les manières de table varient aussi en fonction de la géographie. En Extrême-Orient, porter un objet métallique à sa bouche est un signe de barbarie et on saisit donc les aliments avec des baguettes en bois, ce qui oblige à ne servir sur la table que des aliments préalablement découpés. Au Moyen-Orient, on se lave les mains et la bouche avant de manger et on saisit la bouchée de la main droite, jamais de la gauche, à même le plat.

Qu'importe : ce qui compte, en définitive, c'est de faire la démonstration du respect que l'on porte aux autres convives, à la nourriture que l'on mange, et du respect qu'on se porte à soi-même.

### À VOUS DE JOUER

Quand mangez-vous de façon civilisée et quand mangez-vous sur un mode barbare ?

*Peut-être estimez-vous que lorsque vous êtes seul(e), il n'est pas utile de se comporter en personne civilisée. Quel dommage de ne pas vous prendre en considération plus que cela !*

*Ou bien, il vous arrive de ne plus être maître de vos conduites alimentaires et vous retournez à la barbarie dans ces moments-là.*

*Si c'est votre cas, patientez jusqu'au chapitre sur les dérèglements alimentaires.*

### ➤ *Nous sommes bons si ce que nous mangeons est bon*

Je l'ai déjà dit, mais le dit-on jamais assez, manger commence et se poursuit par une histoire d'amour. N'emploie-t-on d'ailleurs pas le même mot pour qualifier l'amour qu'on ressent pour une personne et le plaisir qu'on ressent à manger un aliment ? J'aime ma mère, ma compagne ou mon compagnon, mes enfants, mon chat, et j'aime la blanquette de veau, les fraises, et les esquimaux glacés !

En même temps que nous intégrions en nous l'amour de notre mère nourricière, nous avons appris à aimer dans notre enfance. Et même, certains arômes nous paraissent attirants parce que nous les avons découverts dans l'utérus de notre mère. Quand notre mère mangeait, nous goûtions ce qu'elle goûtait !

Puis, peu à peu, nous nous sommes civilisés et avons appris à tisser des représentations autour des aliments aimés. Ils ont pris sens, se sont entremêlés de souvenirs. Ah, tous ces lieux, toutes ces personnes qui nous ont fait manger, qui ont mangé avec nous ! Et ces personnes aimées, ces images, ces souvenirs, lorsque nous mangeons, revivent alors en nous et viennent enrichir nos sensations alimentaires, leur donner du relief, de la profondeur.

Voilà ce qu'est un aliment bon.

Et incorporer des aliments bons, riches en amour, accepter ses représentations nous rend bons nous aussi.

#### *Apprivoiser de nouveaux aliments*

Ah, si nous pouvions nous en tenir à cela ! Nous ne mangerions que de bonnes choses, connues, rassurantes, familiales, amicales, amoureuses, et qui nous bonifieraient. Mais voilà, nous ne voulons pas nous contenter de ces aliments éprouvés, nous sommes tous des chèvres de Monsieur Seguin ! Nous nous lassons de tant de tranquillité, de confort, dans notre petit pré étriqué. Nous voulons partir dans la montagne, vivre des aventures. Nous voulons de nouvelles associations de nutriments, de nouvelles représentations, de nouvelles équations sentimentales, afin de renouveler et d'enrichir notre être.

Comment concilier ce besoin de sécurité, en même temps que d'aventure, caractéristiques du mangeur omnivore que nous sommes ? Si l'aliment nouveau est comestible, dénué de poison et bon à penser, alors nous sommes tout prêts à l'aimer et l'habiller de représentations positives, c'est-à-dire à l'apprivoiser.

Mais comment s'en assurer ? Face à cet inconnu, nous sommes méfiants : afin de nous assurer de l'absence de poison, y compris de certains poisons subtils, pernicieux, qui ne se révèlent qu'après des années de consommation, nous nous inquiétons de la pureté des aliments consommés, de la traçabilité des ingrédients. Qu'a mangé le bœuf que je mange, se demandera-t-on ? Et ce poulet, a-t-il couru en plein air, a-t-il été heureux de vivre ? Et ces carottes, leur a-t-on apporté des engrais naturels, ou bien ont-elles été forcées ?

Souvent, la provenance d'un produit apparaît comme une garantie. Le camembert est donc de Normandie tandis que la tomme est de Savoie ou des Pyrénées, car, là-bas, on sait les fabriquer et on n'hésite pas à les enrichir en bons nutriments, en sentiments positifs, en représentations sympathiques.

On fait confiance aux Normands, aux Savoyards, aux Ariégeois pour ne pas nous empoisonner, pour nous fournir en aliments bienfaisants. On les imagine, ces braves fermières débordantes d'amour qui moulent leur fromage bien de chez elles à la louche ! On les visualise, ces montagnes pyrénéennes ou alpines, avec leurs prairies parfumées et leurs vaches de montagne !

Toutes les mamans racontent des histoires qui tissent des représentations autour des aliments nouveaux pour les rendre bons à manger. Et nous, nous faisons de même, afin d'apprivoiser les aliments du dehors et renouveler le quotidien. Nous y sommes aidés par les publicitaires, par les producteurs, par les commerçants qui, tous, content et racontent des fables merveilleuses qui bonifient les produits alimentaires et autorisent à manger sans crainte des produits inconnus.

Et ne croyez pas que ces appétits d'ailleurs, de nouveauté sécurisée soient nouveaux. Par exemple, au début de l'ère chrétienne, le fromage le plus estimé à Rome est

## La consubstantialité alimentaire

Si on devient ce que l'on mange, si nos choix alimentaires transforment notre nature, nous pouvons alors influer sur notre être par la sélection rigoureuse de nos aliments.

Dans ces conditions, il devient licite de porter des jugements moraux sur les individus en fonction de leurs choix alimentaires. C'est ce qu'ont mis en évidence les chercheurs Nemeroff et Rozin en 1989[16] : ils dressent le portrait de personnes fictives et demandent à des étudiants de porter un jugement sur ces personnes.

En fait, toutes les personnes décrites sont minces, sportives, dynamiques, et ne diffèrent que par leurs choix alimentaires. Celles qui consomment des aliments « bons » tels que fruits, salade, pain complet, poulet, pommes de terre, sont jugées positivement par les étudiants, tandis que celles qui consomment des aliments « mauvais » tels que steak, hamburger, frites, beignets, crèmes glacées avec chantilly, sont jugées moralement déficientes.

« celui de la région de Nîmes, de la Lozère et des villages du Gévaudan », rapporte Pline l'Ancien dans son *Histoire naturelle*. On discute encore de savoir s'il s'agit du cantal ou du roquefort[17].

À l'inverse, manger des aliments auxquels on ne fait pas suffisamment confiance, qu'on ne considère pas comme « bons », qui comportent une part de « mauvais », nous met psychologiquement en danger. On aura mis du mauvais en soi, et on se sentira devenir mauvais, contaminé, pollué[18]. Tel est le cas lorsqu'on consomme des produits qu'on sait être de seconde catégorie, de peu de goût, dénués de représentations positives, ne véhiculant pas d'amour.

On en vient vite à se dire que, pour manger des produits de si peu de valeur, on ne doit pas avoir soi-même de grande valeur. À force de manger de mauvaises choses, on perd l'estime qu'on a pour soi.

### À VOUS DE JOUER

La prochaine fois que vous mangerez, demandez-vous ce que vous savez du plat, de l'aliment que vous consommez.
D'où vient-il, de quoi est-il fait ? Que savez-vous de sa recette ? Quel est son pays, sa région d'origine ? Est-ce un aliment qui a une valeur familiale ? À quel âge en avez-vous mangé pour la première fois ?
Pensez-vous que cet aliment soit en correspondance avec la personne que vous êtes ou que vous voudriez être ? Pensez-vous que cet aliment ajoute quelque chose à ce que vous êtes ?
S'il s'agit d'un aliment industriel, procédez de la même façon. Connaissez-vous les ingrédients, leur provenance ? Comment imaginez-vous sa fabrication ? Faites vous confiance à la firme qui le fabrique ? Cela vous fait-il du bien de manger cet aliment ?

### ➤ *Lorsque nous jouons à nous empoisonner*

Nous sommes des mangeurs à deux visages. À certains moments, nous voulons la sécurité et nous tremblons de peur à l'idée qu'un colorant alimentaire, qu'une trace d'antibiotique prise par le bœuf dont nous mangeons la viande, ou qu'une frite imprégnée de mauvaise graisse, puisse nous empoisonner. L'instant d'après, nous désirons l'aventure et nous jouons à nous empoisonner en toute connaissance de cause. Nous ramassons par exemple des champignons dans les bois et frissonnons délicieusement en nous demandant si ce sont *vraiment* des espèces comestibles. Les Japonais vont même plus loin dans ce flirt avec le poison en se délectant de sashimi de *fugu*, de la chair de poisson-lune. Préparée par une main inexperte, la chair du poisson peut être contaminée par une neurotoxine foudroyante contenue dans le foie, les ovaires et les intestins, pour laquelle il n'existe aucun antidote. C'est dire si c'est goûteux !

Et que dire de notre consommation régulière d'alcool, de tabac ? N'y prenons-nous pas, entre autres choses, un plaisir ordalique, en cherchant à vérifier si ce qui est un poison pour d'autres le sera aussi pour nous, ou bien si, comme nous l'espérons, nous sommes protégés des dieux ? Depuis qu'on nous serine à quel point c'est dangereux pour notre santé, une partie du plaisir à consommer des aliments gras et sucrés, ce qu'on appelle la malbouffe, ne vient-elle pas de là ?

Quel plaisir c'est d'être un trompe-la-mort ! Surtout après s'être frileusement prémuni de tous ces innombrables poisons qui nous guettent !

### ➤ *Les dégoûts*

Si nous sommes parfois des chèvres de Monsieur Seguin qui aiment défier le loup dans la montagne en mangeant des aliments aventureux, la plupart du temps, nous nous en tenons à ce que nous connaissons, à des aliments apprivoisés. Certaines choses sont biologiquement comestibles, mais comme nous n'avons pas tissé autour d'elles de représentations positives, nous ne les considérons pas comme des aliments.

Si nous mangeons quelque chose qui n'aura pas été préalablement apprivoisé, transformé en aliment par notre psyché, le dégoût qui s'empare alors de nous peut aller jusqu'au vomissement. Je me souviens par exemple de cette salade aux fruits de mer, dans un petit restaurant corse. Sur le coup, je n'avais pas prêté grande attention à ces petits bouts de poisson un peu bizarres. Puis, les examinant de plus près, je m'étais rendu compte qu'il s'agissait de minuscules calmars, entiers, de quelques centimètres seulement, avec leurs huit petits bras et leurs deux tentacules très mignons, et leurs petits corps cylindriques terminés par une nageoire.

Pour bien des gens, le calmar est parfaitement comestible. On l'appelle alors encornet, ou chipiron dans le Pays basque, ou encore supion dans le Midi. En ce qui me concerne, j'en ai fréquemment rencontré dans mes aventures de plongée sous-marine. Les calmars nagent souvent en famille, disposés par ordre de taille. Ils sont capables de se déplacer aussi bien en marche avant qu'en marche arrière. Ils possèdent un manteau transparent aux couleurs changeantes, dont la couleur semble le reflet de leur humeur, à moins qu'il ne s'agisse là d'un moyen subtil de communication. Ils se laissent approcher, semblent vous regarder autant que vous les regardez, puis tout à coup ils disparaissent à grande vitesse, pour reformer leur banc un peu plus loin. En somme, pour moi, le calmar est intelligent, curieux, beau, subtil, et a une vie de famille. Comment manger un être qu'on voudrait avoir pour ami ? Bien évidemment, je ne les mangeai pas.

Mais mon dégoût ne s'arrêta pas là : toute ma salade était contaminée par les supions et je ne pus manger ni les tomates, ni la laitue, ni les moules, ni le poisson. Je ne retrouvai de l'appétit qu'au dessert.

**À VOUS DE JOUER**

Identifiez vos dégoûts alimentaires et dressez-en la liste.
Certains aliments vous ont rendu malade et vous ne les supportez plus. Ou bien encore certains aliments vous rappellent des souvenirs désagréables de votre enfance. Certaines saveurs, certaines odeurs, certaines consistances peuvent aussi vous dégoûter sans que vous sachiez pourquoi.
Dans bien des cas, il n'y a pas de raison objective : il est normal que vous ayez développé des goûts et des dégoûts qui vous sont propres et qui sont une façon de s'affirmer. Vous l'avez sans doute fait à partir de l'âge de trois ans ; on appelle cela la *néophobie alimentaire* et les choix auxquels vous avez procédé à ce moment-là peuvent vous suivre tout au long de votre vie.

### ➤ *À la recherche des aliments purs*

La magie de contagion obéit à la loi du tout ou rien : un aliment est contaminé par un produit impur ou bien il ne l'est pas. S'il est contaminé, il devient lui-même impur et provoque du dégoût. La contamination peut être, comme on

## La magie de contagion

« Les choses qui ont été en contact une fois restent toujours en contact. » Ce qui peut aussi s'énoncer : « Une chose est pure ou impure, contaminée ou non. » C'est ce que les anthropologues, à la suite de James Frazer et de Marcel Mauss, appellent la magie de contagion, ou encore la magie de sympathie de Frazer[19].

Des chercheurs[20] se sont livrés à une expérience amusante pour le démontrer : ils ont proposé à des étudiants de boire un verre de jus de fruits dans lequel a été placée une mouche, préalablement stérilisée, qu'on a enlevée ensuite au moyen d'une cuillère. La plupart des étudiants, dégoûtés, refusèrent de boire. Une mouche en plastique, parfaitement propre, mise et enlevée, a engendré elle aussi un dégoût et un refus de consommer, quoique moins fort.

Mais, fort heureusement, nous ne sommes pas sans ressources face à nos dégoûts, sans quoi pourrions-nous encore manger ? Nous savons par exemple que ce que nous mangeons a été manipulé par d'autres, dans des conditions d'hygiène variables, que la viande de bœuf provient d'un animal qui a été vivant, qui a ressenti des émotions pareilles aux nôtres.

Afin de pouvoir penser du bien de notre bifteck, nous nous livrons à un recadrage, ou *framing* : nous faisons abstraction de ce que nous savons à ce sujet et nous construisons une représentation positive de notre nourriture. La viande de bœuf devient alors un aliment de prestige, qui donne des forces, qui se cuisine de mille et une façons, et que nos aïeux ont toujours grandement apprécié. Un emballage sous cellophane nous aide à voir la viande comme pure et nous fait oublier l'abattage de l'animal, le dépeçage, le transport et la découpe[21].

vient de le voir, d'ordre psychologique, ou bien réelle, par un produit plus ou moins toxique.

Aussi a-t-on ce fantasme : celui d'une alimentation qui serait « pure », dénuée de tout poison, de toute pollution, et qui n'aurait été touchée que par de bonnes personnes.

Disons-le tout net : voilà qui est carrément impossible ! Le problème, avec les poisons, c'est qu'ils sont inévitables. Il n'existe pas, il n'a jamais existé d'aliment « pur ».

Les produits, qu'ils soient faits maison, préparés selon la tradition, « bio », ou fabriqués industriellement, contiennent leur lot de bactéries, de virus, de moisissures, ainsi que de substances qui, à haute dose, sont des poisons. En fait, tout est là : il s'agit d'une affaire de dose : « Tout est poison, rien n'est sans poison. Seule la dose fait qu'une chose n'est pas un poison », aurait dit Paracelse, ce fameux chimiste et médecin suisse du XV^e^ siècle.

Prenons le cas des contaminations bactériennes, virales et parasitaires : les progrès de l'hygiène ont rendu ces formes d'intoxications exceptionnelles. Le botulisme a disparu, les salmonelles, les staphylocoques, *Escherichia coli*, les listérioses, les brucelloses sont rares sous nos climats.

Et d'ailleurs, on en vient à reprocher à nos aliments d'être… trop propres ! Cette insuffisance bactérienne favoriserait les allergies et nous fragiliserait lorsque, par aventure, nous finirions par rencontrer un germe un peu plus virulent !

Un peu de poison bactérien est donc salutaire !

Bon, admettons, direz-vous, mais pourquoi tolérer la moindre trace de résidus de médicaments vétérinaires, de pesticides, d'engrais, les métaux lourds, d'hydrocarbures aromatiques ? Tout cela n'est-il pas cancérigène ? Ne vaudrait-il mieux pas qu'il n'y en ait pas du tout ?

Laissez-moi vous raconter l'histoire du fameux amendement Delaney, du *Food, Drug and Cosmetic Act*, aux États-Unis, en 1958, première tentative de législation en

## Les mésaventures de Perrier, l'eau pure des montagnes

La société Perrier, dans les années 1980-1990, se taille un beau succès aux États-Unis. Elle est alors la boisson *trendy*, celle des *yuppies* de Manhattan, de la star du tennis Chris Evert, à la carte des meilleures boîtes de nuit new-yorkaises, du légendaire Studio 54 au Regine's.

Malheureusement, au début 1990, un laboratoire de Caroline du Nord trouve de petites traces de benzène dans treize bouteilles. Le problème vient d'un retard dans le changement de filtres à l'usine de Vergèze, dans le Gard. Perrier retire en catastrophe la totalité des flacons présents sur le marché américain, soit 160 millions de bouteilles.

Peine perdue ! Voire circonstance aggravante : le retrait des bouteilles confirme la pollution du produit. L'image de pureté, de naturel de la petite bouteille verte est définitivement compromise. Sur le continent américain, les ventes s'écroulent et ne remonteront jamais au niveau précédent.

matière d'environnement. L'amendement Delaney interdisait tout additif alimentaire qui ferait courir un risque cancérigène, même potentiel, pour l'être humain, quel que soit le degré de ce risque. Mais on s'aperçut bien vite qu'une telle législation, dite « à risque nul », était totalement inapplicable : de nombreux additifs qui permettent de prévenir des risques importants pour la santé n'ont pas fait la preuve de leur totale innocuité. Interdire par exemple l'utilisation du nitrite de sodium dans les conserves et les charcuteries sous prétexte que ce produit est suspecté d'augmenter le risque de cancer aboutirait très certainement à une recrudescence d'intoxications, souvent mortelles, par exemple par la toxine botulique. La diminution d'un risque hypothétique pour le plus grand nombre serait alors remplacée par la mort certaine de quelques-uns…

De même, interdire dès à présent engrais et pesticides, accusés de nombreux maux, sans attendre que d'autres moyens, plus modernes, permettent de maintenir des rendements suffisants et de lutter contre les nuisibles, serait prendre le risque de recréer les conditions de nouvelles famines.

En outre, l'alimentation courante comporte de nombreuses substances, déjà présentes naturellement dans les produits consommés, théoriquement susceptibles d'entraîner des mutations cellulaires ou de favoriser des cancers. Toute nourriture, de quelque provenance que ce soit, est bénéfique et délétère en même temps. L'important, en définitive, est qu'elle soit davantage bénéfique que délétère, que notre organisme soit capable de s'accommoder de sa face sombre !

Du point de vue de la santé publique, on est donc conduit, par la force des choses, à choisir, non la solution sans risque, qui n'existe pas, mais des solutions de compromis aboutissant à un « risque acceptable ».

Que voilà une bien mauvaise nouvelle, penseront certains qui ne sont pas, mais alors pas du tout, des chèvres de Monsieur Seguin ! Ils veulent être parfaitement bons, et donc, il leur faut des aliments idoines.

Pour ma part, je me satisfais de n'être que suffisamment bon, et mes aliments n'ont pas à l'être davantage.

Mais sans doute suis-je plus sage parce que je me suis fait à l'idée de mourir un jour…

Bon, quoi qu'il en soit, je comprends ces inquiétudes. Nous allons donc voir maintenant ce qui est mangeable dans ce que nous avons à disposition, dans notre vaste monde, si riche, si complexe.

CHAPITRE 2

# *Mangez des aliments bons pour la santé et pour le poids*

« Il n'est pas possible de vivre avec plaisir sans vivre avec prudence, et il n'est pas possible de vivre de façon bonne et juste, sans vivre avec plaisir. Qui ne dispose pas des moyens de vivre de façon prudente, ainsi que de façon bonne et juste, celui-là ne peut pas vivre avec plaisir. »

ÉPICURE, *Maximes capitales*.

Nos aliments ont profondément évolué du fait de l'industrialisation. Et, pour couronner le tout, voilà qu'une toute jeune science et discipline médicale, la nutrition, qui n'est enseignée en faculté que depuis le milieu des années 1980, médiatisée à outrance, fait grand tapage. Nous sommes tenus au courant minute par minute de tout travail scientifique dans ce domaine, des controverses, des querelles de spécialistes. Des médecins se répandent dans les médias pour nous expliquer comment manger. Des journalistes d'investigation, des guérisseurs, des parapsychologues ne sont pas en reste et développent leurs théories à coups de best-sellers. On aboutit à une surinformation incohérente qui n'est pas loin de nous plonger dans la panique alimentaire.

Mais ne vais-je pas, avec ce chapitre, participer de ce mouvement et ajouter à vos angoisses ? J'avoue avoir longuement hésité à l'écrire. L'objectif de ce livre est bien sûr de vous aider à manger en paix, sans angoisse ni culpabilité, des aliments, dont vous puissiez penser du bien, afin de vous en satisfaire, qui soient suffisamment bons, tant pour la santé physique que pour la santé mentale.

Dire cela, n'est-ce pas déjà une façon de dire qu'il existerait des aliments néfastes à la santé, ou bien qui feraient grossir ? Or vivre dans la méfiance des aliments génère davantage de problèmes que cela n'en résout.

Nous venons de le voir : il est difficile de s'empêcher de penser selon des processus magiques, comme nos ancêtres, comme les petits enfants, que ce qui n'est pas totalement bon est donc totalement mauvais. Si bien que le simple fait de passer en revue les doutes, légitimes ou non, concernant la qualité de tel ou tel aliment, de telle ou telle substance, augmente les angoisses alimentaires et perturbe les processus de régulation. Mais je crois aussi, profondément, que la connaissance permet la liberté. Aussi commencerai-je par évoquer quelques-unes de nos peurs alimentaires, pour en venir à la façon dont on peut en venir à bout, afin de pouvoir manger en paix et bien se porter.

## Le naturel et l'industriel

Nos modes de pensée magiques nous conduisent donc à croire que ce qui est naturel est bon, ce qui est industriel est mauvais. Pourtant, jusque dans les années 1970, on considérait que l'industrialisation des produits alimentaires permettait d'en améliorer la qualité. Le pain blanc était meilleur que le pain bis, le sucre blanc raffiné était de meilleure qualité que la cassonade et, pour les bébés, le lait de vache maternisé était supérieur au lait de leur mère.

Il est vrai qu'alors les produits alimentaires étaient peu retravaillés par l'industrie. Aujourd'hui, les choses ont radicalement changé : 80 % des aliments consommés dans les pays développés correspondent à des produits transformés par les industries agroalimentaires[1].

Nous mangeons donc des OCNI, ou « objets comestibles non identifiés », selon la formule de Claude Fischler. Nous ne produisons plus nous-mêmes notre nourriture, et bien souvent nous ne la cuisinons pas non plus. De ce fait, nous ne pouvons plus nous assurer en personne de sa provenance, des manipulations qu'elle aura subies.

Et puis, aussi, ces OCNI n'ont pas été apprivoisés grâce à des histoires qu'on nous aurait racontées à leur sujet, pour en faire des aliments bons à aimer et bons à penser. Nous ne les connaissons donc pas. Si nous les mangeons, qu'allons-nous devenir ? Des aliments usinés vont-ils nous transformer en machines ? Certes, nous voulons bien un peu d'aventures alimentaires, mais pas autant que ça !

Les industriels de l'agroalimentaire tentent donc de nous rassurer : les publicitaires nous montrent des gens ordinaires, heureux, épanouis, qui mangent et qui s'en portent bien. Ils tentent de nous convaincre que les aliments usinés sont en fait des aliments traditionnels, produits par des fermières et des fermiers, des laitières, des bergères, des moines, que s'activent en cuisine des chefs et des marmitons consciencieux et heureux de nourrir leurs semblables.

Comme manifestement nous continuons à considérer notre pitance avec suspicion, les industriels insistent sur la pureté de l'aliment, sur sa simplicité, et tentent de camoufler tous ces additifs inquiétants qu'on ne saurait voir. Je ne suis pas sûr qu'ils aient raison : nous ne les croyons pas, tout simplement.

## Que mettre sur les étiquettes ?

Les étiquettes qui nous informent de tout ce que contiennent les aliments que nous mangeons sont-elles rassurantes ?

Pour ma part, je ne le crois pas, et même, je pense au contraire qu'elles contribuent à paniquer les mangeurs que nous sommes. Comment manger des produits qui, réduits à une liste de composants, finissent par s'apparenter à des médicaments ? Certes, nous voulons connaître de quoi est fait ce que nous mangeons, afin de pouvoir vérifier qu'il ne s'agit pas de poison, mais nous avons aussi besoin, pour apprivoiser la nourriture, qu'on nous raconte des histoires, qu'on y mette du sentiment.

Je propose donc que les étiquettes soient rédigées ainsi : « Cher mangeur bien-aimé, nous avons préparé cet aliment avec amour. Nous l'avons rendu plus plaisant à l'œil grâce à une belle tartrazine jaune E102. Nous avons aussi pris soin d'ajouter à votre portion 50 mg de nitrate de sodium E251, qui n'est rien d'autre que du salpêtre, dit encore nitrate du Chili, un produit naturel, afin que votre aliment reste pur de tout germe dangereux. Nous avons aussi "exhausté" son goût grâce à un délicieux supplément de glutamate de sodium E620, si apprécié des Extrêmes-Orientaux, et nous avons pris soin d'y ajouter de l'acide inosinique E630, selon une recette ancestrale du Sud-Est asiatique, qui donne un délicieux goût de thon à votre repas. Enfin, nous avons amoureusement conféré une texture plaisante à votre aliment grâce à de la gomme de guar, dite encore "gomme de Jaguar", E412, extraite d'un haricot. Le jaguar est un félidé élégant d'Amérique du Sud et centrale. Lorsqu'il ne chasse pas, il se repose la journée dans l'ombre épaisse, parfois dans une grotte, ou s'allonge sur une branche. Nous vous avons gâté ! Nous vous aimons. Bon appétit. »

### ➤ *L'industrialisation du monde agricole*

L'industrialisation ne concerne pas seulement les aliments transformés, mais aussi les produits de base, comme le lait, la viande, le poisson, les fruits et les légumes.

La mondialisation qui touche nos assiettes correspond à une première forme d'industrialisation. Nos aliments proviennent désormais de tous les coins du monde. On mange des fraises d'Andalousie, des poires d'Afrique ou d'Amérique du Sud, des pommes de Nouvelle-Zélande ou d'Italie, des haricots verts du Sénégal, du Kenya ou du Mali, des pêches ou des abricots d'Espagne ou de Tunisie.

C'est bien pratique : on peut ainsi manger des fruits hors saison. C'est plus économique : ces pays, en raison d'une main-d'œuvre moins onéreuse, de conditions climatiques plus clémentes, nous fournissent au meilleur prix.

Les méthodes de production ont aussi bien changé. Prenons le poisson, par exemple. Il est de moins en moins « sauvage », c'est-à-dire ayant vécu sa vie de poisson en nageant de-ci de-là, en mangeant ce qui convient à son espèce, à savoir d'autres poissons, ou bien des crevettes microscopiques, ou encore des algues. Il n'a pas non plus été pêché par des pêcheurs « sauvages », prélevant leur tribut sur la nature généreuse. Comme nos appétits ont grandi en même temps que notre nombre et notre richesse, il a bien fallu passer de la position de chasseur-cueilleur à celle d'éleveur, et promouvoir une forme d'industrialisation de la production de poisson.

Mais, de même que la viande, l'élevage n'a guère de rapport avec la chair du gibier, certains poissons d'élevage sont très différents du poisson sauvage. Le panga, par exemple, nous vient du Vietnam, où il est nourri avec des farines de poisson péruviennes et dopé aux hormones féminines.

Bien des saumons de nos régions subissent le même sort : eux aussi sont nourris à la farine de poisson, faite en grande partie avec des poissons sauvages, mais de moindre intérêt, et comme la couleur rosée du saumon sauvage est due à son régime alimentaire, on doit rendre le saumon d'élevage rose grâce à un colorant ajouté à sa nourriture.

Du fait de telles conditions d'élevage, la composition nutritionnelle des poissons a changé : ils sont quatre fois plus gras, et la nature des graisses s'est modifiée.

Tout cela se repère aisément au goût : alors que le saumon sauvage, produit noble et coûteux, avait une chair ferme et goûteuse, son cousin d'élevage a une chair plus grasse, plus molle, et d'un goût différent.

**Croyances concernant l'alimentation dite « naturelle » et l'alimentation dite « industrielle »[2]**

| | **Alimentation « naturelle »** | **Alimentation « industrielle »** |
|---|---|---|
| Aliments privilégiés | Céréales, laitages, légumes, fruits | Viandes, charcuteries, pâtisseries, confiseries |
| Mode de préparation | Cru, cuit à la vapeur, bouilli | Grillé, rôti, friture, accompagnement de sauces |
| Mode de conservation | Séchage, fumage | Conservateurs, appertisation, congélation, irradiation |
| Associations | Pur/simple/ transparent | Mélange/complexe/ opaque |
| Santé | « Bon » | « Mauvais » |
| Valeur morale | « Bien » | « Mal » |

On comprend qu'il soit moins cher… Mais voilà : nous avons le choix entre un produit de luxe, délicieux et onéreux, qui a en fait toujours été réservé aux jours de fête, et un autre produit, industriel, reconstruit, dont le seul avantage est son prix. La malhonnêteté, dans cette affaire, est sans doute d'avoir conservé le nom de « saumon ».

### ➤ *Les aliments industrialisés nous empoisonnent-ils ?*

Nous pouvons faire confiance à notre supermarché : les poisons végétaux ou animaux ne sont plus qu'un mauvais souvenir. Quant aux bactéries, aux virus, aux parasites, aux moisissures, à toutes les toxines qu'ils sécrètent, ils sont étroitement surveillés et nos journaux nous tiennent informés de l'existence du moindre fromage de chèvre, de la moindre boîte de conserve suspects.

Dans l'ensemble, notre alimentation n'a jamais été aussi propre et aussi saine qu'aujourd'hui ! Les morts ou les états de maladie dus à notre alimentation, si on veut bien excepter les morts dues à l'alcool, représentent désormais une part négligeable dans les statistiques de mortalité. Elles ne représentent en effet que deux pour mille du taux de mortalité générale[3]. En 1996, on a dénombré en France 414 foyers de toxi-infections alimentaires collectives, qui ont impliqué 7 858 malades. Dans 70 % des cas, le germe incriminé était la salmonelle et l'aliment incriminé était de l'œuf ou des aliments à base d'œufs, crus ou insuffisamment cuits[4]. Ceci est à comparer aux 25 000 décès annuels, par cirrhose ou troubles neurologiques, dus à l'alcool.

Comme nous n'avons plus guère à nous inquiéter des poisons rapides, comme nous avons oublié combien il était dangereux de manger, facile de s'empoisonner, il n'y a pas encore si longtemps, nous devenons alors obnubilés par ces poisons lents, qui mettent souvent des années, des décennies à tuer.

La pollution de nos aliments découle d'un enchaînement de circonstances : le développement des connaissances scientifiques, les avancées en matière d'hygiène ont permis un accroissement sans précédent de la population planétaire. Comme il fallait nourrir tout ce beau monde, l'agriculture et l'élevage sont devenus intensifs, les industries agroalimentaires se sont développées. On a dû utiliser toutes sortes de substances chimiques qui se retrouvent parfois dans nos aliments. Et, bien entendu, l'industrialisation de la planète contribue à polluer nos aliments.

Nous voilà donc terrorisés par les résidus de médicaments vétérinaires, les pesticides, les engrais, les métaux lourds, les hydrocarbures aromatiques, ainsi que les additifs utilisés par les industriels de l'agroalimentaire, ou les différents traitements destinés à améliorer la conservation, qui s'insinuent au sein même des viandes, des poissons, des œufs, des céréales, des fruits et des légumes que nous mangeons.

C'est surtout du cancer que nous avons peur, désormais. Il semble exact que, sur le plan statistique, les maladies cancéreuses soient en augmentation. Sans doute, une part de cette augmentation est-elle due à un environnement parfois pollué, à des aliments qui ne sont pas, eux aussi, indemnes de pollution. Mais aussi, malgré tout, on vit de plus en plus vieux. Comme on meurt moins d'autres maladies, par exemple de maladies cardio-vasculaires, qu'on diagnostique les cancers plus tôt, le nombre des cancers ne peut qu'augmenter d'un point de vue statistique. Et comme on sait aussi mieux les soigner, la mortalité par cancer a beaucoup moins augmenté que l'incidence des cancers[5].

En définitive, nous sommes loin de si mal nous porter ! La preuve en est que, malgré tous ces poisons qui nous environnent, l'espérance de vie des populations occidentales, de la population française, ne cesse d'augmenter. En 2006, en France métropolitaine, elle était de 77,2 ans pour les hommes et 84,1 ans pour les femmes. Cette espérance de vie a augmenté de vingt ans entre 1935 et 1996. Entre 2000 et 2005, le gain annuel est de 2,5 mois pour les hommes et 2 mois pour les femmes[6]. Serait-ce possible si notre nourriture était aussi mauvaise qu'on le dit ?

S'obnubiler sur le risque de maladie au point de le laisser diriger nos existences, pratiquer la chasse intensive aux cancérigènes, la collection frénétique des aliments protecteurs, conduit à ne plus oser vivre sous prétexte qu'on risque de mourir ! Et nous verrons un peu plus loin que les soupçons, la méfiance, l'anxiété finissent par engendrer des problèmes plus importants que la pollution elle-même pour les mangeurs que nous sommes.

### *Les OGM ou la peur au ventre*

Les peurs alimentaires sont innombrables, et comme, malgré tous nos efforts pour nous montrer rationnels, nous ne sommes pas capables de concevoir les aliments autrement que sur le mode magique, plus on en parle et plus on a peur ! Certains se plaisent à entretenir ces peurs, soit parce que tel est leur fonds de commerce, ou bien pour des raisons idéologiques.

Le cas des organismes génétiquement modifiés, autrement dit les OGM, en est un parfait exemple. Je me centrerai sur nos angoisses en tant que mangeurs : pouvons-nous, oui ou non, consommer des aliments élaborés à partir d'organismes génétiquement modifiés ?

## OGM *story*

Voilà environ dix mille ans que l'homme s'efforce d'améliorer les plantes qu'il cultive, tout d'abord empiriquement, puis en utilisant ce qu'il sait des lois de la génétique. À partir des années 1980, on a pu, grâce à de nouvelles techniques de génie génétique, ne plus compter sur la chance pour transférer des gènes d'une plante à une autre et améliorer ainsi une plante donnée.

Du point de vue de la production, il s'agit pour l'essentiel de rendre les plantes plus résistantes aux insectes, aux maladies, aux herbicides, de diminuer les besoins en produits fertilisants, en pesticides.

Sur le plan alimentaire, on vise à améliorer les qualités gustatives des fruits ou des légumes, mais surtout on cherche à augmenter les qualités nutritives des végétaux : on peut ainsi améliorer la teneur en amidon des pommes de terre, enrichir le soja en acide oléique et l'appauvrir en acide linoléique, ce qui est bon pour le cœur et les vaisseaux, réduire la quantité de nitrates dans les laitues et les épinards, augmenter la teneur en acides aminés essentiels, en bêta-carotène, en vitamine A du riz, éliminer des antivitamines et des antiminéraux, ou supprimer certains allergènes. On peut espérer dans le futur pouvoir remédier aux carences en fer dans les populations défavorisées, ou bien chez certains individus, par le biais d'aliments ayant cette valeur ajoutée[7]. Des chercheurs développent des « vaccins-plantes », par exemple une variété de bananier codant pour plusieurs protéines qui améliorent l'immunité contre les bactéries et les virus de la gastro-entérite, qui devrait s'avérer fort utile pour les enfants des pays tropicaux.

Ces améliorations ne sont rien d'autre que la poursuite des millénaires d'efforts de l'humanité pour obtenir une nourriture toujours meilleure, toujours plus nourrissante, toujours plus bénéfique.

Les principaux reproches habituellement faits aux plantes transgéniques, du point de vue alimentaire, sont de favoriser les allergies alimentaires, de contenir davantage de pesticides ou, plus généralement, d'introduire dans l'organisme des molécules inconnues, aux effets imprévisibles.

Le risque allergique est bel et bien réel, mais limité. Ainsi, lorsqu'on a transféré le gène 2S de la noix du Brésil à des plants de soja, on a alors obtenu un soja ayant les mêmes propriétés allergisantes que la noix du Brésil ! Bien évidemment, ce soja n'a jamais été mis sur le marché, et, depuis, les généticiens redoublent de prudence en testant toutes les protéines recombinantes pour les comparer aux allergènes répertoriés[8].

Rappelons aussi que le risque allergique des plantes transgéniques n'est pas différent de celui occasionné par l'introduction dans notre alimentation de produits exotiques comme les kiwis, les lychees ou les avocats, et que les fraises et les tomates bien de chez nous provoquent tout autant d'allergies.

Comme certaines plantes transgéniques ont été conçues pour mieux résister aux pesticides, n'en contiennent-elles pas davantage, puisque le cultivateur aura pu s'en donner à cœur joie ? Tel n'est pas l'objectif, bien entendu, et si des doutes subsistent, pourquoi ne pas renforcer les contrôles ?

Quant au risque d'effets imprévisibles sur la biologie du mangeur, certes ils existent… comme pour tous les aliments que nous consommons. Les nourritures pures, parfaites, à risque zéro, ne sont pas de ce monde.

Les pommes de terre, par exemple, auraient sans doute bien du mal à franchir les tests de toxicité pratiqués aujourd'hui sur les OGM : ces tubercules sont en effet susceptibles de contenir de la solanine, un glycoalcaloïde neurotoxique. Certaines variétés de pommes de terre ont d'ailleurs été responsables d'intoxications massives en

Irlande, au XIXe siècle[9]. De telles intoxications auraient-elles lieu aujourd'hui, même à échelle restreinte, qu'au nom du principe de précaution, nous serions sans doute définitivement privés de patates !

De l'avis de la majorité de la communauté scientifique internationale, le risque que font courir les OGM sur le plan alimentaire n'est pas supérieur au risque que fait courir tout aliment nouvellement mis à notre disposition, quelle que soit son origine. Comme ce risque existe bel et bien, il convient donc de s'entourer de précautions, ce qui est le cas.

Alors, pourquoi tant de haine à propos des OGM ? Quand on veut noyer son chien, on l'accuse de la rage ! Gageons que la dangerosité alimentaire mise en avant par les adversaires des OGM n'est qu'un prétexte, un moyen de convaincre. Les véritables critiques sont sans doute d'un autre ordre : leurs détracteurs y voient un danger environnemental, pour la biodiversité ; ou les reproches sont politiques : on redoute la mainmise de grands groupes multinationaux sur l'agriculture, un creusement de l'écart entre pays industrialisés et pays du Sud. Enfin, à l'extrême, l'affaire est d'ordre religieux ou philosophique : toucher aux gènes, ce serait interférer avec l'œuvre de Dieu, être coupable de sacrilège, être du côté du Diable. Ou, pour les tenants de l'« écologie profonde », *Homo sapiens* serait une sorte de parasite de l'organisme qu'est Gaia, la planète Terre. L'homme devrait selon eux abandonner toute science, toute technologie, et reprendre sa modeste place d'animal parmi les autres[10].

On en revient à cette opposition entre le naturel et l'artificiel, l'industriel. Le premier serait intrinsèquement bon, tandis que le second serait obligatoirement mauvais. J'espère vous avoir convaincu que les choses ne sont pas si tranchées, qu'il arrive que les dons de la nature soient empoisonnés, et qu'il arrive aussi que les produits industriels soient comestibles.

### ➤ *Les aliments industrialisés sont-ils trop riches ?*

Si nous ne courons en définitive pas davantage de risque avec nos aliments industrialisés, pollués par des produits chimiques, que nos aïeux avec leurs aliments cuits au feu de bois, contaminés par des bactéries, des virus, des moisissures, alors peut-être ce qui ne va pas avec eux, c'est qu'ils sont trop bons et trop nourrissants. Voilà qui nous conduirait à manger trop, par gourmandise, par un excès de sollicitations, alors que, dans le même temps, nos besoins sont allés en diminuant. Les aliments industriels seraient donc responsables de la vague d'obésité à laquelle on assiste aujourd'hui dans les pays industrialisés ou en voie d'industrialisation.

La solution serait de revenir à des aliments de base, « naturels », qui ont un goût moins intense, moins séduisant. À volume égal, ils apporteraient moins de calories, et de toute façon, on serait moins tenté par eux et on en mangerait donc moins.

Ou bien encore, on pourrait appauvrir en calories des aliments industrialisés, les alléger de leurs graisses et de leurs sucres. Là encore, à volume égal, on absorberait moins de calories.

Mais, bon sang de bonsoir, pourquoi faudrait-il se plaindre de ce qu'un aliment est trop riche ? N'est-ce pas là une bonne chose ? Ne vaut-il mieux pas être riche que pauvre ? Est-il bien raisonnable de reprocher à la nourriture d'être nourrissante, riche en énergie ?

Une telle conception part d'un présupposé invisible : nous ne pourrions faire autrement que de manger des volumes de nourriture déterminés, afin d'avoir notre ventre bien rempli. Si bien que la seule solution consisterait, puisque nos besoins énergétiques ont baissé, à diminuer la valeur calorique de nos aliments.

Pourtant, nous sommes parfaitement capables, dès lors qu'on est suffisamment attentif, d'adapter intuitivement nos apports à nos besoins ! Comme on l'a vu plus haut, nos systèmes de régulation de la prise alimentaire sont merveilleusement sophistiqués et notre satisfaction à manger n'est pas proportionnelle au volume consommé.

Manger pour se remplir la panse signifie généralement qu'on mange goulûment, qu'on ne prête guère d'attention à ses sensations gustatives, qu'on n'est pas à l'écoute de ses signaux de fin de repas, que les aliments consommés ne procurent pas la satisfaction qu'on peut en attendre. Ce qui manque, en somme, c'est de l'amour pour ce qu'on mange. Quel dommage !

Il n'existe pas d'aliments « trop riches », mais seulement un usage inadéquat de ces aliments.

## Théories alternatives pour expliquer l'épidémie d'obésité

La doctrine officielle attribue l'épidémie d'obésité à une consommation d'aliments trop riches, alors que nous sommes de plus en plus sédentaires. Il faudrait donc manger des aliments moins riches en énergie et bouger plus.

Mais est-ce si simple ? Comme cette théorie est bien insatisfaisante, le monde scientifique s'est mis en chasse d'autres explications. Je vous en livre quelques-unes.

Pour certains, la cause première de l'épidémie d'obésité serait à rechercher dans la pollution par les produits industriels. En effet, bon nombre de produits toxiques, comme le benzopyrène, sont solubles dans les graisses. Notre organisme se défendrait donc de la pollution en encapsulant ces molécules toxiques dans les cellules graisseuses, puis en refusant de les relâcher[11]. Mais alors, pourquoi tout le monde n'est-il pas gros ?

Une autre théorie évoque la possibilité d'action d'un virus : l'épidémie d'obésité serait alors à prendre au sens propre et non plus au figuré ! Le virus en question serait un adénovirus, habituellement responsable de pharyngites, de conjonctivites et d'affections respiratoires aiguës[12]. Trente pour cent des obèses américains seraient porteurs d'anticorps reconnaissant l'adénovirus humain de type 36 contre seulement 5 % des personnes non obèses. Cet adénovirus pourrait donc être responsable de certaines formes d'obésité chez l'homme en induisant la différenciation de préadipocytes en adipocytes matures.

À moins que les responsables en soient les microbes de la flore intestinale : l'instillation de la flore intestinale de souris obèses à des souris minces fait grossir ces dernières[13].

Ou bien le responsable serait l'utilisation de graisses de mauvaise qualité. Les acides gras *trans* sont suspectés, entre autres choses, de favoriser l'obésité abdominale[14]. L'industrie agroalimentaire les fabrique par hydrogénation de graisses insaturées, parce qu'elles ne coûtent pas cher, permettent une meilleure conservation et ont un goût agréable.

Les biscuits, les viennoiseries, les barres chocolatées, qui apportent beaucoup de calories sous une forme concentrée sont des aliments merveilleux. Ils sont riches, et nous aussi, nous sommes riches de les avoir à disposition. Ils sont aimables lorsque, par exemple, on n'a pas mangé depuis longtemps, ou lorsqu'on s'est beaucoup dépensé. L'appétence qu'on ressent alors pour eux signifie que le corps réclame beaucoup d'énergie.

Dans d'autres cas, cette appétence pour ce type d'aliments signifie qu'on les utilise pour faire face à des difficultés psychologiques et émotionnelles. Nous avons vu qu'il s'agissait là d'une conduite banale, qui ne pose problème que lorsqu'elle est permanente.

Si vous êtes dans ce dernier cas, pourquoi diaboliser les aliments consommés, alors qu'il s'agit là d'un problème de nature psychologique et émotionnelle ? Patientez jusqu'au chapitre sur les dérèglements alimentaires.

### ➤ *Les aliments industrialisés sont-ils responsables de carences ?*

Une façon voisine d'attaquer les produits à haute valeur énergétique consiste à les accuser d'être de mauvaise qualité sous prétexte qu'ils n'apportent pas tous les nutriments dont le corps a besoin. Les aliments industriels seraient des poisons parce qu'ils induisent des carences en certains nutriments, en vitamines et en minéraux.

Lorsque Stella et Joël de Rosnay inventèrent le terme de « malbouffe » en 1981[15], telle était leur idée principale : la standardisation des aliments conduisait à une consommation insuffisante en vitamines et en minéraux, et un trop grand apport énergétique. Une autre formulation couramment employée est celle de « calories vides », qu'on applique aux aliments qui apportent de l'énergie, mais pas de fibres, de vitamines et de minéraux[16]. Les aliments les plus critiqués de ce point de vue sont les repas de restauration rapide, et les produits dits de *snacking*, c'est-à-dire qu'on grignote, comme les confiseries et les viennoiseries, les biscuits sucrés ou salés, les barres chocolatées, ainsi que les sodas et autres boissons sucrées.

Ces appellations péjoratives donnent à penser que l'énergie qu'apporte un aliment n'a pas une valeur positive, que seul l'apport en vitamines et en minéraux est important. Nous avons vu précédemment qu'il n'en est rien : à certains moments, la première des motivations est un besoin énergétique ; ou bien, à d'autres moments, on cherche à satisfaire une faim d'amour, un appétit pour les autres et on désire des plats, des aliments riches ; ou bien encore, on mange pour minorer son état de stress. Dans toutes ces circonstances, les aliments riches en gras et en sucres sont les plus adaptés, si bien que, lorsqu'on essaie de substituer des pommes aux barres chocolatées, comme certains nous le conseillent, on ressent une insatisfaction… parfois génératrice d'un rattrapage sous forme de frénésies alimentaires.

Réguler, c'est s'écouter : après avoir satisfait nos appétits en produits riches, d'autres désirs nous viennent, d'aliments d'un type différent, qui combleront nos besoins insatisfaits.

Je me souviens que, lors de mon premier voyage aux États-Unis, j'avais été enthousiasmé par ces *bagels* du matin tartinés de *cream-cheese*, ces saucisses et ces hamburgers si amusants à avaler sur un coin de comptoir ou dans la rue, ces merveilleux poulets frits servis avec des *french fries*, ces *pies* bien épais et bien sucrés arrosés de crème fouettée, ces immenses gobelets remplis de Coca-Cola si sucré ! Qu'est-ce que c'était bon ! Quels goûts puissants et euphorisants ! Mais, après quelques jours de ce régime, voilà que je me prenais à rêver de salades vertes, de haricots verts, de carottes, de fruits au naturel, bref de petites choses légères et rafraîchissantes. Les aliments que je trouvais si appétissants quelques jours auparavant n'éveillaient plus que du dégoût.

Sans doute est-ce la preuve que les mécanismes de régulation dont je suis pourvu fonctionnent bien ! Pourquoi n'est-ce pas le cas de tout le monde ? Certains, tout d'abord n'ont pas appris à écouter leurs appétits, n'ont pas appris les aliments, ou bien les ont désappris, et en sont venus à manger sans y penser, à la va-vite. Ils mangent donc ce qui leur tombe sous la main, et consomment la quantité qu'on veut bien leur servir. On conçoit que, dans des pays alimentairement aussi riches que nos pays occidentaux, ils soient tout naturellement conduits à manger trop.

D'autres, ou bien les mêmes, sont victimes des interdits qui pèsent sur certains aliments, des obligations qui pèsent sur d'autres, qui brouillent les cartes et les empêchent de percevoir clairement leurs besoins. Ils ne savent plus comment se mangent les barres chocolatées, mais pas davantage comment se mangent les haricots verts.

Enfin, nous avons aussi vu que les personnes en proie à des difficultés psychologiques, qui tentent de minorer leur souffrance émotionnelle par le biais de prises alimentaires, prises par cette urgence, ne peuvent plus répondre à leurs autres besoins, qu'elles n'entendent plus.

Différentes conclusions s'imposent : tout d'abord, les barres chocolatées ne se mangent pas comme de la salade. Il convient de les apprendre en détail, de percevoir comment elles nous nourrissent, ce qu'elles nous font, tant sur le plan physique que sur le plan émotionnel. Ce n'est qu'à cette condition qu'on pourra les consommer de façon adaptée.

Car si manger en barbare, goulûment, en se remplissant la panse, peut se concevoir lorsqu'on doit se contenter d'une nourriture simple et peu dense, il n'en va plus de même lorsqu'on a la chance d'avoir accès à de délicieuses nourritures, très concentrées, permises par notre richesse alimentaire. Il nous faut leur témoigner du respect et les déguster comme des trésors.

La deuxième conclusion est qu'il est fondamental que nous considérions les haricots verts et les barres chocolatées à égalité, comme des aliments aussi nobles l'un que l'autre. Nous choisirons alors entre les deux en fonction de ce que nous ressentons pour l'un ou pour l'autre à un moment donné. Et ce sera, si nos mécanismes de régulation fonctionnent bien, tantôt l'un et tantôt l'autre.

Enfin, si nous sommes dominés par nos émotions, nos stress, et qu'ils nous conduisent à manger sans fin et sans faim, alors c'est de cela qu'il convient de s'occuper, et non pas d'une hypothétique maîtrise de son alimentation.

*En somme, si les aliments industriels gras et sucrés entraînent des carences, c'est que nous les utilisons mal, par négligence, parce que nous avons cessé d'écouter nos appétits, ou parce que nous sommes débordés par nos problèmes émotionnels.*

Lorsque nous sommes à l'écoute de nos différents besoins, lorsqu'un besoin ne vampirise pas les autres, alors nous mangeons spontanément tour à tour, de façon variée, des aliments tous nobles et respectables : des produits riches en énergie, des produits riches en vitamines et minéraux, tous autant de produits riches en amour.

### ➤ *Tous nos malheurs proviennent-ils des glucides ?*

Qui est le coupable ? Le sucre ou bien le gras ? Ils sont attaqués tour à tour, ou bien de concert, mais, les reproches qui leur sont faits ne sont pas les mêmes.

Commençons par les sucres[17]. L'histoire d'amour entre les êtres vivants et les glucides était pourtant bien partie : ne sont-ils pas de l'énergie à l'état pur, fournissant des calories rapidement mobilisables, procurant un plaisir intense lorsqu'ils arrivent au bon moment ?

Les êtres humains, les mammifères (à l'exception des félins, qui n'aiment que la viande), la majorité des animaux ne sont-ils pas irrésistiblement attirés par tout ce qui est sucré ? Nos ancêtres du néolithique n'étaient-ils pas friands de miel ? Ce sucre merveilleux, le saccharose, au début épice d'Orient précieuse et rare, découverte à l'occasion des croisades, puis cultivé aux Caraïbes, n'a-t-il pas suscité l'envie, et ne s'est-on pas battu pour lui ?

En fait, nous autres, Occidentaux, devenons surtout immensément riches en saccharose lorsque nous avons su l'extraire de la betterave[18]. Les ventes de sucre en France passent ainsi, avec des hauts et des bas, de 2 kilos par habitant et par an en 1826, à une trentaine de kilos à partir des années 1970, et n'ont guère augmenté depuis. La consommation française de sucre, qui est d'environ 27 kilos de sucre par an et par personne en 2003-2004, se situe dans la moyenne des pays européens, et est deux fois moins importante que la consommation américaine[19].

Notre appétence pour les produits sucrés est-elle malgré tout excessive ? Représente-t-elle un problème et, si oui, de quelle nature est-il ?

*Le sucre est-il divin ou malin ?*

Remarquons tout d'abord le côté passionnel des débats : le sucre est savoureux, bien trop savoureux, selon certains. Et c'est bien là le reproche fondamental qu'on lui adresse ! Trop d'attirance, trop de plaisir, de la passion, voire de l'ivresse : les sucreries vous chamboulent les neurones, vous font toucher le paradis.

Le paradis, justement, n'est-ce pas le lieu où coulent le lait et le miel ? Et la Bible ne parle-t-elle pas du miel simplement parce qu'à cette époque on ne connaissait pas encore le saccharose et les divines friandises qu'il permet de fabriquer ?

Bref, ne serait-on pas là en présence d'une drogue, un paradis artificiel qui entraîne une addiction, c'est-à-dire dont on devient l'esclave ? On court alors après le sucre, on veut son *shoot*, on ne veut plus que cela. On se détourne de ses devoirs envers la société, ses proches, envers soi-même. C'est mal ! Et ce ne peut donc qu'être mauvais pour la santé physique et mentale.

## Saccharophiles et saccharophobes[20]

L'opposition des saccharophiles et des saccharophobes ne date pas d'hier : dès le XVIe siècle, les saccharophobes reprochent au sucre de déséquilibrer les humeurs et de générer ainsi des maladies[21]. Ou bien, ils accusent le sucre de favoriser la tuberculose, la syphilis et le scorbut[22].

Au XVIIIe siècle, Rousseau et les encyclopédistes seront quant à eux plutôt saccharophiles : pour eux, le sucre est du côté de la nature, de la pureté enfantine, de la féminité, alors que la viande est du côté impur, antinaturel, grossier. Dans l'*Encyclopédie*, la pâtisserie, la confiserie, la cuisine sont décrites avec enthousiasme, car elles sont du côté du progrès, de la technique, de la civilisation.

Si bien que, à la fin du XVIIIe, on est plutôt saccharophile en France. Le sucre est lavé de ses accusations, à nouveau considéré comme une bonne médecine, et accède au rang d'aliment à part entière. Et même, au XIXe siècle, le corps médical, dans son enthousiasme, fera du sucre un « superaliment », qui fournit au corps l'énergie dont il a besoin.

### *Bons et mauvais glucides*

Aujourd'hui, cette opposition entre les prosucres et les antisucres est intacte. Mais, comme la nécessité des glucides dans l'apport énergétique est difficilement contestable, on en est venu à distinguer les bons glucides et les mauvais.

Mais sur quels critères les départager ? On va voir que ce désir d'ordre moral a conduit – et conduit toujours – à de belles absurdités.

Une première hiérarchie des sucres a tout d'abord consisté à distinguer les « sucres simples », comme le glucose, le fructose, le galactose, ainsi que le saccharose et le lactose[23], et les « sucres complexes » comme l'amidon des produits céréaliers et des légumineuses. On supposait que les premiers, petites molécules, devaient se digérer vite et on les a donc nommés des « sucres rapides » ; à l'inverse, l'amidon, longue chaîne moléculaire, devait être digéré lentement et être un « sucre lent ».

Les sucres lents étaient les bons glucides, tandis que les sucres rapides étaient les mauvais.

En effet, une arrivée brutale de glucose dans le sang conduit le pancréas à sécréter beaucoup d'insuline d'un seul coup, et d'autres hormones sont sécrétées à leur tour en cascade. Cette brutalité d'absorption semble avoir de multiples effets néfastes sur la santé : le système cardio-vasculaire ne serait pas à la fête, le pancréas non plus, on grossirait davantage et même les « sucres rapides » sont accusés de favoriser certains cancers[24]. Infarctus, diabète, obésité, cancer : il y a de quoi faire peur !

## La glucidophobie en folie : le régime Atkins[25]

Que n'a-t-on pas dit sur les sucres ! Dans les années 1970, le bon docteur Robert Atkins, un cardiologue new-yorkais, qui avait lui-même bien des problèmes avec son poids, fait la promotion d'un régime amaigrissant qui lui a bien réussi[26].
Il proscrit les hydrates de carbone, autrement dit les glucides : pour maigrir, il faut éliminer le pain, les féculents, les fruits, le lait et bien évidemment tout aliment dans lequel on trouve du saccharose.
À la place, on se nourrira d'aliments bien gras : on consommera autant qu'on le voudra des viandes, des poissons, des œufs, des charcuteries, des fromages, le tout accompagné de mayonnaise et de beurre.

.../...

Comme bien souvent lorsqu'on généralise ce qui nous a personnellement réussi, pris par la passion, on a tendance à virer au gourou. Atkins explique qu'aux temps préhistoriques, lorsque l'espèce humaine se nourrissait des produits de la chasse et de la cueillette, elle était parfaitement saine de corps et d'esprit. C'était le paradis. Malheureusement, vers 7000 avant J.-C., l'homme néolithique se sédentarise et commence à cultiver des céréales. C'est le début de la fin.
Puis, il y a deux cents ans, voilà qu'on met au point les farines blanches, faites de céréales raffinées. Enfin, apparaît « le sucre raffiné, l'hydrate de carbone tueur[27] ».
Pour Atkins, les caries dentaires dues au sucre raffiné ne sont pas le pire : le sucre rend fou. « Je suis persuadé, écrit-il, que si nous mettions ces malades mentaux à un régime sans hydrates de carbone, nous libérerions un nombre important de lits[28]. »
Le régime du docteur Atkins a pris un sérieux coup de vieux[29], surtout depuis qu'on sait que lui-même n'est pas vraiment parvenu à conserver la ligne[30].

Mais cette hiérarchisation entre sucres simples et rapides d'un côté, sucres complexes et lents de l'autre, s'est vite révélée fausse. Le fructose des fruits, par exemple, qui est un sucre simple, se comporte comme un « sucre lent ». Le pain blanc, pourtant composé d'amidon, se comporte quant à lui comme un sucre rapide.

On s'est aussi rendu compte que ce qui importe, ce n'est pas tant la nature du nutriment que celle de l'aliment pris dans sa totalité ; on s'est donc mis à distinguer, dans les années 1980, des aliments à *index glycémique élevé*, dont les sucres passent rapidement dans le sang, et des aliments à *index glycémique bas*, digérés lentement[31].

Quels sont-ils, ces aliments à index glycémique élevé ? Citons par exemple, comme dans un inventaire à la Prévert, la bière (qui contient du maltose), les carottes, surtout cuites, la baguette de pain, les pommes de terre au four, en frites ou en purée, les céréales de petit déjeuner, dont l'index glycémique va de 110 à 75. Les viennoiseries, les biscuits, les barres chocolatées, le sucre en poudre ou en morceaux, les confitures, les sodas et boissons sucrées ont un index glycémique moyen (65-70).

Les aliments à index glycémique bas ou moyen, inférieur à 50, que les médecins ne découragent pas de manger sont habituellement : le chocolat noir, les fruits frais, les patates à l'eau, les céréales complètes, les pains multicéréales, au seigle, au froment et à l'épeautre, les pâtes pas trop cuites, les légumineuses comme les lentilles, les haricots secs ou les pois chiches[32].

Alors, peut-on se fier aux tables d'index glycémique pour choisir ses aliments ? Pas tant que ça, quand on sait que les modes de préparation et de cuisson influent de façon importante sur l'absorption des glucides en modifiant les caractéristiques physico-chimiques des aliments : par exemple, une soupe avec des pommes de terre en morceaux aura un indice glycémique plus bas qu'un potage fait des mêmes pommes de terre réduites en purée !

Et puis, ce qui compte aussi, c'est ce qu'on mange avec sa soupe. Ainsi les lipides contenus dans le fromage qui vient après la soupe diminuent l'index glycémique du repas.

Enfin, n'oublions pas les quantités de glucides consommées, qui ne sont pas prises en considération dans cette affaire d'index glycémique. Certes la purée de pommes de terre et le miel ont tous deux le même index glycémique de 90, ce qui est élevé, mais la quantité de glucides apportée par 100 grammes de miel est nettement supérieure à celle apportée par la même quantité de purée. D'un autre côté, on ne mange pas le miel dans les mêmes quantités que la purée… Pour corriger cela, certains ont récemment tenté de promouvoir un nouvel outil d'évaluation, la *charge glycémique*[33], qui tient compte de l'index glycémique ainsi que de la quantité de glucides présente dans une quantité d'aliment, malheureusement standard.

Quel casse-tête ! Et ce n'est pas fini : car voilà maintenant qu'on constate qu'il faut aussi tenir compte du mangeur : pour un même aliment, la vitesse d'absorption des glucides peut grandement varier d'une personne à l'autre, selon son métabolisme ou son niveau d'activité physique[34] !

En définitive, est-il bien raisonnable de mettre en place tous ces index destinés à départager les bons et les mauvais aliments ? Cela sert-il à autre chose qu'à satisfaire un amour immodéré des chiffres, et surtout une propension tout aussi immodérée à faire la morale ?

Ne ferait-on pas mieux de s'en tenir à quelques règles simples ? On peut ainsi conseiller de préférer les aliments complexes, qui mélangent les glucides avec d'autres éléments, quels qu'ils soient. Voilà qui conduit le plus souvent à cuisiner, c'est-à-dire à ajouter des matières grasses, entre autres choses. Question cuisine, on évitera les cuissons trop poussées, on préférera les aliments qui se présentent en morceaux à ceux qui sont réduits en purée. On peut aussi conseiller de consommer des plats garnis et de faire des repas comportant plusieurs aliments.

Tout ça pour ça… Ne le savions-nous pas déjà, que faire des repas était une bonne façon de manger ? Nos cultures alimentaires, issues de centaines d'années d'expérimentations, ne nous donnent-elles pas le mode d'emploi de la plupart de nos aliments ? Et, concernant les produits nouveaux, comme par exemple les friandises sucrées, n'est-il pas temps d'apprendre à les consommer, plutôt que de les diaboliser ?

*Le bon plaisir, la bonne quantité*

C'est vrai, les aliments à fort pouvoir énergétique sont d'apparition récente dans notre environnement. Mais il ne tient qu'à nous de savoir apprécier la façon dont ils nous nourrissent et nous transforment. Nous n'avons nullement besoin de tables et d'index pour cela : il suffit d'être attentif à ses sensations.

Dans l'ensemble, plus un aliment est nourrissant, est dense sur le plan énergétique, plus son goût est puissant, plus il procure des sensations exquises. Nous ressentons immédiatement cette force, cette énergie, dans notre corps, et même, nous recherchons ce coup de fouet, cet échauffement, qui va parfois jusqu'à l'euphorie, voire l'ivresse.

Pourquoi mange-t-on des sucreries en excès ? La première raison vient d'un manque d'éducation : on n'a pas appris à utiliser ces produits qui sont non seulement des nourritures du corps, mais aussi des psychotropes, ayant un effet sur notre psychisme.

Tout comme les adolescents doivent apprendre comment se boivent vins et alcools, afin de pouvoir boire en personnes civilisées, les enfants, les adolescents (et les adultes qui ont pris du retard) doivent apprendre comment se mangent les aliments à fort pouvoir énergétique. Il est vain de vouloir interdire tous ces délices, qu'ils découvriront tôt ou tard. Il est au contraire essentiel de leur apprendre comment ils se dégustent : on prendra son plaisir avec sagesse et prudence, selon les recommandations d'Épicure.

D'autres fois, l'éducation alimentaire n'est pas en cause. La fuite devant certaines difficultés psychologiques et émotionnelles est la seconde raison qui pousse à boire trop d'alcool ou à consommer des produits à index glycémique élevé en excès. Prenez patience, si tel est votre cas : notre cheminement n'est pas terminé et nous y viendrons un peu plus loin.

**Ivresses alcoolisées, ivresses sucrées…**

Sucreries et alcool ont bien des points communs. Leur consommation nécessite un apprentissage, un mode d'emploi d'ordre culturel. Leur consommation sauvage s'avère dangereuse, et certains abusent.

Mais il ne s'agit pas de jeter le bébé avec l'eau du bain ! Vins et spiritueux consommés avec sagesse et prudence procurent un plaisir gustatif, une euphorie bienvenue, une douce allégresse, ajoutent à la gaieté naturelle, facilitent les relations sociales… et sont bons pour le système cardio-vasculaire !

L'euphorie ainsi procurée est-elle de trop ? Tel est le point de vue des moralistes, des puritains, qui grouillent de plus en plus autour de nous.

Personnellement, je juge être en droit de me l'octroyer, cette euphorie, dans les moments où je n'ai pas à prendre le volant ni à fournir une performance physique ou intellectuelle. J'estime que, dès lors qu'ils sont adultes, mes congénères y ont droit eux aussi. Et même, je suis heureux de boire un verre avec eux.

Le coup de fouet fourni par un produit sucré me semble à considérer sous le même angle : trop à la fois, et c'est comme une ivresse, qu'on ne peut pas se permettre trop souvent. Mais un peu, comme c'est délicieux et revigorant !

### *Les céréales sont-elles comestibles ?*

J'ai surtout parlé jusqu'à présent des glucides les plus vilipendés, ceux dont on redoute qu'ils nous rendent esclaves, qu'on consommerait comme autant de drogues. Mais les glucidophobes ne s'en tiennent pas là, comme nous l'avons vu avec Robert Atkins. Les céréales sont aussi dans leur collimateur, peut-être pas comme de « grands Satan », mais sûrement en tant que « petits Satan ».

Un argument souvent entendu, chez Atkins et chez bien d'autres, serait que notre organisme ne serait pas conçu pour consommer de tels produits. L'alimentation des chasseurs-cueilleurs serait la seule adaptée à une génétique modelée par des millions d'années d'évolution. Il nous faudrait y revenir et, pour cela, nous nourrir de fruits, baies, noix et noisettes, de champignons, de feuilles, de racines, de viandes et de poissons.

Ce « régime paléolithique[35] », qui idéalise le mode de vie de nos ancêtres est-il bien sérieux ? Nous sommes bien trop nombreux sur cette terre pour pouvoir nous passer des céréales et des légumineuses. Le blé, le riz, le maïs et autres lentilles et haricots constituent la base de l'alimentation humaine.

Aussi les glucidophobes s'en prennent-ils le plus souvent aux céréales trop purifiées, et recommandent les pains multicéréales plutôt que le pain blanc, le riz complet et les pâtes complètes plutôt que le riz blanc ou les pâtes ordinaires.

Personnellement, je n'y vois pas d'inconvénient, puisque ces produits, à la composition plus complexe, sont plus riches en goût et plus satisfaisants au palais. Mais c'est aussi faire toute une histoire pour peu de chose : les céréales, purifiées ou non, se mangent habituellement en association avec des corps gras, des viandes, du poisson, des légumes ou des fruits, ce qui ralentit considérablement leur vitesse d'absorption.

*Résumons-nous : les glucides sont bons. Certains aliments, à haut pouvoir énergétique, comme les friandises et autres pâtisseries, sont à consommer avec joie, sagesse et prudence, parce qu'ils constituent des aliments puissants, procurant une bouffée d'énergie brutale. Ou bien on peut noyer cette puissance dans d'autres aliments, dont les graisses, les fibres ou les protéines brideront cet effet.*

*Quant aux aliments à index glycémique bas, on ne s'en lasse généralement pas, même si on les consomme de façon quotidienne. C'est lorsqu'elles sont mangées cuisinées et accompagnées que les céréales et les légumineuses, qu'il s'agisse de pain, de riz, de maïs, de haricots, de pois, de lentilles, de semoule, sont bonnes au goût et pour la santé.*

Il s'agit, comme toujours, d'écouter ses appétits, ses appétences, de se régler sur eux afin de répondre aux besoins du moment : besoin énergétique, besoin de partage, besoin d'une bouffée d'extase. Pourquoi se refuser cette dernière, de temps à autre ? Pourquoi voir la vie comme une vallée de larmes, ou comme un camp militaire ?

Ce n'est que dans le cas où on viendrait à abuser de ces petits plaisirs qu'on se demandera ce qui ne va pas. Mais nous n'en sommes pas encore là dans notre cheminement. À suivre, donc…

### ➤ *L'industrialisation de la production a modifié la nature des graisses de nos aliments*

Vous avez tremblé face au sucre ? Vous allez adorer trembler face au gras ! Nous en consommerions trop, mais aussi, comme pour les glucides, certaines graisses seraient « bonnes » tandis que d'autres seraient « mauvaises ».

Surtout, la composition en certains corps gras serait profondément modifiée par les méthodes utilisées dans l'agriculture intensive. Cela induirait une dégradation de notre état de santé, un moral dans les chaussettes et même pour certains, on tiendrait la cause véritable de l'épidémie d'obésité occidentale. C'est vous dire !

Pour vous expliquer le problème, je vais être obligé de vous faire un petit cours sur les lipides. Oh, rassurez-vous, je m'en tiendrai au strict minimum.

## Lipides, acides gras saturés et insaturés, oméga 6, oméga 3 et *tutti quanti*

Il existe de nombreuses sortes de graisses. Parmi elles, on trouve les triglycérides, qui sont composés d'acides gras. On distingue les acides gras saturés, mono-insaturés et poly-insaturés. Le discours nutritionnel classique depuis plusieurs décennies consiste à dire que les acides gras saturés, qu'on trouve surtout dans les nourritures animales, c'est-à-dire les viandes, les œufs, le beurre, les fromages, sont nocifs pour le système cardio-vasculaire[36] ; les acides gras mono-insaturés et poly-insaturés, surtout apportés par les huiles végétales, seraient quant à eux bons pour le cœur et les vaisseaux.

En fait, c'est un peu plus compliqué. Tout d'abord, les acides gras saturés ne sont aucunement à bannir de l'alimentation et représentent normalement environ la moitié des apports lipidiques. Ce n'est que lorsqu'on les consomme en excès qu'ils deviennent nocifs. Il convient donc de ne pas se priver d'œufs, de fromages, de beurre, de viandes blanches et rouges, dans une folle chasse aux graisses, mais d'en consommer les quantités adéquates, en étant sagement et prudemment à l'écoute de ses sensations alimentaires !

Ensuite, parmi les acides gras poly-insaturés, il faut distinguer les acides gras oméga 6 et oméga 3. Ce sont des molécules que notre organisme ne sait pas fabriquer et qui doivent donc être apportées par l'alimentation[37]. Pour cette raison, ils sont dits essentiels et s'apparentent à des vitamines. Ils sont des lipides de structure, présents dans toutes les membranes de toutes nos cellules. En outre, les oméga 6 servent de point de départ pour la synthèse des prostaglandines, des médiateurs chimiques essentiels de l'organisme, et sont des pro-inflammatoires, qui jouent un rôle de stimulants du système immunitaire. .../...

Les oméga 3, à l'opposé, agissent comme des anti-inflammatoires. Notons aussi que notre cerveau, qui est très gras, est gros consommateur d'acides gras oméga 3, qui jouent un rôle essentiel dans la fluidité membranaire.
Nous avons besoin en moyenne d'environ 2 g/j d'oméga 3 et, pour que tout aille bien, il convient aussi d'avoir un bon rapport entre oméga 6 et oméga 3 dans l'alimentation. On considère aujourd'hui qu'un apport global de cinq molécules d'oméga 6 pour une molécule d'oméga 3 correspond à un bon équilibre.
Malheureusement, l'alimentation moderne ne nous apporte en moyenne que 0,5 à 1 g/j d'oméga 3 et notre ratio oméga 6/oméga 3 est de 15 à 20, au lieu d'être de 5.

Bref, notre corps réclame davantage d'oméga 3. Comme notre alimentation en est déficitaire, dès que nous en consommons davantage, sous une forme ou sous une autre, cela nous fait le plus grand bien. Nous supportons mieux les stress, le moral va mieux, de même que la mémoire et les processus cognitifs ; le système cardio-vasculaire, les mécanismes immunitaires vont mieux aussi, merci pour eux ; à plus forte dose, on pourrait aussi moins souffrir de toutes les maladies inflammatoires, comme par exemple les arthrites ou les rhumatismes. En fait, nous sommes rendus à nous-mêmes !

Pourquoi sommes-nous si carencés en oméga 3 ? Eh bien, c'est une longue histoire.

Les oméga 3 naissent essentiellement dans les membranes cellulaires des végétaux, tandis que les oméga 6 se concentrent surtout dans les graines. Les grains de maïs, de soja, de tournesol sont surtout riches en oméga 6, de même que l'huile qu'ils servent à fabriquer. Les huiles de colza sont quant à elles habituellement riches en oméga 3.

## Chimères alimentaires !

L'industrie agroalimentaire s'est bien évidemment emparée de cette mode des oméga 3 et propose des produits enrichis. Voilà qui part d'un bon sentiment. Mais que penser d'un lait « enrichi aux oméga 3 » obtenu en le débarrassant de ses graisses originelles, c'est-à-dire en l'écrémant, et en rajoutant de l'huile de lin ? Cette boisson est-elle encore du lait, et quel goût cela a-t-il ?
Ne ferait-on pas mieux de laisser les vaches brouter de l'herbe et leur donner en complément des graines de lin à manger ? C'est ce que font d'ores et déjà certains producteurs français qui, en supplémentant les nourritures animales en graines de lin, garantissent que les viandes, les laitages et les œufs qu'ils proposent à la vente sont riches en acides gras oméga 3[38].

Les poules qui gambadent dans les prairies ont une viande et pondent des œufs qui sont riches en oméga 3 car elles ont mangé des herbages, ainsi que de petits animaux qui en avaient mangé. Celles qui sont élevées au maïs et au soja en contiennent beaucoup moins.

Par exemple, un œuf crétois, issu d'un élevage extensif, c'est-à-dire avec des poules pondeuses livrées à elles-mêmes dans une basse-cour, est en moyenne dix fois plus riche en oméga 3 qu'un œuf américain, provenant d'un élevage intensif, avec de bonnes poules dont on aura pris grand soin et qu'on aura nourries au grain[39].

Tout cela vaut aussi pour les dindes et les porcs que nous consommons : ceux qui se sont nourris d'herbages et d'animaux ayant eux-mêmes consommé des plantes ont une viande riche en oméga 3. Ceux qui ont été nourris au maïs ou au soja en contiennent peu.

Et les vaches ? Leur lait et les produits laitiers qui en découlent ne seront riches en oméga 3 que si elles ont brouté dans de bucoliques pâturages et n'ont pas été exclusivement nourries au maïs et au soja.

Pour les poissons, c'est la même chose : les poissons sauvages et gras, c'est-à-dire des mers froides, sont riches en oméga 3, tandis que, pour les poissons d'élevage, le taux

## Obésité et oméga 3

Voilà une théorie de l'obésité, dont le porte-parole est le Pr Gérard Ailhaud[40], et qui devrait faire du bruit d'ici peu !

Les Occidentaux auraient grossi en raison d'un excès d'acides gras poly-insaturés oméga 6 au détriment des oméga 3. Les oméga 6 en excès favoriseraient la multiplication des adipocytes et rendraient une prise de poids en grande partie irréversible[41].

Le déficit alimentaire en oméga 3 se retrouve jusque dans le lait maternel. C'est dès avant la naissance qu'on souffre de ce déséquilibre. C'est ce déficit chronique qui expliquerait l'épidémie d'obésité infantile dont souffrent nos pays.

De plus, dans le cadre de la prévention de l'athérosclérose, on a conseillé de diminuer la consommation des lipides saturés, c'est-à-dire des graisses animales, et d'augmenter celles d'acides gras poly-insaturés, comme celles venant des huiles de tournesol ou de maïs. Ce qui a en fait conduit à une augmentation de consommation des oméga 6, mais pas des oméga 3. Le rapport oméga 6/oméga 3 a ainsi quadruplé entre 1960 et 2000. Or, désormais, les propriétés antiathérogènes des oméga 6 sont remises en question[42].

Tous ces conseils nutritionnels dont nous avons été abreuvés auraient donc été erronés de bout en bout !

d'oméga 3 dans leurs graisses dépendra de ce qu'on leur aura donné à manger. Selon leur alimentation, ils auront un rapport oméga 6 sur oméga 3 satisfaisant, ou au contraire déséquilibré.

## Ce qui est à votre goût est bon pour votre santé !

Toute cette histoire de chaîne alimentaire rend discutable la pertinence de bien des conseils diététiques : les viandes de porc et de bœuf, par exemple, peuvent être des viandes grasses riches en acides gras saturés dans certaines conditions d'élevage, et des sources d'oméga 3 presque aussi bonnes que le poisson gras sauvage dans d'autres !

Eh bien, figurez-vous que, là encore, nous sommes naturellement équipés pour pouvoir nous passer, dans bien des cas, de conseils diététiques. Il suffit de donner la priorité aux bonnes choses, celles qui ont bon goût, qui sont d'une consistance agréable au palais, et on a toutes chances de bien se porter !

Reprenons l'exemple du saumon, dont je parlais page 88. Certains saumons élevés dans des conditions désastreuses, dans des bassins bien trop petits, qui reçoivent une nourriture bon marché, ont une chair filandreuse et grasse, d'un goût douteux. Il se trouve que ces saumons sont aussi ceux qui ont un rapport oméga 6 sur oméga 3 le moins satisfaisant ! On a donc bien raison de se fier à son palais et d'éviter d'en manger autant que faire se peut. On préférera manger du saumon moins souvent, en plus petite quantité, mais du bon !

Il en va de même pour la viande de bœuf. Celle qui a davantage de goût, c'est-à-dire qui est bien juteuse (qui a un bon indice de jutosité, pour parler comme les techniciens de la chose), est comme par hasard celle qui provient d'animaux ayant pâturé sans souci dans une atmosphère bucolique et mangé l'herbe des prés. Et, merveille des merveilles, cette viande-là ne contient pas trop de graisses saturées et a un excellent rapport oméga 6 sur oméga 3[43] !

Quant aux légumes et aux fruits, il ne fait guère de doute que pour être savoureux et pleins de vitamines, il faut qu'ils aient connu le soleil jusqu'à leur maturité. Les légumes sont aussi bien meilleurs lorsqu'ils sont cuisinés, c'est-à-dire lorsqu'ils sont additionnés de matières grasses, qui révèlent leurs arômes et leurs saveurs.

*N'est-il pas merveilleux de se rendre compte que ce qui est bon au goût l'est aussi pour sa santé ? Dans la majeure partie des cas, on peut donc faire confiance à son palais.*

### ➤ *La qualité se paie*

Voilà aussi qui revient à dire qu'il convient de manger préférentiellement des viandes produites à l'ancienne, par des agriculteurs de confiance. Pour les poissons, on sera là aussi attentif à la provenance : ils seront soit sauvages, soit provenant d'établissements piscicoles sérieux, qui donnent aux poissons l'occasion de nager, qui les fournissent en aliments de premier choix.

De même, pour les fruits, les légumes : ceux qui sont à point, qui ont du goût, contiennent davantage de vitamines et de minéraux que les légumes fades, artificiellement gros, forcés sous serre.

Rien de bien nouveau sous le soleil, en fait. Déjà les gastronomes romains mettaient l'accent sur la qualité du produit, sur le sérieux des transformateurs. Ils se fiaient pour cela à sa provenance : de la même façon que nous faisons confiance au jambon s'il est de Parme et au beurre s'il est d'Échiré, Archestrate, au IVe siècle avant J.-C., recommande par exemple le sanglier de Lucanie et l'esturgeon de Rhodes[44].

Mais, direz-vous, voilà qui va me coûter plus cher ! Peut-être est-ce là le rétablissement d'un juste équilibre : alors qu'en 1960 la part des produits alimentaires représentait 20 % du budget des ménages français, elle ne représente plus que 14 % en 2001[45]. Bien se nourrir, en mangeant dans la joie et le contentement, nécessite donc sans doute qu'on parvienne à mettre un bémol à sa consommation de services et de produits manufacturés…

Mais, tout de même, ne dramatisons pas : tout d'abord, lorsqu'on achète des produits de bonne qualité, on les apprécie mieux, on les déguste avec attention, car ils le méritent. On s'aperçoit alors qu'on est satisfait avec de moindres quantités. Voilà qui va tout aussi bien dans le sens d'une meilleure santé que d'un poids plus proche du poids d'équilibre.

Ensuite, n'oublions pas que les produits de base, comme le lait, les œufs, le pain, le riz, les pâtes, les légumes secs, la semoule, la farine, l'huile, le beurre, le sucre, même de la meilleure qualité, restent fondamentalement bon marché, même si leur tendance est à l'augmentation. En leur adjoignant des produits plus onéreux, mais en petite quantité, on peut confectionner toutes sortes de plats peu ruineux.

Enfin, prix et qualité ne riment pas toujours ensemble : le maquereau, les sardines sont délicieux, bourrés de bonnes graisses et peu chers ! Dans les viandes, ce qu'on appelle les bas morceaux sont équivalents aux parties dites plus nobles en termes de composition nutritionnelle et permettent la confection de plats savoureux.

Et les produits industriels ? Convenons que les produits les meilleurs, tant sur le plan gustatif que du point de vue de leur composition, sont plus chers. Pourquoi fait-on mine de s'en étonner ? Voilà quelques années, deux nutritionnistes renommés, Jean-Michel Cohen et Patrick Serog[46], publièrent un ouvrage répertoriant la plupart des produits en vente dans nos supermarchés et comparèrent leurs qualités diététiques. Leur conclusion fit scandale : les produits les plus onéreux étaient les meilleurs !

Les produits de qualité sont donc dans l'ensemble plus coûteux. Si on veut bien manger sans se ruiner, il est donc nécessaire de faire moins appel aux industries de transformation, et de cuisiner davantage. On fera donc de substantielles économies en confectionnant soi-même ses salades, ses viandes en sauce, ses gratins, ses biscuits et ses gâteaux.

### ➤ *La vraie malbouffe induite par l'industrialisation des aliments*

En définitive, le danger de l'industrialisation d'une grande partie de notre alimentation ne me semble pas résider dans une nourriture empoisonnée. Elle ne l'est pas tant que ça.

Une trop grande abondance en produits riches ne pose problème que lorsqu'on mange au-delà de ses besoins. Mais ne venons pas nous plaindre : ce n'est pas si grave, après tout, d'être riche ! Apprenons à maîtriser cette richesse en civilisant nos conduites alimentaires, en veillant à rester dans notre zone de confort.

L'insuffisance en certains nutriments, en vitamines et en minéraux ? Là encore, le problème provient de ce que nous ne sommes pas à l'écoute de nos besoins. Écoutons nos appétits !

Mais comment écouterions-nous nos appétits si nous ne considérons pas que manger est un acte noble, qui doit mobiliser toute notre attention, si nous n'éprouvons pas de respect pour ce que nous consommons ?

La standardisation des produits, leur faible coût, la facilité qu'il y a à les acquérir dévalorisent nos aliments. Ils ne sont plus un don de Dieu ou des dieux, ils ne sont plus des cadeaux de la nature. Ils ne sont plus acquis à la sueur de nos fronts. Ils sont tout simplement raflés sur les linéaires des supermarchés. Ils valent des clopinettes.

Ces aliments sans noblesse, on les consomme alors à la va-vite, sans leur prêter beaucoup d'attention. On ne les partage plus, mais on mange chacun pour soi. On ne prend pas la peine de les apprivoiser, de tisser autour d'eux des histoires. Or manger des aliments peu respectables conduit à ne plus se respecter, à perdre l'estime de soi.

### Pour une redéfinition de la malbouffe !

Je propose donc une nouvelle définition de la malbouffe : *malbouffer, c'est ne pas savoir écouter ses besoins corporels, psychologiques et émotionnels.*

Malbouffer consiste à manger trop de nourriture riche en calories quand on n'a pas suffisamment faim pour cela, et une nourriture vidée de ses calories alors que l'appétit est là.

Malbouffer, c'est ne pas savoir écouter ses appétits spécifiques, qui nous orientent tout naturellement vers les aliments qui contiennent les nutriments dont nous avons besoin.

Malbouffer, c'est ne plus savoir partager, ne plus être confortable et heureux en sortant de table.

Malbouffer, c'est ne pas savoir manger avec bonheur.

### ➤ *N'ayez pas peur de ce que vous mangez !*

Je ne voudrais pas que vous en veniez à la conclusion, à lire ce qui précède, qu'il convient de s'inquiéter en permanence de ce que l'on mange. Si la mauvaise nouvelle est que tous nos aliments ne sont pas parfaits, la bonne nouvelle est que ce n'est pas nécessaire.

• Ce qui compte, du point de vue de la santé physique, ce n'est pas la qualité de chaque aliment pris individuellement, mais ce que vous mangez globalement, en gros à l'échelle de la quinzaine de jours, ou même du mois, pour certains produits.

Votre organisme tolère une part d'imperfection. Votre intestin sait faire le tri entre l'utile et l'inutile ; votre système immunitaire sait faire face à bon nombre d'attaques bactériennes ou virales ; votre foie, vos reins savent éliminer la plupart des molécules indésirables. Vous pouvez absorber de petites doses de poison sans que cela vous empêche de vivre.

• Ce qui compte, du point de vue de la santé mentale, c'est que vous ayez suffisamment d'occasions de vous faire plaisir en mangeant, que vous en retiriez une profonde satisfaction : vous vous organisez de telle sorte que vous puissiez avoir accès à des aliments aimables et, de ce fait, vous vous prouvez à vous-même combien vous vous aimez !

*Chaque aliment n'a pas besoin d'être parfaitement bon, il lui faut seulement être* suffisamment *bon.* L'alimentation globale, elle aussi, doit être suffisamment bonne, et n'a pas besoin d'être parfaitement bonne.

En ce qui concerne les grosses nuisances alimentaires, gardez à l'esprit que la nourriture commercialisée fait l'objet de multiples contrôles. Différents organismes nationaux et internationaux, aidés par des laboratoires scientifiques, déterminent des seuils acceptables, et d'autres organismes sont là pour veiller au respect des normes édictées[47]. Somme toute, dans l'ensemble, la nourriture qui est à notre disposition s'avère comestible !

Ensuite, rappelez-vous que vous pouvez donc aussi consommer à l'occasion des produits de seconde catégorie, en fonction des circonstances. Vous ne mourrez pas de manger des aliments imparfaits dans un médiocre restaurant d'entreprise, ou bien un plat surgelé à bon marché. Vous pouvez aussi sucer sans scrupule des bonbons, croquer des confiseries et des desserts qui répondent à un besoin psychologique, mais qui, par exemple, n'ont pas du tout un bon rapport oméga 6 sur oméga 3.

En fait, vous êtes loin d'être aussi fragile que ça ! N'ayez pas peur de consommer des aliments imparfaits ! Vous non plus, vous n'êtes pas parfait, et il n'est pas nécessaire de l'être. Ayez confiance en vous, dans votre capacité à apprivoiser ces aliments de telle sorte qu'ils deviennent vôtres, que vous deveniez eux.

*Trop de suspicion est mauvais pour la santé*

Se montrer trop suspicieux vis-à-vis de ce qu'on mange, trop perfectionniste, est une nuisance en soi. Ce sont nos mécanismes de pensée magique en matière d'alimentation qui nous conduisent à penser, souvent malgré nous, sans pouvoir nous en empêcher, qu'une chose est soit toute bonne, soit toute mauvaise. Nous en venons alors à nous montrer intolérants à toute imperfection de nos aliments, nous nous méfions de tous. Mangeant la peur au ventre, nous devenons incapables de choisir nos aliments en fonction de nos appétences, d'écouter convenablement nos faims, nos sensations de rassasiement, de trouver le contentement. Nous mangeons donc mal et souvent trop.

Certains partent donc à la recherche d'aliments zéro défaut, parfaitement bons. Ils cherchent souvent refuge dans le bio, le naturel. Un degré de plus, et ils deviennent végétariens, végétaliens, mangent macrobiotique.

## L'orthorexie ou quand on devient fou de santé[48]

L'orthorexie est un trouble du comportement alimentaire qui consiste en une obsession de l'alimentation saine[49]. L'orthorexique n'est pas anorexique, boulimique ou obèse : ceux-là ont surtout un problème avec la quantité, tandis que lui est obnubilé par la qualité. Manger, c'est se soigner, et tout aliment est un alicament. Le goût, le plaisir pris à manger apparaissent secondaires.

L'orthorexique consacre plusieurs heures par jour à réfléchir à son régime alimentaire, ne tolère pas le moindre additif, conservateur, colorant, assimilés à des poisons. Il s'angoisse aussi souvent à propos du bon et du mauvais gras, des sucres lents et rapides, des sels minéraux, de la moindre trace de polluant.

Le corps de l'orthorexique est un temple. L'orthorexique est intimement persuadé que tout ira bien pour lui dès lors qu'il parviendra à se nourrir idéalement, en préservant sa pureté corporelle sans jamais déroger.

On aurait tort de prendre les orthorexiques à la légère, car ils ne rigolent pas. Ils sont la manifestation d'un nouveau puritanisme, d'une intolérance aux plaisirs gratuits, aux petites joies simples et sans prétention de l'existence. Du « manger droit » au « marcher droit », il n'y a qu'un pas !

Il arrive que les orthorexiques aillent plus loin encore, et virent à la paranoïa.

Ils deviennent alors adeptes de la théorie du complot, développent une méfiance soupçonneuse à l'égard de la nourriture, de ceux qui la produisent, et pensent que ceux-ci ont des intentions malveillantes, cherchent à les empoisonner, soit par négligence, ou bien pour faire de l'argent sur leur dos, ou encore sciemment, par pure malignité.

Les orthorexiques sont certes empoisonnés, mais par leur propre méfiance !

Il n'y a rien de mal à ça, si on s'en tient là. Il est parfaitement possible de se nourrir convenablement sans consommer de produits animaux. Mais attention cependant à la dérive sectaire, qui commence dès lors qu'on se refuse à fréquenter des personnes qui ne mangent pas et qui ne pensent pas comme soi. Attention à ne pas développer des attitudes paranoïaques, accusant tour à tour tel ou tel de les empoisonner. Attention à ne pas glisser dans l'orthorexie.

## A-t-on besoin de compléments alimentaires ?

Nous avons vu plus haut que, quand tout va bien, quand on sait être à l'écoute de ses différents appétits, la régulation de nos différents besoins s'effectue non pas sur un repas ou une journée, mais à l'échelle de la dizaine ou de la quinzaine de jours. Un besoin qu'on satisfait devient moins pressant, ce qui permet de s'occuper d'un autre. Il en résulte un génial bricolage qui permet qu'on s'occupe tour à tour de ses besoins énergétiques, de sa faim des autres, de sa faim de représentations nourrissantes, ou de ses états émotionnels. À l'arrivée, on obtient une alimentation globalement équilibrée, tant sur le plan physique que mental ou émotionnel.

Nous venons de voir aussi que nous pouvions parfaitement nous contenter d'aliments imparfaits, qui n'apportent pas forcément tous les nutriments ou les micronutriments, qui comportent aussi leur irréductible dose d'antialiments ou de pollution.

Bon, d'accord, direz-vous, mais tout cela, c'est la théorie ! Si notre alimentation n'a pas à être parfaitement bonne, encore faut-il qu'elle le soit suffisamment ! Il nous faut bien avoir nos doses d'acides aminés, d'acides gras de la bonne qualité, de glucides, de fibres, de vitamines, de minéraux. Dans un monde idéal, sans doute pourrait-on avoir tout cela en consommant des aliments naturels et en se laissant guider par ses appétences. Mais est-ce vraiment le cas ?

Il est vrai que, parfois, satisfaire tous ses besoins s'apparente à la quadrature du cercle. Et ce d'autant plus que certains nutriments ou micronutriments se font rares et ne se trouvent pas dans tous les aliments.

La solution habituellement préconisée par bien des médecins consiste à avoir, à toute heure, en toutes circonstances, une alimentation non pas intuitive, mais calculée de telle sorte qu'elle soit équilibrée en nutriments. Mais ce perfectionnisme diététique conduit à un énorme sacrifice : on ne peut plus manger sur un mode intuitif, en s'écoutant. On doit manger en permanence selon la diététique, en se contrôlant. On ne peut plus manger avec amour, par amour.

On aboutit à une alimentation qui ne prend que les besoins corporels en considération et considère les besoins psychologiques et émotionnels comme accessoires, à satisfaire seulement dans la mesure du possible. La nourriture devient hygiénique et, dès qu'on cède à une appétence hors des normes édictées, on se voit culpabilisé à outrance.

N'y aurait-il pas moyen de se tirer de ce mauvais pas ? Ne pourrait-on pas avoir le beurre et l'argent du beurre, la santé et une alimentation qui prend en compte tous ses besoins, pas seulement ceux d'ordre nutritionnel ?

Mais si, bien sûr.

On peut manger sur un mode intuitif, ne pas hésiter à donner autant d'importance à ses besoins psychologiques et émotionnels qu'à ses besoins en nutriments, et si, au bout du compte, certains nutriments ou micronutriments manquent à l'appel, on peut équilibrer son alimentation grâce à quelques compléments alimentaires.

Oh, je sais bien : la plupart des nutritionnistes s'opposent à ce que chacun fasse ainsi sa petite cuisine. Sans doute cela vient-il d'une position morale, dogmatique : une bonne alimentation devrait apporter tout ce qui est nécessaire sans qu'il soit besoin de rien rajouter. Peut-être ont-ils aussi peur que le bon peuple abuse de gélules et de comprimés, et se croie du coup autorisé à manger tout et n'importe quoi, selon ses désirs. En somme, ils prennent les mangeurs pour des êtres faibles irrémédiablement attirés par le péché, ou encore pour des sots.

Cette position médicale est illustrée par les conclusions de l'étude Suvimax, que mon collègue Jean-Philippe Zermati et moi-même avions détaillée dans un précédent ouvrage[50]. Cette étude consistait à donner des compléments alimentaires antioxydants à des volontaires, puis à évaluer l'évolution de leur santé. Après huit années d'expérimentation, les promoteurs de l'étude avaient abouti à des résultats étonnants : on notait une diminution de 31 % du risque de cancer et de 37 % de la mortalité, chez les hommes du groupe qui avait reçu les antioxydants, mais pas de changement significatif chez les femmes.

La conclusion qui s'imposait était à l'évidence de conseiller à la gent masculine de prendre des antioxydants sous forme de compléments alimentaires, comme cela avait été fait dans l'étude. Bien au contraire, les promoteurs conclurent… qu'il fallait éviter de prendre des compléments alimentaires, et avoir une alimentation diététiquement équilibrée !

Le plus drôle de l'affaire est qu'on a depuis toujours couru après les compléments alimentaires, c'est-à-dire des produits qui viennent apporter ce qui manque à l'alimentation ordinaire. À commencer par le sel de cuisine : quand, au néolithique, l'homme a inventé l'agriculture et a donc consommé moins de viandes, il a commencé à manquer de chlorure de sodium. Ce sel, il a fallu aller le chercher en bord de mer, ou bien l'extraire de mines, et le transporter à grands frais dans les endroits les plus reculés.

Plus près de nous, on a eu l'excellente idée de commercialiser du sel supplémenté en iode, car dans les régions éloignées des mers et des océans, l'absence de ce micronutriment dans l'alimentation est la cause de maladies de la glande thyroïde[51]. Les pouvoirs publics ont aussi conseillé l'utilisation de sel de cuisine supplémenté en fluor, pour des raisons semblables, permettant à ceux qui n'habitent ni dans les Vosges ni dans le Massif central, d'avoir malgré tout de belles dents et des os solides.

Et aussi, pensons à l'huile de foie de morue, si bénéfique, que l'on donnait autrefois aux petits enfants : n'était-ce pas là un complément alimentaire riche en vitamine A, D et en acides gras oméga 3 ? Et comme son goût, il faut bien l'avouer, est exécrable, n'a-t-on pas bien fait de proposer des produits apportant les mêmes éléments nutritifs sous forme de gélules ?

### ➤ *Avec quoi complémenter son alimentation ?*

Si donc on veut préserver sa santé physique et mentale, voire l'améliorer, pourquoi hésiter à complémenter son alimentation ? Mais il ne s'agit pas, bien évidemment, de se bourrer de gélules et de comprimés car, en l'occurrence, le mieux est l'ennemi du bien. La majorité des vitamines et des minéraux, lorsqu'ils sont consommés à haute dose, produisent des effets inverses à ceux recherchés. Certains s'avèrent même, à dose excessive, dangereux pour la santé, voire mortels.

Que prendre, alors ? Voilà une question à laquelle il est bien difficile de répondre globalement. Tout dépend de votre âge, de votre sexe, de votre condition physique, de votre mode de vie, de votre alimentation habituelle.

Voilà malgré tout ce que je peux vous donner comme conseils :

• Si vous mangez peu de viandes, poissons, œufs, laitages de tout premier choix, si vous n'avalez pas des tombereaux de verdure bien fraîche, si vous ne consommez pas de maquereau ou de sardines sans arrêt, si vous ne grignotez pas des noix pour un oui pour un non, si vous ne buvez pas de l'huile de colza à la bouteille, si vous répugnez à consommer de l'huile de lin, vous manquez sans doute d'acides gras oméga 3.

En attendant qu'on se décide à modifier l'alimentation de nos poules, de nos vaches, de nos cochons et de nos poissons d'élevage, on peut complémenter son alimentation en vue d'avoir un apport suffisant en oméga 3 et rétablir un meilleur rapport oméga 6 sur oméga 3.

Je ne crois pas que ce soit une bonne idée de se nourrir d'alicaments et de sauter sur tous ces produits proposés désormais par l'industrie agroalimentaire, étiquetés « avec oméga 3 », ou « enrichis aux oméga 3 ». Il n'est pas rare que ce soient des produits bricolés, ayant fait l'objet de diverses additions et soustractions plus ou moins inavouables… Mieux vaut sans doute acheter des aliments de la meilleure qualité, qui restent à leur place d'aliments, et faire appel à un complément qui se présente comme tel.

On peut prendre de l'huile de foie de morue, mais vraiment, c'est dur à avaler. Personnellement, je pense que les gélules vendues en pharmacie sont moins rébarbatives, quoique plus onéreuses[52]. Mais je n'oblige personne…

• Si vous êtes un petit mangeur, c'est-à-dire si vous avez des besoins énergétiques restreints du fait d'un métabolisme tournant au ralenti (par exemple moins de 1 400 calories/

jour pour une femme), il est probable que les faibles quantités d'aliments que vous consommez vous conduisent à être déficitaire en certaines vitamines et certains minéraux.

Vous avez alors le choix entre suivre un « régime équilibré » draconien et à vie, sans la moindre fantaisie alimentaire, afin d'obtenir des quantités suffisantes en vitamines et minéraux uniquement par votre alimentation, ou bien manger selon vos véritables appétences, en respectant vos besoins psychologiques et émotionnels, et complémenter votre alimentation.

On trouve en pharmacie des produits complets, simples d'usage, qui contiennent la plupart des vitamines et des minéraux nécessaires. Tenez-vous en aux doses indiquées sur la boîte et rappelez-vous que le mieux est l'ennemi du bien.

• Si vous avez une alimentation des plus monotone, qui ne comprend que quelques aliments, toujours les mêmes, cela veut sans doute dire que, pour une raison ou une autre, vous n'êtes pas en mesure d'écouter toutes vos appétences. Il se peut par exemple que vous ne vous respectiez pas et que vous ne vous aimiez pas assez. La suite de ce livre devrait vous y aider. Mais, en attendant, peut-être devriez-vous prendre un cocktail de multivitamines et minéraux en comprimés, toujours aux doses indiquées. Ce serait déjà ça…

• Si vous êtes un homme et si l'étude Suvimax vous a convaincu, ou bien si, quel que soit votre sexe, vous voulez être durablement en bonne forme, ne pas vieillir trop vite, vous pouvez prendre un petit cocktail d'antioxydants. Mais pourquoi vous casser la tête à les rechercher un par un ?

En fait, pour avoir sa dose d'antioxydants, on peut simplement prendre des cocktails de multivitamines et minéraux. On prendra la dose indiquée sur les boîtes des produits courants, mais si on veut tenir compte des résultats de l'étude Suvimax, corrigée par des données plus récentes, on pourra doubler les doses, sans aller toutefois au-delà[53]. Il est déraisonnable d'aller plus loin car certains antioxydants deviennent oxydants à forte dose, et certaines vitamines et minéraux en excès sont toxiques[54].

• Si vous ne voulez pas mourir, jamais, et si vous pensez qu'on peut y parvenir en ayant une alimentation plus que parfaite, alors, vraiment, je suis désolé, mais je ne peux rien pour vous. Retournez page 123 et lisez l'encadré sur l'orthorexie et la folie de la santé.

Mais si vous souffrez juste d'une petite tendance orthorexique, si votre souci est simplement de mettre le maximum de chances de votre côté et, pour le reste, de prendre les choses comme elles viennent, alors, ma foi, vous pouvez forcer un peu sur les échalotes, l'ail et les oignons, ainsi que sur les brocolis et les choux de Bruxelles, les noix et les noisettes, les fruits rouges, les herbes et les épices, boire un verre de vin rouge tous les jours, et vous mettre au thé vert le reste du temps. Voilà qui ne peut guère faire de mal, si on apprécie ces aliments, le plaisir qu'ils apportent, si on n'en fait pas une religion.

Pour ma part, ces derniers temps, je me suis mis à aimer le thé vert. Je ne sais pas si cela me fera vivre plus vieux, ou en meilleure santé, mais en tout cas la théine qu'il contient en fait un excellent stimulant intellectuel. Ce livre, d'ailleurs, a été entièrement rédigé sous thé vert. C'est vous dire si c'est bien…

En somme, fort heureusement pour nous, aucun de nos aliments n'a besoin d'être parfaitement bon. Il leur faut seulement être suffisamment bons. Nous nous contentons parfaitement d'une alimentation globale elle aussi suffisamment bonne.

Nos aliments ont beaucoup changé et ils nous font peur. Mais il n'y a pas de quoi. Enfin, pas tant que ça. Ils ont, comme bien des choses, leurs avantages et leurs inconvénients.

## Encore une théorie de l'obésité

Les petits mangeurs ne mangent pas assez pour avoir un apport suffisant dans certaines vitamines ou dans certains minéraux. Peut-être est-ce là une des raisons qui conduisent ces personnes à manger au-delà de leurs besoins énergétiques : elles grossiraient alors parce qu'elles percevraient un manque, une insuffisance d'apport, qu'elles chercheraient maladroitement à combler par un surcroît de nourriture, sans pour autant y parvenir.

Cherchant intuitivement à augmenter leurs apports en micronutriments, elles seraient conduites à augmenter leurs apports énergétiques globaux, au-delà de leurs besoins.

Parmi les avantages, citons leur richesse énergétique, qui nous permet de ne pas avoir besoin de nous remplir, d'être bien nourris en mangeant de faibles quantités d'aliments. Citons aussi leur propreté, leurs qualités gustatives, et bien évidemment leur abondance.

Parmi les inconvénients des avantages, remarquons que disposer d'aliments riches et variés oblige à manger avec davantage d'attention, sur un mode civilisé, sans quoi on risque des dérèglements alimentaires.

Parmi les inconvénients proprement dits, citons en premier lieu la pollution par différents produits chimiques. Bien évidemment, il convient de limiter cette pollution autant que possible.

Mais veillons aussi à éviter qu'à cette pollution des aliments, ne se surajoute pas une pollution des esprits. Nous avons vu qu'en raison d'archaïques mécanismes de pensée magique profondément inscrits dans notre psyché, nous sommes conduits à croire que nos aliments doivent nécessairement être parfaitement purs. Nous avons donc tendance à paniquer à l'idée de tout poison, même à l'état de traces. Et ceux qui jettent de l'huile sur le feu, qui nous rappellent sempiternellement que notre nourriture n'est pas parfaite, nous jouent un bien mauvais tour : ils rendent nos aliments immangeables à nos yeux, à notre bouche, à notre ventre. Incapables de trouver le contentement, nous mangeons alors dans l'angoisse, souvent vite et trop.

Le second inconvénient de nos aliments modernes est une composition nutritionnelle imparfaite. En fait, cela a toujours été plus ou moins le cas à toutes les époques. Mais l'espèce humaine, astucieuse, a toujours su pallier ce genre de désagrément en variant et en complémentant ses aliments.

Rien de tout cela ne nous empêche d'avoir une vie de plus en plus longue. Il ne tient qu'à nous qu'elle soit aussi de plus en plus heureuse.

CHAPITRE 3

# *Quoi, quand, où, comment manger ?*

« Les animaux se repaissent ; l'homme mange ; l'homme d'esprit seul sait manger. »

Jean Anthelme BRILLAT-SAVARIN,
*Physiologie du goût ou Méditations de gastronomie transcendante.*

Nous avons examiné à quoi il servait de manger, comment les comportements alimentaires étaient contrôlés dès lors qu'on était à l'écoute de soi-même, de ses sensations et de ses émotions. Puis nous avons vu quelles étaient les caractéristiques des aliments que nous avions de nos jours à notre disposition.

Nous allons poursuivre notre périple dans les méandres de l'alimentation en entrant davantage dans le concret : comment sélectionner nos aliments, comment les cuisiner, et comment s'adapter aux circonstances diverses dans lesquelles nous sommes conduits à manger.

Pour cela, je vous propose de faire confiance à Épicure. Ce philosophe, qui vivait trois cents ans avant notre ère dans la Grèce antique, avait une vision de la vie qui est plus que jamais d'actualité. Son idée centrale consistait en une recherche du bonheur : voilà qui nous parle, n'est-ce pas ? Et pour le trouver, ce bonheur, il convient de rechercher le plaisir avec sagesse et prudence. Car trop de plaisir tue le plaisir, et la recherche d'un plaisir effréné engendre la souffrance.

Épicure conseille donc de rechercher cette heureuse zone de confort dont j'ai déjà parlé, qu'il appelle ataraxie. Sur le plan alimentaire, on l'atteint en mangeant ni trop ni trop peu, en satisfaisant ses différents besoins et appétences sans se laisser submerger.

Tentons de traduire tout cela dans la vie de tous les jours.

## Faites vos achats avec sagesse et prudence

Nous apprenons les aliments lorsque nous les mangeons et notre cerveau les inscrit dans son répertoire alimentaire. Les travaux récents sur la neurophysiologie de l'alimentation montrent que le cerveau enregistre non seulement le plaisir gustatif qu'ils procurent, mais aussi ce que les aliments nous font sur le plan métabolique[1]. Voilà pourquoi nous ressentons parfois des appétits spécifiques pour tel ou tel aliment, tel ou tel plat. Sans que nous en soyons conscients, l'aliment en question contient un nutriment dont notre corps a besoin à ce moment-là.

Pour que nous puissions nous orienter habilement et trouver ce qui nous convient au sein de notre répertoire alimentaire… Encore faut-il que nous en ayons construit un !

Nous le construisons aisément, ce répertoire alimentaire, lorsque nous cuisinons nos aliments à partir de produits de base. Ceux-ci ne sont pas si nombreux : chaque famille, chaque individu établit une liste de viandes, de poissons, de fromages, de fruits, de légumes qu'il aime, qui sont cuisinés avec des produits de base qui ne varient guère. Les recettes, elles aussi, restent pratiquement constantes, et on n'en connaît pas une infinité.

Tout change lorsqu'on consomme des produits industrialisés. Alors qu'autrefois une épicerie proposait environ deux cents références, essentiellement des produits de base, un supermarché normalement achalandé propose plusieurs milliers de références, choisies parmi 180 000 produits alimentaires disponibles dans un pays comme la France[2]. Comment apprendre nos aliments si, à chaque fois qu'on mange, il s'agit d'un produit et d'un goût nouveaux ?

On ne le peut pas, et on est alors conduit à vivre dans un monde alimentaire inconnu, où chaque prise alimentaire est une nouvelle aventure. Toute régulation alimentaire, tant en ce qui concerne la quantité que la qualité devient alors problématique.

### ➤ *Ne passez pas à côté des plaisirs simples*

« Avec un peu de pain et d'eau le sage rivalise de félicité avec Jupiter », disait encore Épicure. Et il a bien raison : quoi de meilleur qu'un morceau de pain bien frais, odorant, bien craquant, lorsqu'on est suffisamment en appétit ? Y a-t-il meilleure boisson que de l'eau fraîche quand on a soif ? Et si l'appétit n'est pas là, si donc notre corps ne demande rien, nous ne ressentirons que des plaisirs frelatés.

Épicure, toujours lui, a dit aussi : « L'accoutumance à des régimes simples et sans faste est un facteur de santé, pousse l'être humain au dynamisme dans les activités nécessaires à la vie, nous rend plus aptes à apprécier, à l'occasion, les repas luxueux et, face au sort, nous immunise contre l'inquiétude[3]. »

Que dire de plus ? Il s'agit de retrouver les plaisirs simples que nous apportent des aliments simples, de base.

Respecter ses sensations et ses émotions alimentaires s'avère plus facile avec de tels aliments. Et voilà qui n'empêche pas, de temps à autre, de consommer des aliments plus sophistiqués, de faire des repas plus riches.

Personnellement, je me sens très épicurien car je suis, tout comme le Grec, un grand amateur de pain. Quelle chance de vivre en France, où on trouve sans peine toutes sortes de pains délicieux, depuis la simple et savoureuse baguette, qui doit se manger à la sortie du four, jusqu'au pain de seigle, lourd, dense, capiteux, qui ne peut se consommer sans un sérieux appétit ! Mon préféré est le pain au levain, au parfum de noisette, si possible un peu rassis. Mais aussi, je le reconnais, j'aime me vautrer dans le luxe, car je préfère l'eau minérale pétillante à l'eau plate. Personne n'est parfait, et en ce qui me concerne, je n'essaie même pas…

**À VOUS DE JOUER**

Redécouvrez les aliments de base. Consommez un morceau de pain, que vous aurez acheté chez un bon boulanger. Attendez pour cela d'avoir suffisamment faim, mais sans excès. Dégustez en prenant votre temps. Renouvelez cette expérience plusieurs jours de suite avec des pains différents.

Quelques idées d'aliments à redécouvrir : le lait entier, le vrai beurre, le camembert, l'œuf à la coque, un fruit de saison, un légume croquant, un biscuit sans chichi, un bout de chocolat…

### ➤ *Ne lésinez pas sur la qualité, mais achetez de petites quantités*

On l'a vu, les produits de base, comme les œufs, la viande, le poisson, les laitages, les fruits et les légumes, sont d'une qualité gustative fort variable. Comme le monde est bien fait, plus ils sont bons au goût, et plus ils ont de chances d'avoir aussi une bonne qualité nutritionnelle.

Pour les produits industriels, comme les conserves, les surgelés, les plats cuisinés, les choses sont identiques et les produits les plus savoureux en bouche sont aussi les produits les meilleurs pour le corps et l'esprit.

Évidemment, les aliments les plus goûteux, ceux qui sont produits par des agriculteurs, des éleveurs, des industriels de confiance, se révèlent parfois, pas toujours, plus onéreux. Mais ces produits sont tellement plus satisfaisants ! On en a besoin de tellement moins pour être contenté !

**À VOUS DE JOUER**

Choisissez une catégorie d'aliment. Disons, par exemple, le chocolat.
Déterminez un budget, par exemple 5 euros.
Pour cette somme, combien de grammes de chocolat haut de gamme pouvez-vous acheter ? Combien de grammes de chocolat bas de gamme ? Quelle option choisissez-vous ?
*Si vous choisissez « peu et bon », vous voilà centré sur le goût, sur les émotions apportées par la dégustation. Très bien !*
*Si vous choisissez « moins bon, mais plus », sans doute cherchez-vous à vous remplir. Il existe des solutions, que nous verrons un peu plus loin.*
Refaites le même exercice avec d'autres catégories d'aliments, comme les biscuits, mais aussi les viandes, les poissons…

### ➤ *Faites une cuisine simple pour la vie quotidienne*

Les plaisirs simples se satisfont d'une cuisine simple. D'ailleurs, lorsque les produits sont bons, est-il vraiment besoin de faire une cuisine chichiteuse ? Un œuf, un poisson doivent se cuisiner dans la simplicité. Concernant les viandes, je serai moins catégorique : certains morceaux qu'on qualifie de bas sont peu onéreux et des plus savoureux, mais demandent à mijoter et à être accompagnés de sauces. Les légumes, eux aussi, mériteraient souvent qu'on se donne un peu de peine et qu'on révèle leurs saveurs en les cuisinant avec des matières grasses.

Bon, cette opinion n'engage que moi et, d'ailleurs, mon épouse n'est pas d'accord en ce qui concerne les légumes. Bof, en matière d'alimentation, les goûts et les couleurs…

### ➤ *Consommez des produits de saison*

Quel plaisir de se délecter de cerises en mai et de prunes en juillet-août, de manger de l'oie ou du chapon pour Noël et du gigot d'agneau pour Pâques. Cela, ce n'est pas du zapping alimentaire, car ces produits sont relativement peu nombreux, et en saison, on en mange son content !

Ceci dit, je suis bien heureux qu'on puisse trouver des pommes presque toute l'année, et tant pis si elles viennent de l'autre bout du monde ! Autant vous le dire : je fais une fixation sur ce fruit. Ceux qui connaissent quelques mots d'allemand comprendront sans doute pourquoi.

### ➤ *Évitez le zapping alimentaire*

Ne vous laissez pas griser à l'hyperchoix alimentaire des aliments industrialisés. Certes, il y a en France, à ce jour, trois cents sortes de yaourts à votre disposition. Vous avez le choix entre quarante-huit sortes de beurres et trente-neuf variétés de margarines, toutes avec des vertus différentes. Les conserves, les surgelés, les réfrigérés, les lyophilisés sont innombrables. Chaque semaine, ces produits sont remplacés par d'autres, plus nouveaux, plus beaux, plus alléchants, plus prometteurs. Même les produits de base subissent cette inflation : les œufs sont ordinaires, ou fermiers, ou enrichis aux oméga 3, ou avec fraîcheur garantie, ou tout cela à la fois !

Épicure et moi, nous pensons qu'on essaie de vous faire prendre des vessies pour des lanternes. En fait, la plupart des aliments d'une catégorie déterminée sont bons et peuvent vous convenir. Ce qui les rend surtout bons, en fait, c'est qu'ils rencontrent votre appétit et vos appétences. Ce qui compte, c'est que vous ayez un besoin à satisfaire, d'ordre physiologique ou psychologique. Sans ce besoin, rien n'est bon.

Pour vous conduire à faire des infidélités à vos produits habituels, on vous montre de petits enfants mignons à croquer, de belles filles, des hommes virils, des grands-pères et des grands-mères en pleine forme qui, tous se délectent avec des mines réjouies. Mais eux, c'est eux, et vous c'est vous !

**À VOUS DE JOUER**

Constituez-vous un répertoire alimentaire stable afin de pouvoir manger en vous fiant à votre intuition :

Pour chaque catégorie d'aliment, sélectionnez deux ou trois produits que vous aimez, qui vous paraissent plus sympathiques que les autres, et inscrivez-les sur une liste.

Quelques idées de catégories d'aliments : biscuits, chocolats, confitures, yaourts, desserts lactés, charcuteries, plats cuisinés frais ou surgelés…

Pour les viandes, volailles, poissons, ce qui compte, c'est la recette. Vous avez sûrement vos recettes préférées, que vous réussissez particulièrement bien.

Pour les produits frais, fruits et légumes, mangez ceux de saison que vous aimez, tant qu'ils sont sur le marché.

Lorsque vous faites vos courses, tenez-vous en à cette liste, autant que faire se peut.

De temps à autre, essayez un produit nouveau. S'il vous satisfait, il viendra remplacer un aliment précédemment inscrit sur votre liste.

*Si vous ne parvenez pas à renoncer à tous ces multiples aliments, si vous avez le sentiment qu'il vous les faut tous, alors vous avez un problème avec le renoncement et la séparation. Nous nous occupons de ce problème* *page 189.*

## ➤ *Évitez les allégés et les alicaments*

Notre cerveau, avons-nous dit, mémorise le plaisir gustatif procuré par un aliment, ainsi que la façon dont cet aliment nous nourrit. Voilà pourquoi les aliments allégés nous semblent bons les deux ou trois premières fois que nous les mangeons, puis de plus en plus fades : notre cerveau inscrit dans sa base de données que l'aliment consommé n'a pas tenu ses promesses, n'a pas nourri, n'était que du vent. Le goût qu'on lui trouve à la consommation suivante s'en ressent.

Comme l'aliment s'avère moins rassasiant, que son goût est moins satisfaisant, on est tenté d'augmenter la quantité consommée afin d'obtenir une satisfaction malgré tout. Voilà pourquoi on se satisfait d'un yaourt au lait entier, mais qu'on est tenté de manger deux yaourts allégés, même s'ils sont aux fruits.

Et si on préfère les yaourts allégés ? Comme il en faudra davantage pour être satisfait, on dépensera plus, en yaourts ou en d'autres aliments. Mais peut-être n'est-ce pas un problème pour vous, après tout.

Cependant, les vrais problèmes commencent quand on mange parfois des yaourts allégés et d'autres fois des yaourts au lait entier : on a toutes chances de brouiller le répertoire alimentaire construit par notre cerveau, qui ne sait plus trop quelle valeur attribuer à cet aliment fantasque.

S'il nous faut donc choisir entre le tout allégé et les aliments naturels, je conseille de prendre les seconds, et d'être attentif aux quantités consommées, qui doivent être en rapport avec l'appétit, c'est-à-dire les besoins.

Quant aux alicaments, c'est-à-dire aux aliments-médicaments, les produits de bonne qualité ne le sont-ils pas déjà ?

En fait, je vous ai déjà dit tout le mal que j'en pensais lorsque nous avons abordé les compléments alimentaires et les oméga 3. Dans l'ensemble, l'industrie agroalimentaire tente, en bricolant les aliments pour les transformer en alicaments, de leur ajouter ce que l'industrialisation de la chaîne alimentaire leur a ôté, ou bien de leur enlever ce que cette même chaîne leur a malencontreusement ajouté.

Les publicitaires jouent aussi sur nos craintes, celles des maladies, de la vieillesse, de la mort, ou de la simple fatigue. Si vous voulez mon avis, ce n'est pas bien, ça, de terroriser les gens pour leur vendre un faux remède !

## Les phytostérols ou comment jouer à l'apprenti sorcier

Les phytostérols sont des substances d'origine végétale, dont la structure chimique est voisine de celle du cholestérol. Lorsqu'on en mange et qu'ils se retrouvent dans l'intestin, ils diminuent l'absorption du cholestérol et font donc diminuer son taux sanguin.

En incorporant des phytostérols à des margarines, certains fabricants ont donc fabriqué des alicaments ayant la propriété, selon leurs dires, de faire baisser le mauvais cholestérol LDL[4]. Mais que se passe-t-il si on consomme ces margarines sans avoir un taux de cholestérol élevé ? Que se passe-t-il si, comme c'est le cas aujourd'hui, on ajoute des phytostérols également dans le lait et les yaourts ? On risque alors la surconsommation !

Or les phytostérols empêchent l'absorption de vitamine A, de carotène, de vitamine E. Et surtout, certaines études scientifiques des plus sérieuses font planer un doute : les stérols végétaux consommés en excès passent dans le sang. Ils pourraient alors favoriser l'apparition de plaques d'athérome dans les artères et aggraver le risque cardio-vasculaire[5].

**À VOUS DE JOUER**

• Quand vous faites vos achats, prenez des produits de la meilleure qualité, non allégés, sans promesse fallacieuse, les moins trafiqués possible.

• Pour éviter de vous ruiner (et de grossir), achetez le meilleur, mais juste la quantité nécessaire. Voyez petit.

*S'il s'avère que ce n'était pas assez, vous ne mourrez pas de faim pour autant, car vous avez sûrement chez vous quelque chose qui pourra compléter votre repas !*

• Lorsque vous cuisinez, soyez fidèle aux recettes que vous avez peu à peu mises au point.

*N'est-ce pas un merveilleux plaisir que de retrouver ces goûts familiers ? À chaque fois qu'on en mange, on se remémore les fois précédentes, les émotions ressenties, les personnes présentes. Quelle satisfaction !*

• Lorsque vous achetez des aliments industriels, soyez dans l'ensemble fidèles à un goût, une marque.

*Faites en sorte d'apprivoiser votre aliment en le goûtant avec attention. Il s'agit de le connaître intimement. Tissez-lui des représentations personnelles, en mémorisant où, quand et avec qui vous le mangez.*

• De temps à autre, essayez de nouvelles recettes, achetez de nouveaux produits.

*Disposer d'un répertoire alimentaire ne signifie pas devenir ultra-conservateur. N'hésitez pas à enrichir votre répertoire.*

## Créez les conditions de la dégustation et d'une alimentation juste

Voilà : nous avons en notre possession de bons aliments, savoureux, de la meilleure qualité, que nous avons choisis sagement et prudemment. Reste à les consommer de la meilleure manière. À vos fourchettes !

### ➤ *Fiez-vous à votre gourmandise et à votre confort !*

La gourmandise a mauvaise presse. Mieux vaudrait l'éviter et manger selon la raison, nous dit-on. N'écoutez pas ces mauvaises langues qui, sans doute, confondent gourmandise et gloutonnerie[6]. La confusion provient de ce que le terme de gourmand était autrefois synonyme de goinfre et de glouton. C'est à partir du XVIII^e^ siècle que le mot perd cette connotation et devient synonyme de gastronome[7].

Ce changement de sens a sans doute abouti à un contresens détestable : c'est la gloutonnerie, la goinfrerie, c'est-à-dire le fait de manger avec avidité, et par suite d'avaler tout rond, qui constitue l'un des sept péchés capitaux. On dit d'ailleurs en anglais, *the sin of glutonny.*

Quant à la gastronomie, autrement dit la gourmandise, l'art d'apprécier la bonne chère, elle n'est en rien un péché, mais le signe qu'on prête attention aux messages que son corps, que sa psyché nous adressent, qu'on mange dans le respect de soi-même. « La gourmandise est ennemie des excès […] sous quelque rapport qu'on [l']envisage […], elle ne mérite qu'éloge et encouragement[8] », tel était le point de vue de Brillat-Savarin. Le brave homme…

Le véritable gourmand sait que, pour être en état d'apprécier ce qu'il mange, il doit se sentir en bonne forme physique et mentale, bien dans son corps et dans sa tête. Comment apprécier un bon plat lorsqu'on est patraque, ou bien déprimé ? Cet état de bien-être, de confort, est somme toute fragile et, afin de s'y maintenir, il est nécessaire d'être vigilant, à l'écoute de soi-même.

Notre véritable gourmand est donc sage et prudent. Il sait qu'il n'est pas capable de savourer à l'infini, que son plaisir gustatif s'épuise en même temps que la faim. Il sait aussi que manger trop le fait sortir de la zone de confort. Bonjour les digestions difficiles, les lourdeurs, les ballonnements, et si ce type de comportement se répète trop souvent, bonjour l'inconfort des kilos en trop !

En somme la gourmandise aboutit à une ascèse : notre corps, notre esprit, nos capacités à ressentir imposent des limites à nos plaisirs. Au-delà d'un certain point, le plaisir se change en déplaisir, mécontentement, douleur.

On sera donc économe de ses plaisirs. On négligera les plaisirs médiocres, de seconde catégorie, qui risquent de nous empêcher de prendre, un peu plus tard peut-être, des plaisirs de première catégorie. En somme, tous les plaisirs ne sont donc pas bons à prendre.

Voilà qui oblige à prendre du recul par rapport à son plaisir, à l'évaluer, à le mesurer, se demander ce qu'il vaut. Telle prise alimentaire, un peu plus tard, apportera-t-elle ou non un plaisir supérieur ?

Dans l'évaluation de ce plaisir, il faut aussi tenir compte de sa faim des autres, de son appétit de représentation. Parfois, des nourritures médiocres, consommées avec des amis chers, ou bien qui éveillent en nous de merveilleux souvenirs, valent tous les festins du monde !

Ne croyez pas que cette comptabilité du plaisir soit un jeu gratuit, une marotte d'esthète ! Bien au contraire, savoir gérer son plaisir au mieux est la meilleure façon de manger juste, en apportant à son corps et à sa psyché les nourritures dont ils ont tous deux besoin.

Cette gestion du plaisir est l'essence même de la régulation alimentaire. Elle aboutit à ce génial bricolage dont je parlais précédemment, où on satisfait ses besoins les uns après les autres, en commençant par le plus urgent. Justement, la satisfaction du besoin le plus urgent est celle qui aboutit au plaisir alimentaire le plus important. Comme ça tombe bien !

**À VOUS DE JOUER**

Avant de consommer un aliment, mesurez par avance le plaisir gustatif que vous allez prendre.
Ce plaisir dépend de votre appétence pour cet aliment-là à cet instant donné, de votre faim, de la qualité de l'aliment.
*Demandez-vous si le jeu en vaut la chandelle, si vous ne pouvez pas avoir un plaisir supérieur un peu plus tard.*
Pendant que vous mangez, lorsque votre appétit fléchit, demandez-vous si manger en vaut encore la peine, si, en épuisant votre faim, vous n'êtes pas en train d'empiéter sur un autre plaisir alimentaire que vous pourriez avoir un peu plus tard.

### ➤ *Donnez-vous le temps de manger*

Bien des personnes, pressées par le temps, prises dans un mode de vie frénétique, boulimiques d'activités, cherchent comment économiser du temps. Pourraient-elles travailler moins d'heures ? Mais travailler à mi-temps ou deux tiers de temps revient à gagner moins d'argent… Alors, pourraient-elles prendre sur le temps de sommeil ? Certains s'y sont essayés, mais ils n'ont pas tenu bien longtemps. Alors économiser sur son temps de loisir, sur son temps de vie familiale, sur le temps consacré aux amis ? Mais c'est justement ce temps-là qu'on voudrait augmenter ! Reste le temps alimentaire, qu'on croit pouvoir compresser à l'infini, voire réduire à sa plus simple expression en faisant autre chose en même temps !

Mauvaise pioche ! Ce qui est trompeur, c'est qu'au début, tout semble bien se passer. On mange à la va-vite, et le corps semble satisfait d'avoir été nourri. Ce n'est qu'à la longue qu'on constate les dégâts. On est moins en forme, on a moins le moral, on grossit. Mais, comme habituellement on ne fait pas la relation entre la cause et l'effet, rien ne vient nous détourner de nos erreurs.

Manger vite signifie manger goulûment, à grosses bouchées qu'on avale tout rond sans les apprécier comme elles le méritent. Manger vite signifie ne pas penser à ce qu'on mange, ne pas prendre le temps de se représenter la nourriture qu'on ingère. Manger vite signifie se priver des émotions bienfaisantes qu'induit normalement l'acte alimentaire. Impossible, dans ces conditions, de percevoir ses sensations de rassasiement, de se laisser gagner par le contentement. Comme, la plupart du temps, nous avons à notre disposition plus d'aliments qu'il ne nous en faut, cela nous conduit à manger au-delà de nos besoins et si manger ainsi est une habitude, à faire un poids qui se situe au-dessus de notre poids naturel.

Si, pour être en bonne forme physique et mentale, il est impératif de prendre le temps de manger, on peut cependant bien souvent économiser du temps sur le côté matériel. Par exemple, au lieu d'acheter des produits de base chez les petits commerçants ou au supermarché, de les préparer et de les cuisiner, on fera appel à des professionnels : on achètera alors des plats tout préparés chez son traiteur ou en grande surface, qu'il ne restera qu'à réchauffer. On s'épargnera aussi de mettre le couvert, de faire la vaisselle et tout remettre dans les placards en mangeant au restaurant d'entreprise, au self-service, dans un restaurant de ville ou de campagne.

Bien sûr, le temps et les efforts épargnés se traduiront, à qualité alimentaire égale, par un coût plus élevé.

## Peut-on manger vite et bien ?

Oui, on peut manger vite et bien. Si on n'a pas le temps de faire un vrai repas, on peut par exemple se sustenter grâce à un en-cas composé d'aliments très nourrissants. On prendra du chocolat, des biscuits, une barre chocolatée, ou si on préfère le salé, du fromage ou un produit charcutier avec un bout de pain.

Peu de bouchées seront nécessaires, mais justement parce qu'il y en a peu, il convient de leur accorder toute son attention afin de manger juste ! On les mangera lentement, en se représentant mentalement la nourriture si nourrissante et si délicieuse qu'on ingère.

Parfois, il peut arriver qu'on ne dispose même pas du temps nécessaire pour manger ainsi. On engloutit alors le premier aliment trouvé, un sandwich sur le pouce, un repas de fast-food, une friandise quelconque.

On mange alors vite et mal. Au diable le perfectionnisme ! On aura calmé sa faim, on aura mis de l'énergie dans la machine, et c'est tout ce qui compte à ce moment-là.

Comme on n'aura pas été en mesure de repérer ses sensations de rassasiement, sans doute aura-t-on mangé trop, ou bien pas assez. Voilà qui n'est pas bien grave : aux repas suivants, on mangera en prenant son temps, et les choses se rectifieront d'elles-mêmes.

**À VOUS DE JOUER**

Chronométrez le temps passé à manger lors des principaux repas. *S'il est inférieur à une quinzaine de minutes, cela signifie que vous ne vous laissez ni l'opportunité de ressentir le rassasiement, ni d'être contenté par ce que vous mangez. Vous risquez donc de manger plus qu'à votre faim, et de le constater après coup !*

### ➤ *Mangez dans de bonnes conditions matérielles*

Est-il besoin de rappeler que pour manger en respectant sa nourriture et en se respectant soi-même, il est nécessaire d'être bien installé ? Oui, malheureusement. Manger debout ou sur une fesse, en marchant, en roulant, sans couvert, sans serviette, c'est manger par-dessus la jambe. Manger dans une atmosphère viciée perturbe les sens du goût et de l'odorat. Il en va de même d'un lieu trop bruyant : on ne s'entend plus manger !

Manger avec des couverts en plastique, dans une assiette en plastique, change le goût de la nourriture et la dévalorise. Je me souviens d'un séjour en Californie, au bord de l'océan Pacifique, où dans un petit restaurant de plage, on servait du crabe frais pêché. Voilà qui avait l'air alléchant et je me laissai tenter. Le crabe était bien cuisiné, cuit au court-bouillon et décortiqué. Malheureusement, il était servi dans une sorte de bol en plastique, avec pour tout couvert une sorte de petit harpon en plastique lui aussi, et on devait emporter le tout pour le manger où on voulait, à des tables en plastique disposées dehors, ou bien dans sa voiture. Quel dommage, quel gâchis ! Le plastique contaminait le goût du crabe, effaçait la fraîcheur du produit, en ôtait tout le caractère luxueux, banalisait ce qui aura dû être un plaisir rare : manger du crabe frais face à l'océan, dans un endroit idyllique.

Une table bien mise, dans un endroit confortable et calme, induit le sentiment que ce qu'on mange a de la valeur, que l'acte alimentaire est important, que nous-mêmes méritons d'être satisfaits.

### ➤ *Soyez à ce que vous faites*

Manger juste nécessite d'éviter tout ce qui risque de nous distraire de nos sensations alimentaires et de l'attention portée à la nourriture. Voilà qui ne signifie pas qu'il faut manger sur un mode monastique, dans le silence total ! Une ambiance musicale, une conversation plaisante peuvent au contraire s'accorder avec le plaisir alimentaire et venir le renforcer.

À l'inverse, la télévision a chez la plupart des personnes un effet hypnotique, qui conduit à manger mécaniquement. Il en va de même lorsqu'on consomme du pop-corn ou d'autres friandises au cinéma. On finit alors son paquet sans même s'en apercevoir, et sans grande satisfaction gustative. Manger face à son ordinateur, en travaillant ou en surfant sur Internet, ou encore avec des écouteurs dans les oreilles, ou en lisant, aboutit au même résultat.

**À VOUS DE JOUER**

Si manger en faisant autre chose en même temps est chez vous un comportement régulier, posez-vous la question : pourquoi agissez-vous de la sorte ?

• Est-ce parce que vous trouvez que ce que vous mangez est insipide, banal, sans grande valeur à vos yeux ?

*Mais alors, pourquoi le manger ? Nous sommes dans un monde où il y a tant de bonnes choses !*

• Ou alors, peut-être n'avez-vous pas suffisamment faim pour trouver que ce que vous mangez est bon.
*Là encore, pourquoi manger ?*

• Faites-vous deux choses à la fois parce que vous êtes pressé, pour gagner du temps ?
*Nous venons de le voir, ce temps gagné, c'est de la vie perdue.*

• Est-ce parce que vous mangez seul et que vous considérez que, dès lors, vous pouvez manger sans vous soucier des conventions, que votre façon de manger n'a pas d'importance puisque personne n'est là pour vous voir ?
*C'est sans doute que vous manquez d'estime pour vous-même que vous ne vous témoignez pas de respect. Nous y reviendrons.*

• Ou bien ce que vous cherchez, c'est une saturation sensorielle. Vos yeux et vos oreilles sont intensément stimulés par le téléviseur ou l'ordinateur, et en stimulant aussi le palais, les papilles gustatives, le sens de l'odorat grâce à des aliments gras et sucrés, qui procurent des sensations intenses, vous vous trouvez comblé.
*Ce comblement permet de ne pas penser à des choses déplaisantes, ne pas ressentir des émotions tout aussi déplaisantes, ce qui serait le cas si vous étiez désœuvré à ce moment-là. Vous cherchez donc, par ce bombardement des sens, à éviter de passer un sale moment à ruminer. Nous reviendrons là aussi sur ce point un peu plus loin* *(p. 167).*

### ➤ *Mangez en bonne compagnie*

Nous sommes faits pour manger en groupe, en famille, en couple, entre amis, avec nos collègues, nos copains. Tout d'abord, voir l'autre manger nous rappelle que nous mangeons et nous recentre sur nos sensations alimentaires. Ensuite, manger en compagnie permet de partager non seulement la nourriture, mais aussi les souvenirs, les émotions qui vont avec.

Et on partage aussi la conversation. Permettez-moi de vous rappeler que le but de ce partage est de permettre d'échanger de la chaleur humaine, de se nourrir les uns des autres. Il convient donc de ne parler à table que de sujets agréables, plaisants, aimables, badins.

Si, donc, on a à discuter sérieusement, comme c'est par exemple le cas dans un repas d'affaires, ou bien lorsqu'on a à prendre des décisions entre amis, dans une famille ou un couple, la politesse exige qu'on n'aborde les sujets délicats qu'après le dessert.

### ➤ *Mangez des aliments, pas des idées d'aliments !*

Bien des personnes dégustent les deux ou trois premières bouchées d'une assiette, puis, lorsqu'elles mangent les suivantes, se contentent d'imaginer le goût des premières sans prêter davantage attention à ce qui se passe dans leur bouche. Pourquoi s'obliger à un coûteux effort d'attention puisque, après tout, toutes les bouchées d'une même assiette ont le même goût ? Cette économie de sensations permet de se centrer sur la conversation, pour peu qu'on mange en société, ou bien de se distraire en pensant à d'autres choses, le travail, la famille, la vie amoureuse, les soucis, les tracas. Ou encore, on travaille, on se distrait en regardant un écran.

En somme, on ne mange plus alors des aliments véritables, mais des aliments imaginés. On ne mange plus des nourritures terrestres, mais des idées d'aliments.

Le problème, avec les idées, réside dans le fait qu'elles ne rassasient pas. Une idée d'aliment a du goût, certes, mais ce goût n'évolue pas en bouche, et restant toujours identique, il n'engendre aucune lassitude. Remplacer les sensations réelles par des sensations imaginées maintient l'état d'insatisfaction dans lequel on est en début de repas et conduit à manger sans fin.

Mais ne soyons pas non plus trop perfectionniste ! Sauf lorsqu'on mange quelque chose d'extraordinaire, de particulièrement délicieux, point n'est besoin de déguster religieusement chaque bouchée ! L'important est de revenir régulièrement, disons une bouchée sur trois, sur les sensations en bouche, afin de faire le point sur l'évolution de ses sensations alimentaires.

**À VOUS DE JOUER**

La prochaine fois que vous mangerez, exercez-vous à déguster ce que vous mangez jusqu'au bout : prenez bien votre temps pour les trois premières bouchées et faites l'effort de mémoriser vos sensations gustatives.

Puis, tout au long de votre consommation, de bouchée en bouchée, notez les évolutions du goût en bouche.

Repérez la diminution du plaisir, de la satisfaction à manger.

Vient un moment où on est suffisamment nourri et satisfait, où on se dit que si on mangeait davantage, on sortirait de la zone de confort à laquelle on est parvenu. On est alors rassasié et on peut délaisser ce qui reste de nourriture.

### ➤ *Mangez du matin au soir*

Comment répartir ses prises alimentaires ? Notre époque est plus permissive que d'autres, de ce point de vue. Autrefois, dans beaucoup de groupes sociaux, les individus n'avaient accès à la nourriture qu'à des moments précis de la journée. Ainsi, dans les couvents, on mangeait deux fois par jour, et il n'était pas question d'aller quémander un quignon de pain en cuisine ! Dans bien des familles bourgeoises du XIX^e siècle, on faisait trois repas par jour, auxquels se rajoutait un goûter pour les enfants, un point c'est tout.

Aujourd'hui, en grande partie sous l'influence américaine, manger est considéré comme une occupation de nature individuelle, et la notion de partage, de convivialité devient facultative, si bien qu'on peut manger, indifféremment seul ou en compagnie, et à toute heure.

La méthode la plus confortable, dans nos pays, en tenant compte des modes de vie qui sont les nôtres, consiste sans doute à mixer ces deux extrêmes. Dans la mesure du possible, mieux vaut manger avec ses semblables. Les échanges affectifs améliorent l'estime de soi et la joie de vivre, facilitent la régulation des prises alimentaires.

D'un autre côté, nous sommes conduits, par la force des choses, à ne pas manger avec les mêmes personnes tout au long de la journée. Le petit déjeuner se prend par exemple en famille, mais le déjeuner se prend souvent avec ses collègues ; le soir, on retrouve sa famille, à moins qu'on ne sorte et qu'on ne mange avec un groupe d'amis, ou encore qu'on ne mange en solo.

Le résultat est qu'on est rarement en phase avec ses compagnons de table. Comme ceux-ci n'ont pas mangé la même chose que nous aux repas précédents, il est normal qu'ils n'aient pas les mêmes appétences, et que les choix alimentaires s'individualisent.

### *La répartition des repas principaux*

La répartition des prises alimentaires est aussi, il ne faut pas l'oublier, dictée par certaines caractéristiques propres à notre physiologie.

Par exemple, lorsqu'on se contente de manger un seul aliment à chaque prise alimentaire, et si bien sûr on se laisse guider par ses sensations de faim et de rassasiement, on mange moins à chaque fois, mais plus souvent dans la journée. Inversement, manger des repas variés, comportant plusieurs plats, conduit à manger davantage et moins souvent. Ainsi, en Asie du Sud-Est, on mange habituellement huit à dix fois par jour, de petites quantités à chaque fois, tandis qu'en Occident, on mange en moyenne trois repas principaux bien plus copieux, et une à deux collations.

Quelle est la meilleure solution ? Celle qui convient le mieux à son mode de vie, sans doute.

Si on vit sur une île déserte, alors, pourquoi ne pas manger strictement en fonction de ses sensations de faim et de rassasiement ? Quand on a faim, on mange, quand on n'a plus faim, on s'arrête, puis on attend que la faim revienne pour recommencer !

Mais, bien sûr, si on veut se comporter en personne civilisée et manger en compagnie, on doit se débrouiller pour avoir de l'appétit aux bonnes heures, sans pour autant vivre les affres de la faim à d'autres.

Un lieu commun consiste à privilégier une alimentation riche le matin au petit déjeuner, un déjeuner de taille moyenne, un dîner léger. Cela éviterait de grossir, dit-on. Cette affirmation est gratuite, et contredite par différentes études scientifiques qui montrent que la répartition des prises alimentaires n'a pas d'incidence sur le poids.

Un repas frugal le soir, si cela ne permet pas de maigrir, évite tout de même que le sommeil soit troublé par une digestion difficile. Ce qui y fait obstacle, c'est tout d'abord le fait que, dans les grandes villes, le dîner est le repas convivial, où on retrouve sa famille ou ses amis. De plus, comme on déconseille de manger entre les repas, qu'on mange légèrement au déjeuner afin que la digestion n'entrave pas les capacités à travailler, on a un bien trop bel appétit le soir.

Il n'est pas rare, d'ailleurs, qu'affamé et stressé au-delà du raisonnable on se mette à manger à qui mieux mieux, s'ôtant ainsi la capacité d'apprécier un dîner, fréquemment bien trop tardif, en particulier pour les citadins habitant loin de leur lieu de travail.

Comme on voit, se refuser la possibilité de faire de bons dîners entrave trop souvent la convivialité, empêche qu'on satisfasse sa faim des autres. Se refuser des collations peut conduire à faire des repas plus importants, mangés en état de souffrance, qui tournent parfois à l'hyperphagie.

### À VOUS DE JOUER

• Notez sur une feuille de papier comment vous répartissez vos prises alimentaires en semaine, les week-ends, en vacances : collation légère, collation abondante, petit repas avec x plats, gros repas avec x plats.

• Évaluez sur une échelle de 0 à 10 votre niveau de faim habituel avant vos prises alimentaires, votre niveau de rassasiement 10 minutes après avoir fini de manger.

L'idéal est 5/10, c'est-à-dire une faim et un rassasiement modérés, qui font qu'on est dans sa zone de confort. Où vous situez-vous dans cette fourchette ?

*Si vous notez des sensations de faim et de rassasiement dépassant couramment 6/10, que pourriez-vous faire pour améliorer les choses ? La solution passe souvent par la prise d'une collation entre deux repas.*

• Rappelez-vous qu'il n'existe pas de répartition idéale de repas, ni pour le poids ni pour la santé. Le nombre et la taille des repas dépendent des habitudes locales, ainsi que de votre mode de vie.

*N'hésitez pas à faire des expériences, en mariant repas plus ou moins abondants et collations, pour trouver le réglage qui vous convient le mieux.*

### *Le petit déjeuner est à prendre ou à laisser*

Il est de bon ton, aujourd'hui, de le sacraliser. Il ne faut pas le sauter, il faut qu'il soit nourrissant pour démarrer la journée d'un bon pied, il faut qu'il soit complet et diététique. Ma foi, pourquoi pas, si un tel petit déjeuner vous convient ?

Mais aussi, pourquoi en faire une religion ? En fait, tout dépend de votre mode de vie, de ce que vous avez mangé la veille, de vos sensations alimentaires.

#### LE BON MOMENT POUR LE PETIT DÉJEUNER

Certains se lèvent trop tôt pour que la faim soit au rendez-vous. D'autres quittent leur lit au dernier moment ; ils partent de chez eux à moitié endormis, et ne ressentent pas la moindre faim à l'heure où ils sont censés prendre leur petit déjeuner. D'autres encore, ou bien les mêmes, ont mangé trop abondamment la veille et n'ont pas d'appétit.

Quel dommage d'avoir à se forcer à manger ! On mange inutilement, vite, sans apprécier et bien souvent on digère mal. Pourquoi s'obliger à prendre un petit déjeuner qui est à l'évidence de trop à ce moment précis ? Pourquoi ne pas attendre que l'appétit se manifeste ? Ce sera souvent le cas un peu plus tard dans la matinée, où on appréciera alors grandement une collation, qu'on mangera de bon appétit. Certes, on n'aura peut-être pas mangé en famille, et c'est dommage, mais on aura mangé en étant à l'écoute de ses sensations alimentaires.

Cette collation de la matinée peut être composée de ce que vous voudrez, en fonction de votre bon plaisir, ou bien de ce que vous pourrez, en fonction de ce qui est disponible. Mais souvent, il est prudent d'apporter ses aliments, afin de pouvoir manger des produits qu'on aime, et de qualité. On mangera alors des produits savoureux, aisément transportables, qui se conservent sans réfrigérateur. Je vous laisse deviner ce qui peut convenir.

En ce qui concerne la quantité, la question est délicate : si vous décidez de manger à votre faim aux environs de onze heures du matin, il y a de bonnes chances que vous vous priviez du plaisir d'avoir faim au déjeuner, ce qui serait bien dommage. Aussi, le plus souvent, vaut-il mieux faire un repas de jonction, qui calmera la faim de onze heures sans attenter à celle de midi.

Je sais que ce que je dis là est politiquement et diététiquement très incorrect. Les professeurs des écoles, aujourd'hui, ont reçu pour instructions d'interdire les collations de onze heures de nos bambins. Manger des biscuits à son travail est en passe de devenir un acte immoral, presque aussi grave que d'allumer une cigarette.

Ne vous laissez pas faire ! Mangez en respectant vos sensations alimentaires autant que faire se peut.

QUE MANGER AU PETIT DÉJEUNER ?

Ce qui vous convient, et qui vous a réussi dans le passé ! Selon les régions du monde, le matin, on mange de la viande, du poisson, de la charcuterie, du fromage, tout cela avec du pain, du riz ou des galettes de maïs ; dans d'autres pays, on se contente de viennoiseries ou de tartines beurrées.

Votre nutritionniste ou votre journal féminin vous a sûrement conseillé un assemblage de laitages, de céréales, de fruits et de boisson chaude, auxquels se rajoutent parfois des œufs ou du jambon. Grand bien vous fasse !

Mais si vous préférez une composition plus personnelle, voire tout à fait fantaisiste, ou encore variant selon votre humeur, c'est très bien aussi, du moment que vous vous sentez ensuite en bonne forme durant la matinée !

COMBIEN MANGER AU PETIT DÉJEUNER ?

Vous connaissez la réponse : fiez-vous à vos sensations de rassasiement !

## *Construisez vos repas principaux en utilisant votre gourmandise*

L'objectif, lorsqu'on construit son repas, est d'obtenir le plaisir le plus grand possible tout au long du repas. Sans empiéter toutefois sur le plaisir qu'on pourra prendre au repas suivant.

Pour composer son repas au mieux, on tiendra compte de la faim ressentie, ou bien prévisible à l'heure où on mangera, des appétences que l'on ressent pour tel ou tel aliment proposé. On peut jouer, selon les situations, sur le nombre de plats, le choix des plats, ou bien sur la quantité qu'on consommera de chaque plat. C'est dire si ces réglages sont souples !

### LE NOMBRE DE PLATS

Plus un repas comporte de plats, et plus il est difficile de gérer son plaisir au mieux. Comme habituellement l'abondance règne, il n'est pas rare qu'on n'ait plus faim bien avant le dessert.

Pour le quotidien, si on n'est pas un gros mangeur, on se simplifiera donc la vie en réduisant le nombre de plats. C'est d'ailleurs la tendance, aujourd'hui, et bon nombre de restaurants proposent des menus à deux plats, entrée et plat principal, ou bien plat principal et dessert.

### LE CHOIX DES PLATS

Une stratégie des plus courante consiste par exemple à marier plats riches et plats légers. Nous savons par exemple que si nous mangeons une entrée et un plat de résistance riches et abondants, il ne nous restera plus d'appétit pour le dessert. Quel dommage, parfois !

En consultant la carte, l'autre jour, au restaurant, j'hésitais : j'étais tenté par un foie gras en entrée. Je m'imaginai l'ayant mangé et constatai qu'une bonne partie de ma faim se serait alors sans aucun doute évaporée. Voilà qui m'obligerait à renoncer à un sauté de bœuf avec gratin dauphinois, faute de quoi je ne pourrai plus faire honneur au dessert ! Il me fallait donc sacrifier un plaisir pour en permettre un autre. Le menu comportait aussi une entrée à base de courgettes et j'imaginai à nouveau quel effet ce plat aurait sur mon appétit. Je supposai qu'il ne l'entaillerait guère. J'optai donc pour courgettes en salade et bœuf-gratin, ce qui me permit de prendre une glace en dessert.

LA QUANTITÉ CONSOMMÉE

Lorsqu'on mange seul, ou bien en famille, ou avec des amis, on peut choisir la taille de sa portion. Mais que faire au restaurant, ou bien lors de ces dîners où on vous apporte une assiette déjà composée ? C'est tout simple : il suffit de ne pas finir son assiette, de ne pas manger tout ce qui est à votre disposition, mais seulement la quantité qui convient à votre appétit.

Ainsi, l'autre jour, j'étais dans une pizzeria, pourvu d'un appétit qui, je le sentais, s'épuiserait vite. Mais que prendre, si ce n'est une pizza ? Et après cette pizza, que choisir comme dessert, si ce n'est le tiramisu que ce restaurateur préparait divinement ? Je commandai donc ma pizza, mais je m'arrêtai sagement à la moitié, afin de conserver de l'appétit pour le dessert.

LES APÉRITIFS

Ces petites choses qu'on mange avant de passer à table sont traditionnellement destinées à mettre en appétit, à préparer le tube digestif à recevoir les aliments par l'augmentation de ses sécrétions. La boisson alcoolisée prise au même moment facilite quant à elle la bonne humeur et la convivialité.

Mais est-il vraiment besoin de se mettre en appétit ? Les dîners tardifs associés à des déjeuners trop légers et des goûters inexistants conduisent plutôt à avoir l'estomac dans les talons. Le risque est plutôt qu'on prenne trop de petits fours, de canapés ou de cacahuètes salées et qu'on n'ait ensuite plus assez d'appétit pour faire honneur au repas.

Ceux qui ont un petit appétit éviteront de sacrifier l'essentiel à l'accessoire. Ils grignoteront parcimonieusement, ou bien se rabattront sur les crudités, tomates cerises et lamelles de carotte ou de céleri, qu'il est désormais de bon ton de servir à ce moment-là.

### LES HORS-D'ŒUVRE ET LES ENTRÉES

Le rôle des hors-d'œuvre, des entrées, des potages est somme toute le même que celui des apéritifs. Il s'agit de ne pas attaquer le plat principal trop brutalement, de commencer par se mettre en appétit. Mais, de nos jours, pour beaucoup, mieux vaut les envisager avec prudence, et se rappeler que le principal est le plat… principal.

### LES PLATS PRINCIPAUX

Ils se composent le plus souvent d'une viande ou d'un poisson, accompagné de céréales, de légumineuses ou de légumes verts, ou d'un peu de tout cela à la fois. L'ensemble est censé former un heureux mariage et la tradition recommande certains mariages plutôt que d'autres.

Le judicieux mariage de légumineuses, comme les lentilles, les pois, les haricots, et de céréales, comme le riz, les pâtes ou le pain, sont classiques et se retrouvent dans nombre de plats traditionnels. Il a reçu la bénédiction des nutritionnistes, qui y voient la complémentarité de ces deux catégories de produits en acides aminés essentiels. Ce qui manque à l'un est apporté par l'autre.

Le mariage de produits céréaliers avec le fromage, comme c'est le cas dans les gratins, les spaghettis au gruyère ou au parmesan, est tout aussi heureux, et pour les mêmes raisons. On a aussi pris l'habitude, dans bien des pays où la viande était chère et rare, d'enrichir des plats céréaliers au moyen de toutes petites quantités de viande ou de poisson.

Les spaghettis à la sauce bolognaise ou bien le riz cantonnais peuvent s'enorgueillir de fournir un ensemble cohérent en acides aminés.

Si je vous dis tout cela, qui n'est plus qu'anecdotique, vu notre richesse alimentaire, c'est pour rappeler que les plats principaux traditionnels ont fait leurs preuves sur des centaines d'années. Quelles merveilles !

Je l'ai déjà mentionné dans la partie consacrée à la perception du rassasiement, mais mieux vaut insister : les portions habituelles d'aliments riches en protéines, comme les viandes et les poissons, produisent une saturation qui conduit à n'avoir pour eux de l'appétit qu'un repas sur deux en moyenne, sauf pour les personnes ayant de gros besoins.

Les aliments à fort pouvoir énergétique, c'est-à-dire riches en graisses et en glucides, ont, si on prend la peine de les déguster, un goût qui varie rapidement en bouche. On perçoit nettement le moment où on a suffisamment mangé.

La perception est moins nette avec les aliments modérément nourrissants, comme par exemple les céréales ou les légumineuses : il faut plus de bouchées pour percevoir une différence. Quant aux légumes, sauf s'ils sont enrichis en matières grasses, ils n'entraînent pas de saturation du goût et on en mange donc un volume raisonnable, sans qu'il soit besoin d'en consommer exagérément (voir : « Être rempli ou bien être nourri ? », page 51).

## Repas équilibrés ou bien alimentation équilibrée ?

Certains, sous l'influence de doctrines nutritionnelles mal digérées, croient qu'il est nécessaire de faire systématiquement des « repas complets et équilibrés », qui comportent tous les nutriments dont l'organisme a besoin.

Chaque repas devrait donc comporter une entrée à base de crudités, un aliment riche en protéines, viande, poisson ou œufs, une céréale ou un légume féculent, des légumes, un laitage, un fruit. Et si on manque d'appétit pour tout cela, convient-il de se forcer ? Bien des personnes le croient. Disons-le tout net : ces règles sont une aberration ! Faire des « repas complets et équilibrés » conduit à consommer des aliments pour lesquels on n'éprouve pas d'appétence à ce moment-là.

Ensuite, cela oblige à consommer des quantités alimentaires plus importantes que ne le voudrait son appétit, en particulier lorsqu'on est un petit mangeur, avec des besoins énergétiques limités, ou bien lorsqu'on a mangé en abondance dans les repas qui précèdent.

Il n'y a aucune justification scientifique à faire en permanence des repas complets, comportant tous les nutriments et tous les micronutriments nécessaires.

Ce ne sont pas les repas qui doivent être « équilibrés », mais l'alimentation globale, et ce grossièrement à l'échelle de la semaine.

Si vous mangez en vous fiant à vos sensations alimentaires, en respectant vos appétences, votre alimentation s'équilibrera au bout de quelque temps sur un mode spontané, sans que vous ayez à forcer votre nature !

Manger du chocolat en abondance vous donnera finalement l'envie d'aliments rafraîchissants, comme des fruits et des légumes, et ces mêmes fruits et légumes, mangés un peu trop souvent, réveilleront vos envies de chocolat !

### LES FROMAGES SECS ET LES YAOURTS

Est-il bien raisonnable de consommer du fromage ou un yaourt à chaque repas ? Ne vaut-il pas mieux, si on a de petits besoins énergétiques, simplifier ses repas ? Autrefois, on n'avait pas peur de se contenter, le soir, d'un potage, de pain et d'un morceau de fromage. Voilà qui ne ruinait pas les portefeuilles et qui n'alourdissait pas avant le coucher !

Mais, depuis que nous sommes devenus riches, nous nous sommes mis en tête de faire ripaille tous les jours. Nous n'avons pourtant toujours qu'un seul estomac.

Mais tout de même, le calcium, allez-vous dire. Rappelons qu'y a aussi plein de calcium dans l'eau, pourvu qu'elle soit calcaire…

### LES DESSERTS

La tradition veut qu'on finisse son repas sur une note sucrée. Le choix est vaste, qui va des innombrables desserts lactés, des gâteaux tout aussi innombrables, que je ne vais même pas tenter de recenser.

Ou bien, tout simplement, on peut finir sur un fruit. Autrefois, les fruits se consommaient plutôt en début de repas, car la diététique les considérait comme des « aliments froids » qui devaient disposer de temps pour « cuire » dans l'estomac. Le melon se consomme encore ainsi.

Quoi qu'on prenne, l'important est de disposer d'encore suffisamment d'appétit. Sans doute est-ce pour cela que, dans les restaurants, on ne choisit pas son dessert en début de repas. Car, à ce moment-là, comment savoir ce qui nous restera comme appétit le moment venu ? Mieux vaut se déterminer au dernier moment pour décider si on est vraiment en état d'apprécier un dessert, et lequel.

**À VOUS DE JOUER**

Construisez votre repas au mieux.

• Simplifiez vos repas courants.

*Si vous n'êtes pas un gros mangeur, évitez de consommer des repas aux plats trop nombreux. Réservez ce type de repas aux jours de fête ! Si vous n'avez qu'un appétit limité, ne consommez que deux plats, entrée et plat principal, ou plat principal et dessert, ou bien même ne prenez qu'un seul plat, si vous n'avez pas davantage d'appétit.*

• Laissez-vous guider par vos appétences et vos émotions alimentaires.

*Habituellement, lorsqu'on se sent un petit appétit, on préfère les nourritures légères. Mais lorsqu'on est stimulé par certaines représentations attachées aux aliments, ou bien lorsqu'on mange pour faire face à un état émotionnel particulier, on peut avoir envie d'un aliment goûteux et très nourrissant.*

*Qu'importe ! Rappelez-vous que beaucoup d'un aliment peu nourrissant équivaut à un peu d'un aliment très nourrissant.*

• Ne vous laissez pas influencer par les quantités disponibles dans votre assiette ou sur la table.

*Avoir beaucoup à sa disposition n'oblige pas à manger beaucoup ! Soyez attentif à vos signaux de rassasiement.*

### *Vive les collations !*

Nombreuses sont les personnes qui auraient bien besoin de manger entre les repas principaux afin d'éviter de sortir de leur zone de confort et de devoir affronter des moments de faim douloureuse ! Voilà qui leur permettrait d'éviter de manger trop et trop vite au repas suivant.

Prenons un exemple : supposons que vous ayez prévu d'aller dîner dans un bon restaurant, ou bien chez des amis fins gourmets. Il est 17 heures et vous avez faim. Vous savez que vous n'avez guère de chances de passer à table avant 21 heures. Que faire ?

Ne pas manger serait risquer de ne plus vous situer dans votre zone de confort, d'être trop affamé au dîner et de ne penser alors qu'à calmer votre souffrance. Mais prendre un goûter conséquent ne risque-t-il pas de vous couper l'appétit au dîner ? Il vous faut donc trouver la juste quantité qui vous nourrira suffisamment, mais pas trop. Une barre chocolatée ? Vous vous imaginez l'ayant mangée, et constatez que ce serait trop. Vous ne prenez donc qu'une demi-barre.

Autre cas de figure assez courant : vous arrivez habituellement chez vous aux environs de 19 heures et vous avez tendance à vous jeter voracement sur n'importe quel aliment. Pourquoi ne pas faire un goûter avant de quitter le bureau ? Vous n'avez à ce moment-là qu'un appétit des plus raisonnable, et il est bien plus facile de ne manger que des quantités correspondant à votre appétit. (Nous verrons un peu plus loin que faire si une telle solution ne suffit pas, ce qui sera sans doute le cas si ce sont vos émotions qui sont votre première motivation à manger.)

Mais, objecterez-vous, ne dit-on pas qu'il ne faut pas manger entre les repas ? Tout est affaire de vocabulaire : les nutritionnistes distinguent les collations, qui sont de petits repas pris en réponse à une faim, et les grignotages, qui sont des prises alimentaires qui n'ont pas la faim pour motivation. De leur point de vue, les premières sont acceptables, les seconds sont carrément mal.

Si on considère qu'il convient de se laisser guider par ses sensations alimentaires, faire des collations justifiées par une faim, même modérée, ne peut être que bien. Pourquoi souffrir ? Pourquoi ne pas manger, dès lors qu'on en ressent la nécessité ? Mais, en mangeant, il nous faut aussi songer à conserver de l'appétit pour le repas principal qui suivra, afin de pouvoir lui faire honneur.

QUELS ALIMENTS CONSOMMER ?

Vous connaissez la réponse : ceux pour lesquels vous sentez une appétence, qu'elle soit de nature physique ou psychologique.

Il pourra s'agir, selon l'appétence, selon les circonstances et ce que vous avez à disposition, de confiseries ou de viennoiserie, de pain et de chocolat ou de pâte à tartiner, de laitage, de fruits secs ou de fruits frais, à moins que vos préférences ne vous orientent vers des aliments salés, comme de la charcuterie, du fromage accompagnés de pain.

N'HÉSITEZ PAS À FAIRE DES COLLATIONS

• Ayez pour objectif, outre celui de vous faire plaisir, de vous maintenir dans votre zone de confort, en calmant une faim qui, autrement, deviendrait douloureuse et tyrannique.
• Écoutez vos appétences afin de choisir l'aliment le plus satisfaisant, tant sur le plan physique que psychologique.
• Soyez économe de votre appétit : une collation bien conçue n'éteint pas l'appétit lors du repas qui suit.

### *Bravo les grignotages !*

En ce qui concerne les grignotages, où on mange sans faim, je serai plus nuancé. Comme on l'a vu, la faim est loin de représenter la seule motivation à manger. Il peut s'agir de convivialité, de partage : c'est le cas lorsqu'on nous offre un chocolat, un bonbon, un biscuit, un petit-four. Comment refuser ce cadeau qui réchauffe le cœur ? Il n'y a pas besoin d'avoir faim pour l'apprécier.

Certains aliments réveillent aussi en nous des souvenirs, heureux et moins heureux, et nous nous nourrissons de ces représentations. Ou bien, tout simplement, nous grignotons ceci ou cela pour nous apporter un peu de réconfort, ce dont nous avons bien besoin, dans ce monde dur dans lequel nous vivons.

Toutes ces motivations à manger sont légitimes. Elles répondent à une attente, procurent une satisfaction et, celle-ci obtenue, nous en revenons à l'écoute de nos sensations alimentaires, qui le plus souvent nous indiquent que manger n'est plus nécessaire pour le moment.

Parfois, ce que nous recherchons en grignotant, c'est une saturation sensorielle : nous voulons que nos yeux soient remplis d'images qui capturent notre attention, que nos oreilles soient saturées de sons, que notre bouche et nos cavités nasales soient pleines de saveurs et d'arômes puissants. On regarde un feuilleton télévisé ou un film au cinéma, ou encore on joue sur une console de jeux, ou bien on met la musique à fond et, dans le même temps, on engouffre des aliments gras et sucrés, au goût intense.

Cette saturation sensorielle nous repose de nos pensées et de nos émotions. Tous les soucis, les ruminations, les angoisses, les chagrins sont effacés, comme s'ils n'avaient jamais existé.

Ma foi, pourquoi ne pas s'octroyer cette parenthèse, de temps à autre ? Moi aussi, je l'avoue, certains soirs, après une rude journée, je m'installe parfois devant mon téléviseur, muni de friandises, des biscuits, de chocolat, et je me mets en quête d'un feuilleton qui n'oblige pas à penser. Je contemple ce spectacle dépourvu du moindre intérêt tout en grignotant avec délectation. Comme c'est reposant !

Mais, comme toujours, ce qui pose problème, c'est l'abus. Si une fois passé ce moment régressif, on poursuit son chemin et on continue à satisfaire à tour de rôle ses appétits, tout va bien. Toutefois si ce schéma s'avère permanent, quotidien, massif, il finit par empêcher toute régulation.

**À VOUS DE JOUER**

Si vous êtes un grignoteur ou une grignoteuse réguliers, déterminez la nature de vos grignotages.

• Sont-ils des grignotages partagés ? Voilà qui représente de nécessaires moments d'amitié.

• Recherchez-vous un réconfort ? Voilà qui n'est pas non plus à dédaigner.

Si vous êtes dans ce dernier cas, avez-vous besoin de vous réconforter ainsi en permanence ?

*Si oui, et si vous en venez à manger trop souvent afin d'échapper à vos émotions ou à vos pensées douloureuses, il convient de faire un travail sur vous-même, d'ordre psychologique. Nous y viendrons un peu plus loin.*

### *Restauration rapide : salades, sandwiches, pizzas et hamburgers*

Vu tout ce que j'ai dit précédemment à propos des méfaits d'aliments trop vite engloutis, pas assez pensés, vous vous attendez sans doute à ce que je dise pis que pendre de la restauration rapide.

Je serai en fait plus nuancé. Tout d'abord, qui dit restauration rapide ne dit pas forcément alimentation de mauvaise qualité, ou bien trop riche en calories, ou encore pas assez riche en micronutriments.

Prenons le plus emblématique des aliments proposés par la restauration rapide, le hamburger-frites. D'un strict point de vue diététique, il ne mérite pas tant d'avanies. Un repas composé d'un hamburger, d'une petite portion de frites, d'une compote ou d'un yaourt à boire en guise de dessert, d'une eau minérale ou d'une boisson sans sucre, apporte environ 570 calories. Un tel repas est composé d'environ 15-16 % de protides, de 57-60 % de glucides, de 21-22 % de lipides et de 3 à 5 % de fibres, ce qui correspond aux proportions conseillées par les nutritionnistes[9].

Le fond du problème n'est pas de nature diététique, mais à rechercher dans le fait que la restauration rapide propose une nourriture qu'on mange… trop rapidement, sans déguster, sans ressentir, sans y penser !

Ce repas est effectivement carencé, mais pas en nutriments ou en micronutriments. Il est carencé en sensations gustatives, en émotions et en représentations.

Pourtant, en théorie, rien n'y oblige. Être servi rapidement n'oblige pas à manger rapidement. Pas plus que cela n'oblige à manger debout, ou bien dans sa voiture, ou bien esseulé. On peut prendre le temps de déguster et de partager. On peut consommer sur place, en s'asseyant à une table, ou bien emporter son repas et chercher un lieu plus accueillant.

Le manque ressenti conduit à augmenter la taille de la portion au-delà d'un point de rassasiement auquel on n'aura pas pu prêter attention.

Si bien qu'au lieu du produit d'appel précédemment décrit, on a tendance à prendre un Big Mac, une portion de frites moyenne avec sa sauce, une crème glacée en dessert, et un Coca-Cola, ce qui reste apparemment dans les limites d'un repas raisonnable, sans qu'on ait le sentiment de manger pour deux. On arrive alors à 1 365 calories, ce qui constitue un repas assez conséquent[10].

Quel dommage que de se goinfrer ! Car ces aliments ont leur charme. Les hamburgers ont un délicieux goût d'Amérique. Ils évoquent la jeunesse, la simplicité, autorisent à prendre des libertés avec les traditions, les convenances. N'est-ce pas, d'ailleurs, ce qui fait leur succès mondial, bien davantage que leurs qualités nutritionnelles ou bien leur valeur gastronomique ?

J'aime bien aussi de temps à autre, m'imaginer Moyen-Oriental grâce à un chaouarma plus ou moins libanais, Japonais par la grâce de quelques sushis, me sentir en vacances par la magie d'un pan-bagnat, ou encore réinvestir les bords de Seine avec un sandwich-baguette. Quant aux pizzas, je ne les considère pas comme des aliments de restauration rapide : elles ne se mangent que sorties du four, attablé dans une pizzeria aux airs napolitains.

Contrairement à ce qui se passe si on avale tout rond, manger en dégustant ces aliments conduit à ne pas pouvoir supporter leur répétition. On se lasse vite de leur goût et on désire autre chose. Suivre ses appétences conduit à se tourner vers d'autres aliments, qui contiennent d'autres nutriments. Ne vous avais-je pas dit que nous étions bien faits ?

**À VOUS DE JOUER**

Apprenez à apprécier les produits d'alimentation dite rapide, qui ont incontestablement leur charme et ne sont pas à dédaigner.
Les produits d'alimentation rapide se consomment… lentement ! Seul le service doit être rapide. Installez-vous au mieux, confortablement, accordez à votre repas tout le temps et l'attention nécessaires, afin d'en consommer les justes quantités.
Les déguster plutôt que les avaler devrait vous conduire à davantage de variété alimentaire.

## ➤ *Mangez ici et là*

Nous allons maintenant examiner quelques circonstances particulières : on peut manger seul, ou bien à plusieurs, et il existe toutes sortes de situations alimentaires qui nécessitent qu'on s'y adapte. En somme, il s'agit d'appliquer à la situation du moment tout ce qu'on vient de voir précédemment. Si vous avez bien suivi, vous devriez pouvoir anticiper ce que je vais vous dire.

### *Mangez en solo*

Il arrive qu'on ne puisse pas faire autrement que de manger seul. Voilà belle lurette que la majorité de la population ne rentre plus chez soi pour déjeuner en famille, et parfois on ne peut pas non plus déjeuner avec ses collègues ou des amis. Le soir, comme on n'a pas eu les mêmes emplois du temps, il se peut qu'on ne soit guère synchrone : les uns ont faim à 19 heures, tandis que les autres n'arrivent au domicile que plus tard. On pourrait certes se synchroniser grâce à des petits repas de jonction, de telle sorte qu'on puisse partager le repas, mais telle n'est pas la solution choisie.

Ou bien, tout simplement, on vit en solo et donc, bien souvent, on mange en solo.

Le danger, quand on est esseulé, est de manger à la va-vite, des aliments méprisables, vite préparés, vite engloutis, sans respecter ses sensations alimentaires, sans respecter sa personne.

En vertu de la magie alimentaire, comme on mange mauvais, on devient mauvais. Nous voilà tout tristes, pleins de rancœur envers nous-mêmes. C'est pour masquer ce déficit brutal en estime de soi, pour se punir, qu'on mange derechef, qu'on engloutit encore plus. Beau cercle vicieux !

Comment éviter de glisser dans ce piège, quand pour diverses raisons, il est impossible de manger en partageant ?

Comme nous sommes seuls, il est d'autant plus nécessaire de manger dans le respect de soi-même. Prendre son temps, mettre la table et manger avec des couverts, en soignant la décoration, se comporter en tous points comme si on était en compagnie y contribuent grandement.

Car, n'oublions pas, nous sommes en compagnie, et même en bonne compagnie, puisque nous sommes avec nous-mêmes. Veillons à notre contentement, car, comme le dit la publicité, nous le valons bien !

La légende veut que le fameux explorateur et médecin, David Livingstone, parti en 1866 à la recherche des sources du Nil, perdu sur les bords du lac Tanganyika, ait eu pour habitude de se mettre en habit pour le dîner, bien qu'il fût le seul Blanc à des milliers de kilomètres à la ronde, ou bien peut-être en raison de cela. Il ne fait pas de doute que ce respect de soi-même l'ait aidé à survivre dans les dures conditions qui étaient les siennes et à accueillir comme il le méritait le journaliste Henry Stanley, parti à sa recherche. « *Doctor Livingstone, I presume ?* », lui demanda Stanley.

Que manger quand on est seul ? La réponse coule de source : des aliments de même nature que lorsque nous sommes en compagnie.

Mais devons-nous pour autant faire la cuisine ? La plupart des plats cuisinés traditionnels ne se conçoivent pas à l'unité.

Comment cuisiner du pot-au-feu pour un ? Une solution consiste à préparer une quantité décente de nourriture, disons pour quatre personnes, puis congeler trois portions. Ou bien, si on n'aime guère cuisiner, si on n'a jamais appris, on peut préférer manger ce que d'autres auront cuisiné pour nous. On passera alors chez un traiteur avant de rentrer chez soi, ou bien on achètera des plats tout préparés au supermarché.

Ou bien encore, on se confectionnera des repas simples et savoureux en mariant habilement des plats basiques, du genre omelettes ou viandes grillées, accompagnées de garnitures cuisinées industriellement. L'important est que ce soit bon, soigné, et que cela soit en mesure de nous contenter.

## Le ou la solitaire et son ami électronique

Bien des mangeurs solitaires tentent d'échapper à leur triste condition en mangeant devant leur téléviseur ou leur écran d'ordinateur. Est-ce une bonne idée ?

*A priori* non. La télévision a des effets hypnotiques qui détournent de soi-même et de ses sensations. Le risque est donc grand de manger machinalement, sans y penser, sans prêter attention à ses sensations gustatives, sans contentement, qui plus est une nourriture méprisable. On mange alors sans réguler et on ne s'arrête que lorsqu'on a fini tout ce qui est à sa disposition.

Cependant, s'il s'agit de rendre votre repas plus plaisant en écoutant une musique qui se marie avec ce que vous mangez, en regardant des images qui font de même, qui détendent, qui ne sont ni trop captivantes ni stressantes, qui ne brouillent pas vos sensations alimentaires, qui ne font qu'apporter un agrément supplémentaire, si vous ne perdez pas de vue que l'important est ce qui se passe dans votre bouche, le goût, le plaisir, alors pourquoi pas ?

Il existe toutes sortes de façons de manger, qui ne sont ni bonnes ni mauvaises en soi. Ce qui compte vraiment, c'est l'esprit dans lequel vous les mettez en pratique.

### *Mangez en famille*

Manger en famille, de même que manger en solo, peut être la meilleure comme la pire des choses. On a toujours à l'esprit ce mythe de la famille idéale, papa, maman, la ribambelle si sympathique des enfants rangés par ordre de taille, qui mangent en se racontant leurs journées, dans une ambiance chaleureuse et bon enfant. Une famille télévisuelle en somme.

Certes, ces familles où on sait l'importance qu'il y a à partager l'amour en même temps que la nourriture existent, fort heureusement. Si la vôtre est ainsi, quelle chance vous avez ! Sachez profiter de ces moments bénis où on partage tout à la fois une bonne nourriture, préparée avec amour, des souvenirs, des sentiments tendres, des anecdotes amusantes, de la chaleur humaine. Comme on se ressource alors !

Mais il est d'autres familles où tout n'est pas aussi rose. On mange au mieux à côté les uns des autres, mais pas ensemble. On se regarde en chiens de faïence, chacun ruminant ses rancœurs ; ou bien les conflits éclatent régulièrement, aboutissant à des cris, des hurlements, des jérémiades ; ou bien on regarde la télévision afin de ne pas avoir à se parler.

Les aliments et les sentiments vous restent alors en travers de la gorge. Certains en ont l'appétit coupé, tandis que d'autres plongent le nez dans leur assiette, dévorent pour ne pas voir ou entendre ce qui se passe autour d'eux.

Que dire des enfants élevés dans de telles conditions ? Chacun réagira à sa façon, cherchant une issue à ses sentiments de colère, de honte, d'angoisse, de culpabilité. Certains développeront sans doute des troubles du comportement alimentaire, auront des problèmes de poids, tandis que d'autres auront d'autres maladies psychiques.

Quoi qu'il en soit, les repas de famille ne font là que traduire un malaise plus profond.

Bon, d'accord, votre famille est épouvantable. La plupart se moquent comme d'une guigne de vos efforts. Ou bien, tout ce que vous dites est détourné de son objectif. J'aborde les problèmes familiaux un peu plus loin. Prenez patience.

**À VOUS DE JOUER**

Si, par malchance, vous avez reconnu votre propre famille dans ce portrait peu flatteur, peut-être pouvez-vous travailler à améliorer l'ambiance, et ce, quelle que soit la place que vous occupez au sein de cette famille.
Choisissez comme premier sujet de conversation quelque chose qui ne soit pas conflictuel. Cela peut être la qualité du repas : il est toujours possible d'en dire quelque chose de positif. Félicitez celle ou celui qui l'a cuisiné ; s'il s'agit d'un plat en conserve, réfrigéré, surgelé, acheté sous barquette au supermarché, il a fallu le choisir judicieusement ; si le plat est médiocre, au moins y en a-t-il pour tout le monde.
*L'important n'est pas ce que vous dites, mais l'intention qu'on vous prête : le fait que vous désiriez faire plaisir doit être bien visible.*

### *Mangez entre amis*

On n'est pas véritablement amis tant qu'on n'a pas mangé ensemble, tant qu'on n'a pas partagé une seule et même nourriture, tant qu'on n'a pas partagé les émotions qui vont de pair. Manger de concert permet de se mettre au même diapason.

Certes, tant qu'à faire, autant que ce soit bon, que ce qu'on partage soit du plaisir. Mais là n'est pas l'essentiel. Parfois, des nourritures médiocres, consommées avec des amis chers, valent tous les festins du monde !

Manger ensemble, c'est faire connaissance avec l'autre. Chacun se révèle, bien souvent plus qu'il ne l'avait prévu. Certains mangent vite, en dévorant, en faisant beaucoup de bruit, en parlant haut et fort, même la bouche pleine. D'autres mangent de façon concentrée, comme de fins gourmets, en se délectant, en alternant les plaisirs de la conversation et ceux de la dégustation. D'autres encore mangent de façon chichiteuse, semblant se méfier de la nourriture autant que d'eux-mêmes.

Il y a ceux qui nettoient leurs assiettes sans en laisser une miette, ceux qui mangent à leur faim et se désintéressent du reste, ceux qui font semblant de manger et se contentent de déchiqueter la nourriture. Ont-ils peur de grossir ? Est-ce parce qu'ils n'aiment pas ce qu'on leur a servi ? Ou bien parce qu'ils y voient une forme de poison ?

Les égoïstes mangent à leur rythme, se servent sans se préoccuper des autres. Les aimables, mais aussi ceux qui manquent d'estime pour eux-mêmes, qui s'inquiètent de ce qu'on pense d'eux, s'intéressent plus à votre assiette qu'à la leur.

Quel plaisir d'avoir des amis aux caractères si différents !

**À VOUS DE JOUER**

Il arrive que vous soyez invité chez des personnes qui aiment nourrir leur prochain. Elles mettent les petits plats dans les grands et en font dix fois trop. Comment résister à tant d'amour, servi sur un plateau ? Si vous tenez à rester dans votre zone de confort, sans pour autant refuser l'amour ou l'amitié, voilà quelques conseils, adaptés à la culture occidentale du XXI^e^ siècle :

• Ne refusez pas ce qu'on vous propose et goûtez à tout. Mais ne vous croyez pas obligé de terminer votre assiette, et encore moins d'accepter un second service !

• Ne cherchez pas à expliquer pourquoi vous mangez peu.

• Votre appétit ne regarde que vous. Faites plutôt des compliments sur la qualité de la nourriture. Moins vous mangez, et plus vous devez faire de compliments.

Ces compliments doivent être circonstanciés, porter sur les talents culinaires de votre hôte, ou sur la qualité des mets servis. Vous pouvez par exemple faire un commentaire sur un ingrédient, poser des questions sur la recette, afin de montrer que vous avez été attentif au goût de l'aliment et que vous l'avez apprécié.

*Les repas d'amoureux*

Les couples amoureux, qui mangent les yeux dans les yeux, sont déjà en train de faire l'amour. La façon dont ils découpent leur viande, dont ils portent leurs brocolis à la bouche, dont ils mâchent, dont ils déglutissent, révèle leur sensualité, montre que ce qu'ils mangent, en vérité, c'est l'autre. La nourriture est donc délicieuse, et son goût est inoubliable.

Plus tard, voulant retrouver le sentiment amoureux qui nous avait envahis ce jour-là, on essaiera de reproduire la recette, on retournera dans le même restaurant pour reprendre du même plat. Parfois, cela fonctionne. Quelle merveilleuse nostalgie !

Tous les amoureux le disent : ils n'ont pas besoin de manger de grandes quantités pour se rassasier et se contenter. Est-ce dû à cette hormone, la lulibérine, qui est sécrétée au niveau de l'hypothalamus de notre cerveau et qui nous prépare à l'amour ? Ou bien est-ce dû au fait qu'on se nourrit de l'autre ? Quoi qu'il en soit, ce qui convient aux amoureux, ce sont des mets raffinés en toute petite quantité.

Parfois, le repas, au lieu d'être un prélude, une mise en bouche, est une annonce de l'échec de la relation amoureuse. La sensualité n'est pas au rendez-vous. La gourmandise est aux abonnés absents. Les gestes sont froids, heurtés, trahissent la tension, l'anxiété, des inquiétudes, des arrière-pensées. Peut-être alors vaut-il mieux s'en tenir là, ne pas chercher à aller plus loin.

Voilà qui me fait penser à une de mes patientes, Lucie, une jeune femme de 35 ans qui souffre d'être potelée. Elle m'explique comment son dernier rendez-vous galant a tourné court. Tout était pourtant bien parti : l'homme est attentionné, l'invite dans un bon restaurant. Mais le dîner se passe mal : Lucie est tendue, mal à l'aise. Elle redoute en fait que son compagnon la voie prendre du plaisir à manger car alors, pense-t-elle, il prendrait conscience de son excès de chair.

De fait, après ce repas sans âme, la chair s'avère triste. Comment pourrait-il en être autrement tant que Lucie ne parvient pas à être généreuse de son corps ?

En définitive, c'est tout le problème, avec l'acte alimentaire : il fait parfois un peu trop fonction de révélateur. Nous faisons connaissance avec les autres, les autres font connaissance avec nous, et si nous y sommes attentifs, nous faisons connaissance avec nous-mêmes. Mais n'est-ce pas de cela qu'il s'agit, justement, lorsqu'on fait l'amour ?

### *Les repas d'affaires*

Le repas d'affaires est un art. Lorsqu'on doit faire affaire avec un nouveau partenaire, mieux vaut prévoir deux parties. Dans la première, qui dure tout le repas, on fait connaissance, on découvre l'autre et on se découvre, on s'émotionne de concert, on tisse des liens, on détermine avec qui on s'apprête à faire affaire.

Certes, on se raconte, mais il est somme toute facile de mentir, ou du moins d'enjoliver. Cependant, parallèlement, sans s'en rendre compte, de façon en grande partie inconsciente, on s'imbibe de l'autre, on apprend ses façons de faire et de penser. On apprécie ses bonnes ou ses mauvaises manières, sa générosité ou son avidité, son degré de rigidité ou de souplesse mentale, sa vitesse de réaction, son ordre ou son désordre, la taille de son ego.

Il en résulte une intuition, qui n'est rien d'autre qu'une computation mentale inconsciente, fondée sur ce qu'on aura observé, ce qu'on sait de soi-même, ce qu'on peut prévoir des effets de l'un sur l'autre. On se dit alors que, oui, faire affaire est une bonne idée, qu'on sent que tout va bien se passer, ou bien qu'au contraire, on va au-devant de gros ennuis si on persiste dans son idée.

Il est temps d'entreprendre la seconde partie de notre déjeuner d'affaires, qui vient à son heure au moment du dessert. Il est temps de décrire l'affaire en question, ses tenants et ses aboutissants, puis de prendre une décision. Va-t-on donner suite, ou bien user de manœuvres dilatoires afin de se tirer de ce mauvais pas ?

Certains, qui croient que tout est déjà joué par avance, présentent leur affaire à l'entrée. Sans doute pensent-ils qu'on se décide en fonction de facteurs objectifs, de l'ordre du quantifiable. Comme ils négligent les facteurs affectifs, ils se privent alors de toute intuition. Est-il bien raisonnable de faire des affaires avec de telles personnes ?

Autrefois, le bon repas d'affaires se devait d'être de type pantagruélique. Nombreux plats bien servis, vins dispendieux, fromage, dessert, café et pousse-café. Cette époque-là est révolue, en tout cas sous nos climats.

Ce que la plupart désirent, aujourd'hui, c'est certes manger des aliments de qualité, mais aussi rester dans sa zone de confort, car le plus souvent on travaille l'après-midi.

Aussi, si vous êtes la puissance invitante, si vous voulez que l'affaire se scelle, veillez à ce que le repas ne soit ni trop simple (vous passeriez pour un pingre qui n'honore pas ses hôtes) ni trop riche (vous passeriez pour un anxieux qui a peur de ne pas en faire assez, ou pire encore, pour une personne rétrograde).

Gardez à l'esprit que désormais, ce qui compte, c'est la qualité des mets, et non pas leur accumulation ou les quantités servies.

*Mangez au restaurant*

Je crois avoir déjà tout dit à propos de ces endroits où on vous nourrit contre rétribution. Certains restaurants sont fonctionnels, et il s'agit pour l'essentiel de reprendre des forces.

Nous avons vu ce qu'il fallait entendre par là : la nourriture doit restaurer non seulement notre corps biologique, mais aussi notre psyché.

Ce qui mérite rétribution n'est pas simplement une certaine quantité de nourriture d'une certaine qualité. C'est aussi un cadre, un décor, une ambiance, un climat, une aimable bonhomie. À l'issue du repas, nous devons avoir satisfait notre faim des autres, nos besoins émotionnels, et être plus apaisés.

Évidemment, nous n'y parviendrons que dans la mesure où nous aurons su rester dans notre zone de confort, et aurons consommé les justes quantités que nous aura dictées notre appétit.

Nous aurons su par exemple marier les plats de telle sorte que le tout ne soit pas trop lourd, ou bien prendre un nombre restreint de plats, ou encore nous aurons su abandonner une partie des entrées et du plat principal afin de pouvoir apprécier le dessert.

D'autres restaurants sont gastronomiques. La gastronomie consiste en l'art de faire bonne chère. Tous les repas, même les plus simples devraient donc être gastronomiques. Mais ce qu'on entend aujourd'hui par là, c'est non plus prendre plaisir à manger de bonnes choses, mais élever la cuisine au rang d'œuvre d'art. Voilà donc nos chefs qui, tels des compositeurs, des peintres, des sculpteurs, des écrivains, se targuent de créer de nouvelles textures, de nouvelles associations de saveurs et d'arômes. Il s'agit de surprendre, d'éveiller, de bousculer, de fasciner, de subjuguer.

Évidemment, l'art se paie. Mais il est à la portée d'une bonne part de la population. Tout le monde ne peut pas aller chez Paul Bocuse pour un oui ou un non, mais nombreux sont ceux qui se l'autorisent pour fêter un anniversaire, ou leurs noces d'argent ou d'or.

Le restaurant gastronomique ne nous gave pas : les portions y sont petites. Est-ce de l'avarice de la part du restaurateur ? On paie pourtant bien assez cher…

Il me semble que la raison est plus subtile : ce que désire notre chef, c'est qu'on sorte de son établissement certes suffisamment nourri, mais cela, on aurait pu l'obtenir dans n'importe quelle gargote. Non, ce qu'il désire vraiment notre chef, c'est qu'on puisse apprécier la dernière bouchée de la dernière assiette, tout en étant heureux et confortable. Voilà qui serait impossible si les portions étaient trop abondantes. On mangerait alors bien trop et, à la fin du repas, on aurait quitté sa zone de confort, ce qui entacherait le souvenir que nous laisserait ce fabuleux repas.

*Face aux buffets*

Les buffets sont des tables dressées sur lesquelles on aura disposé des aliments chauds ou froids, avec toute latitude pour les convives de se servir à leur gré.

Personne n'est là pour vérifier ce dont vous vous servez, et dans quelle quantité. Personne ne vous empêche de revenir vous servir autant de fois que vous voulez.

Certains sont enivrés face à une telle liberté. Ils ne savent plus où donner de la tête, que prendre, combien en prendre. Il leur semble qu'il ne faut passer à côté de rien, qu'il leur faut goûter à tout. Ou bien est-ce le côté gratuit, qui conduit à la razzia, à manger pour les trois prochains jours ?

D'un autre côté, ils se rendent bien compte que manger à s'en rendre malade ou, pire encore, manger à se faire grossir, n'est pas une si riche idée. Mais comment renoncer, comment accepter de passer à côté d'un aliment supposé délicieux ?

On voit ces malheureux se presser, se bousculer, anxieux à l'idée que d'autres risquent de prendre le canapé qu'ils lorgnaient. On les voit aussi tendus, crispés, déchirés entre leur désir et leur culpabilité. Décidément, que de problèmes !

Eh bien, ma foi, peut-être convient-il de ne pas perdre de vue sa richesse. Tout d'abord, point n'est besoin de manger au-delà de son appétit, puisque demain, on remangera sans doute des choses tout aussi bonnes.

De plus, rien sur cette table de buffet, n'est exceptionnel. Ni les amuse-gueules, ni les canapés au foie gras, ni les charcuteries, ni le saumon fumé, ni même les langoustes ou les homards, les viandes ou les poissons. Le chariot des desserts, malgré ses innombrables éclairs, religieuses, paris-brest ou opéras, ne propose en définitive que des aliments qu'on pourra retrouver ailleurs, chaque fois qu'on le voudra.

Le mieux est donc de se servir en fonction de son appétit. Certes, on n'aura pas goûté à tout. Sans doute sera-t-on passé à côté d'aliments délicieux sans même le savoir. En contrepartie, on se sera comporté en personne civilisée, qui respecte son appétit et qui se respecte. On se sera contenté de ce qu'on aura pris et on sera content de soi.

Au point où nous en sommes, vous devriez mieux savoir comment vous y prendre pour avoir une heureuse façon de vous nourrir.

Rien de bien compliqué, n'est-ce pas ? Pour l'amour de soi, on mange avec attention, de bonnes choses, dans de bonnes conditions matérielles et psychologiques, en leur prêtant toute l'attention qu'elles méritent. On mange avec sagesse et prudence, en veillant à rester autant que faire se peut dans sa zone de confort. L'esprit apaisé, on mange sur

**À VOUS DE JOUER**

La prochaine fois que vous serez face à un buffet, commencez par mesurer votre appétit et servez-vous en fonction de celui-ci.

Si vous comptez prendre plusieurs assiettes successives, veillez à conserver de l'appétit pour la suivante.

Ne tentez pas de prendre de tout ce qui semble bon. Sélectionnez. Ce que vous ne goûterez pas aujourd'hui, vous pourrez l'apprécier demain.

Gardez à l'esprit que vous aurez d'autres occasions de goûter aux aliments auxquels vous avez renoncé.

*Si vous constatez que vous êtes incapable de suivre ces conseils, que vous ne pouvez pas renoncer à quoi que ce soit, alors la suite de ce livre vous concerne.*

un mode civilisé, ce qui aide grandement à écouter ses sensations et ses émotions alimentaires.

Mais cela va-t-il toujours aussi bien ? Est-ce si facile ? À l'évidence, pour certains, voilà qui ne coule pas de source. La suite du livre est faite pour eux.

CHAPITRE 4

# *Venez à bout de vos dérèglements alimentaires*

> « Nul plaisir n'est en lui-même un mal ; mais les causes productrices de certains d'entre eux apportent de surcroît bien plus de perturbations que de plaisirs. »
>
> ÉPICURE, *Sentences vaticanes.*

Vous le savez désormais : faire le juste poids, préserver sa santé physique et mentale nécessitent qu'on restaure l'harmonie alimentaire. Se bichonner, cajoler ses mécanismes de régulation en étant fidèlement à l'écoute de ses sensations, de ses émotions, de ses besoins, s'octroyer des aliments dont on pense le plus grand bien, voilà qui n'est pas du luxe, mais une nécessité.

Facile à dire, répondrez-vous peut-être ! Bon, j'admets que, pour certains, il reste des obstacles en travers de la route, qui rendent l'écoute de soi bien difficile. On ne s'aime pas tel qu'on est, on se débat en faisant des régimes, ce qui ne fait qu'aggraver la situation. C'est un peu comme si on soufflait sur les braises, comme si on cherchait à faire la paix en tirant des coups de fusil.

La guerre contre soi-même, contre ceux qui nous entourent, continue malgré tous nos efforts, et se traduit par des orages émotionnels qui rendent souvent vaines nos tentatives de réconciliation avec nos aliments.

Nous ne sommes donc pas au bout du chemin. Poursuivons donc notre périple.

## Faites la paix avec vos aliments

Si vous avez bien suivi et mis en pratique les conseils des pages précédentes, vous devez maintenant être capable de détecter vos appétences, de sélectionner des aliments qui y répondent et sont dignes de confiance, de repérer vos sensations de faim et de rassasiement, de savoir si vous êtes suffisamment contenté par votre prise alimentaire.

Bon, ça ne marche pas encore à tous les coups, loin de là ! Mais vous y parvenez parfois, quand les conditions sont clémentes, quand le temps n'est pas à l'orage sur le plan émotionnel. C'est déjà très bien.

Allons plus loin. Je vous propose maintenant de faire la paix avec ces aliments avec lesquels vous êtes entré en guerre. Cette paix ne peut pas se faire globalement, mais doit être négociée aliment par aliment.

### *Lister les aliments tabous*

Le mieux est de commencer par établir une liste des aliments que vous tentez de bannir parce que, croyez-vous, ils sont « grossissants ».

Je vous rappelle à cette occasion que tous les aliments « font grossir ». C'est même en cela qu'ils méritent le nom d'aliments ! On grossit quand on mange trop, c'est-à-dire au-delà de ses besoins énergétiques, à l'échelle de la dizaine ou de la quinzaine de jours. Tout aliment est donc susceptible de « faire grossir » et, inversement, on peut avoir la ligne en mangeant tout et n'importe quoi, du moment que l'on mange en se laissant guider par ses sensations et ses émotions alimentaires.

Parmi vos aliments tabous, que vous avez écartés plus ou moins définitivement, ou bien que vous consommez, mais avec culpabilité et remords, vous pourrez distinguer des « tabous absolus », que vous croyez ne devoir consommer sous aucun prétexte, et des « tabous partiels » qu'on peut consommer en s'entourant de précautions, par exemple en limitant strictement les quantités.

- Les chocolats, les confiseries, les biscuits, les gâteaux, les crèmes glacées sont habituellement les plus diabolisés aujourd'hui, car ils sont à la fois gras et sucrés.
- Le sucre sous toutes ses formes, le miel, les confitures, les pâtes de fruits et autres fruits secs ne sont que sucrés, et pas gras. Cela ne les empêche pas d'avoir la réputation de « faire grossir ».
- Les charcuteries et les fromages gras n'ont rien à leur envier.
- Les plats en sauce et autres plats régionaux sont assez mal vus eux aussi.
- Les pommes de terre, surtout frites ou sous forme de chips sont considérées par beaucoup comme le diable incarné.
- Les viandes et les poissons sont plus ou moins gras et donc plus ou moins diabolisés. Les volailles ont habituellement bonne réputation.
- Les œufs : certains croient que le blanc fait maigrir, et que le jaune fait grossir. Leur vie est compliquée. Et vous, que croyez-vous ?
- Le pain, les céréales et les féculents ? Il semble bien que ce soit une question d'âge. La nouvelle génération ne leur reproche rien, surtout s'ils sont bio et « complets ». Les personnes un peu plus âgées se souviennent encore que, voilà trente ans, tous ces aliments étaient catalogués « grossissants ».

• Pour les corps gras, bien des personnes ont tendance à croire que certaines graisses feraient davantage grossir que d'autres. Les graisses animales comme le beurre ou la crème fraîche, la crème Chantilly seraient grossissantes, tandis que les graisses riches en acides gras insaturés ne feraient pas grossir ou bien le feraient moins. En fait, la valeur énergétique des lipides est identique quelle que soit leur nature. C'est du point de vue de la santé que la nature des graisses a son importance. Quoique, comme on l'a vu plus haut, certains chercheurs avancent l'idée qu'on grossirait par manque d'acides gras oméga 3 (voir : « Obésité et oméga 3 », p. 115). Je rappelle donc une fois encore qu'il est injuste de diaboliser tel ou tel aliment : ce qui compte, si cette théorie finit par se révéler exacte, c'est l'apport global en oméga 3 et non pas la composition d'un aliment en particulier.

On évoque aussi souvent les « graisses cachées ». Elles ne sont cachées que pour celles et ceux qui avalent si vite qu'ils n'ont pas le temps de les percevoir. Pour ceux qui prennent le temps de déguster, elles ne sont pas si cachées que ça… (voir : « Des goûts et des couleurs… », p. 60)

• Les fruits et les légumes sont normalement chaudement recommandés. Cependant, certaines personnes parviennent à en diaboliser quelques-uns, comme les avocats (trop gras), les raisins (trop sucrés), ou les bananes (trop farineux).

• Enfin, certains croient que certaines associations d'aliments qui, pris séparément ne sont pas grossissants, le deviennent si on les mange ensemble. Par exemple, on peut manger du pain, ou bien du fromage, mais pas les deux ensemble ; on peut manger des pâtes, du beurre, mais pas des pâtes au beurre. C'est péché, paraît-il.

### *Lister les aliments obligatoires*

Établissez aussi la liste des aliments que vous croyez devoir obligatoirement manger afin de maigrir, et qui doivent bien entendu remplacer les aliments interdits autant que possible.

• Les fruits et les légumes : comment oublier qu'il est obligatoire d'en consommer cinq par jour ?
• Les viandes, volailles et les poissons maigres : il faut des protéines.
• Les laitages dégraissés : il faut des protéines *et* du calcium.
• Les œufs : interdits ou obligatoires, selon vous ?
• Pain, céréales et féculents : un must pour maigrir si vous, ou bien votre nutritionniste, êtes suffisamment jeune pour ne pas en être resté à l'interdiction des 3 P : pain, pâtes, pommes de terre. Que voulez-vous que je vous dise : les nutritionnistes, ça change d'avis tous les vingt ans.

### *Déguster quelques bouchées d'un aliment tabou et jeter le reste*

Cet exercice est très important. Il doit vous permettre de commencer à apprivoiser les aliments tabous un par un. Il ne s'agit là que d'un premier contact, destiné à vous démontrer que vous pouvez voisiner sans risque, en paix avec ces aliments, sans devoir les éviter comme la peste, sans non plus les dévorer quand ils croisent votre route.

En fait, nous avons là deux exercices en un : le premier est un exercice de dégustation qui permet de vérifier que l'aliment tabou, consommé en petite quantité, ne fait pas grossir comme par magie (si vous doutez de ce point, je vous conseille de commencer plutôt par l'exercice suivant).

Le second est un exercice de deuil : en jetant la plus grosse partie, vous vous prouvez à vous-même que vous pouvez avoir l'aliment tabou dans les mains, sans pour autant être pris d'une frénésie consommatoire ; vous pouvez renoncer à manger quelque chose que vous aimez et qui est à votre disposition.

Vous faites votre deuil de cet aliment. Vous acceptez que vous ne mangerez pas tout ce qui est mangeable, tout ce qui est bon. Vous acceptez aussi, en jetant plutôt qu'en donnant, que personne ne se substitue à vous pour manger cet aliment, vous évitant alors d'avoir à en faire le deuil.

Savoir faire ainsi son deuil est nécessaire, car nous avons à notre disposition tant de bonnes choses, et un si petit appétit, quand on veut bien l'écouter !

Cet exercice de deuil établit une coupure entre l'aliment et vous, évite que l'aliment tabou ne vous hante, c'est-à-dire que vous y pensiez sans arrêt, jusqu'à ce que vous vous dirigiez vers le réfrigérateur ou le placard comme un somnambule.

L'exercice de deuil est bien plus facile à faire lorsqu'on n'a pas encore goûté à l'aliment tabou. Je vous conseille donc de jeter d'abord, de déguster ensuite.

Cet exercice est à renouveler quotidiennement, jusqu'à ce que vous n'éprouviez plus d'angoisse de grossir, de culpabilité à manger ou à jeter.

Lorsque vous en avez fini avec un aliment tabou, vous pouvez passer à un autre, un peu plus tabou encore. Généralement, passer ainsi en revue les quatre à cinq aliments tabous principaux suffit et on peut ensuite passer à l'exercice suivant.

S'il vous est impossible de jeter un aliment, si d'ailleurs vous ne parvenez pas à jeter quoi que ce soit, même un vieux trombone ou un bout de ficelle, rendez-vous p. 238. Vous y trouverez des exercices préalables destinés aux personnes souffrant d'angoisse de séparation. C'est votre cas.

## A-t-on le droit de jeter de la nourriture ?

Oui, car ce que nous jetons ne manque à personne. Serions-nous dans un pays où règne la famine, je ne vous ferais pas la même réponse.

Certains ont faim, même dans nos pays de cocagne. Mais ce n'est pas la nourriture qui leur manque, c'est l'argent pour l'acheter !

Si vous désirez venir en aide à des personnes démunies, ici ou là, faites-leur l'aumône, directement ou par l'intermédiaire d'un organisme caritatif.

Mais ne mangez pas parce que d'autres ont faim. Rappelez-vous que cela ne leur fait pas de bien, que cela vous fait du mal.

### À VOUS DE JOUER

• Choisissez un moment de la journée où vous n'avez qu'un appétit modéré, et où vous n'avez pas pour habitude de manger de façon compulsive.

*Pour la plupart, cela consistera à éviter les soirées et à leur préférer les matinées ou les débuts d'après-midi. Veillez à vous isoler afin de pouvoir manger en paix.*

• Choisissez un aliment tabou de votre liste.

*Ne prenez pas celui que vous considérez comme le plus effrayant, mais un de ceux qui, sans être le pire, éveille en vous de la culpabilité et de l'anxiété à l'idée de grossir.*

• Achetez-en une quantité honorable.

*Supposons que vous ayez sélectionné le chocolat. Achetez une tablette, et une seule, dédiée à cet exercice. Isolez-vous et commencez par détacher et mettre de côté la valeur d'une barre de chocolat.*

• Jetez ensuite la tablette dans un endroit où elle peut être considérée comme définitivement perdue, pour vous comme pour le reste du monde.
*Un vide-ordures, une poubelle publique, ou une poubelle pleine de déchets feront l'affaire.*
*Mieux vaut jeter avant de consommer : l'acte de jeter est plus facile lorsqu'on n'a pas encore le goût du chocolat dans la bouche.*
• Dégustez votre barre après vous être confortablement installé.
*Prenez votre temps, prenez de toutes petites bouchées, gardez le chocolat longtemps en bouche, comme je l'indique dans le chapitre consacré à la dégustation (p. 57). Intéressez-vous tout particulièrement au goût du sucre et au goût du gras. Ces goûts sont agréables quand on est en appétit, et bien moins plaisants quand on arrive à satiété.*

### *Remplacer un aliment diététiquement correct par un aliment diététiquement incorrect, à calories égales*

Le scandale est double : on remplace un aliment qui « fait maigrir », en tout cas qui ne fait pas grossir, par un aliment « grossissant ». De plus, des aliments diététiquement corrects, déclarés « bons pour la santé » sont remplacés par des aliments diététiquement incorrects, qui accélèrent votre départ pour le cimetière.

Je plaisante, bien sûr…

L'exercice est destiné à vous faire prendre conscience qu'il n'existe pas d'aliment « grossissant ». Vérifiez que la pratique de cet exercice plusieurs jours de suite, sans rien changer d'autre à votre alimentation, est sans effet sur votre poids.

Quant aux effets délétères de ces aliments, nous avons vu ce qu'il y avait lieu d'en penser : sauf maladie particulière, tel un diabète ou la goutte, vous pouvez en manger votre content. Ce qui importe, c'est votre alimentation globale, qui s'équilibrera dès lors que vous serez à même d'écouter vos sensations et émotions alimentaires. En attendant, un peu de chocolat ou de pâté ne vous feront pas de mal.

**À VOUS DE JOUER**

• Choisissez un repas où, habituellement, vous mangez de façon satisfaisante du point de vue diététique. Par exemple, le petit déjeuner ou bien le déjeuner.
• Sélectionnez un « aliment obligatoire » que vous avez l'habitude de consommer et remplacez-le par un aliment tabou, pour une quantité équivalente du point de vue calorique.
*Par exemple, au petit déjeuner, vous pouvez remplacer un bol de corn-flakes au lait par un croissant, ou bien par une barre de chocolat, ou par un biscuit fourré.*
• Plus fort encore : à midi, vous pouvez remplacer une grillade accompagnée de sa grosse garniture de légumes verts à l'eau par un aliment tabou.
*Vous mangerez alors, par exemple, 50 grammes de chocolat, ou deux tranches de cake aux fruits, ou un macaron fourré, ou les deux tiers d'un mille-feuille ou, si vous préférez le salé, une portion de rillettes avec un morceau de pain, ou encore cinq tranches de saucisson avec autant de pain.*
• Dans tous les cas, là encore, dégustez vos aliments. Si vous faites ce repas fantaisie, isolez-vous afin de pouvoir bien déguster et penser à ce que vous faites, et aussi parce que cela vous évitera bien des explications ! Il s'agit là d'un exercice, pas d'un mode alimentaire normal.
• Renouvelez l'exercice durant cinq jours.
*À chaque fois, mesurez votre appétence pour l'aliment en question : se maintient-elle ? Augmente-t-elle ? Diminue-t-elle ? (Si tout va bien, elle diminue.)*
• Passez à un autre aliment tabou.

### *Remplacer un repas par un aliment diététiquement incorrect, en écoutant vos sensations alimentaires*

Les exercices précédents n'étaient somme toute là que pour préparer celui-ci.

Supposons que vous ayez pour habitude de manger un repas équilibré au déjeuner. Vous prenez alors une entrée de crudités, un plat garni composé d'une viande ou de poisson, avec une garniture de légumes, et vous terminez par un laitage et un fruit.

Vous allez remplacer ce repas par un autre, constitué d'un seul aliment, choisi dans votre liste d'aliments tabous. Choisissez un aliment qui peut se manger sur le pouce, comme du chocolat, des barres chocolatées, des pâtisseries, des biscuits.

Faire un déjeuner si peu conventionnel, et en réchapper sans prendre de poids ni tomber malade, quel amusement !

Vous pouvez certes aussi choisir des aliments salés comme les rillettes ou le saucisson, ou encore un produit de restauration rapide, comme un croque-monsieur ou un hamburger, que vous mangerez bien entendu du bout des dents, en les dégustant soigneusement. Mais je vous déconseille de commencer par ceux-ci : ils sont moins pratiques à manger, et surtout ils sont gras, non sucrés, et le repérage du rassasiement est un peu plus difficile.

Il est indispensable que vous trouviez un endroit tranquille, où personne ne viendra vous déranger et vous poser de questions. S'il s'agit de votre bureau, éteignez l'ordinateur car l'exercice demande toute votre attention.

Dégustez lentement. Soyez attentif à vos signaux de rassasiement, tout particulièrement d'ordre gustatif. N'attendez pas de vous sentir écœuré pour vous arrêter. Mieux vaut manger un peu moins qu'un peu trop.

La plupart du temps, manger un seul aliment en le dégustant conduit à faire un repas plus petit qu'à l'ordinaire, en volume bien sûr, mais aussi en valeur calorique. Il est donc normal que, dans l'après-midi, vous ayez faim prématurément.

Pourquoi devriez-vous vous en inquiéter ? Nous sommes dans un pays où rien ne manque, où la police diététique n'a pas encore fait son apparition, où on a encore le droit de manger entre les repas si on le désire.

Aussi, prévoyez un en-cas, afin de pouvoir faire un goûter si besoin est. Ce goûter de votre choix, vous le dégusterez lui aussi en prenant votre temps, pour en consommer la juste quantité.

Cet exercice est destiné, entre autres choses, à vous faire prendre conscience que vos aliments tabous sont de la vraie nourriture, qu'après les avoir mangés, vous vous sentez nourri et n'avez plus besoin de rien durant plusieurs heures.

Si vous reproduisez l'exercice plusieurs jours de suite, vous constaterez aussi que votre appétence pour l'aliment tabou en question diminue progressivement. N'est-ce pas intéressant ? Voilà bien la preuve que vos systèmes de régulation régentent vos goûts, vous conduisant à désirer et apprécier ce dont votre corps a besoin. Plus on mange de chocolat, et plus les légumes paraissent désirables. Et, bien entendu, plus on mange de légumes, et plus on désire du chocolat ! Et dire que vous vous croyiez libre d'aimer manger ce que vous désiriez !

Lorsque vous avez épuisé les plaisirs d'un aliment tabou, que celui-ci est banalisé, vous pouvez passer à l'aliment tabou suivant. Il faut généralement quatre à cinq jours par aliment, et la réconciliation avec ses aliments tabous principaux prend la plupart du temps quelques mois.

**À VOUS DE JOUER**

- N'allez pas déjeuner.
- Consommez un seul aliment tabou et dégustez lentement.
- Quand vous vous sentez rassasié, votre déjeuner est terminé et vous pouvez jeter ce qui reste.
- Renouvelez l'exercice durant quatre à cinq jours.

*À chaque fois, mesurez votre appétence pour l'aliment en question : se maintient-elle ? Augmente-t-elle ? Diminue-t-elle ? (Si tout va bien, elle diminue.)*

- La semaine suivante, passez à un autre aliment tabou.

*Si vous ne pensez pas être capable de percevoir vos sensations de rassasiement, ou bien de vous arrêter de manger quand vous les percevez, vous pouvez modifier l'exercice de la façon suivante : estimez la valeur calorique de votre repas habituel, et consommez l'aliment tabou à calories égales.*

*Si vous êtes toujours inquiet, diminuez de 20 à 30 % la ration calorique de l'aliment tabou. Puis, quand vous êtes suffisamment rassuré(e) revenez à l'exercice initial.*

Ces exercices alimentaires ne sont pas nouveaux et je les ai déjà détaillés dans des livres précédents[1]. Mon collègue Jean-Philippe Zermati les décrit lui aussi en détail[2]. Ils ont fait l'objet de communications dans des congrès et ont été décrits dans diverses revues scientifiques. Des médecins et des diététiciens les utilisent dorénavant.

Ils guérissent de la restriction cognitive, du contrôle raisonné. On perçoit à nouveau sa faim, ses sensations de rassasiement, on choisit à nouveau ses aliments en fonction de ses appétences, et non plus selon des critères diététiques ou moraux. On n'est plus habité par des obsessions alimentaires. On cesse de culpabiliser et de s'angoisser lorsqu'on mange des aliments diététiquement incorrects.

Quand on désire manger ceci ou cela, on le mange, et voilà tout.

Mais on n'est pas forcément tiré d'affaire pour autant. Certes on est désormais en paix avec les aliments, mais l'est-on avec soi-même ? L'aventure continue…

## Faites la paix avec votre apparence corporelle

Parfois, ce qui fait manger, c'est une faim inextinguible de minceur. D'où ce premier paradoxe : pour faire le juste poids, il convient de se calmer, de renoncer à une minceur immédiate. Voilà qui n'est pas facile. Bien au contraire, ce qu'on entend partout dans les discours tenus sur les obèses, par leur famille, leurs amis, leurs collègues de travail, leurs employeurs, leurs subordonnés, par le corps médical, par le gouvernement, par les passants dans la rue, par les vacanciers sur les plages, et finalement par les obèses eux-mêmes, c'est cette idée, jamais remise en question, qu'il n'y a pas un seul instant à perdre, que ce scandale doit cesser sur-le-champ, qu'on doit maigrir sur l'heure.

### ➤ *Pourquoi vouloir maigrir ?*

Lorsqu'un nouveau patient vient me voir, porteur de ce désir, impératif, urgentissime, maigrir, perdre du poids, être mince, là, tout de suite, je lui demande aussitôt pourquoi il, elle veut tant maigrir.

La question, en général, paraît étrange : vouloir maigrir ne va-t-il pas de soi ? Tout le monde, même les minces, ne veut-il pas maigrir ?

Puis, la personne, prenant le temps de la réflexion, avance une réponse. La grande majorité me répond : c'est pour moi que je veux maigrir, pour m'aimer davantage. Et puis j'aimerais bien aussi que les autres m'aiment, et les gros, on ne les aime pas. Ou bien, ceux qui les aiment, c'est moi qui ne les aime pas.

Et puis, il y a la pression sociale, la réprobation permanente que l'on sent, dans tous ces regards. Il y a les boutiques de vêtements, où on refuse de servir les gros. Il y a tout ce poids, que l'on sent en permanence, qui rend pataud, essoufflé.

Ne trouvez-vous pas que c'est injuste, tout cela, cette stigmatisation en raison de votre tour de taille, m'arrive-t-il de demander. Certes, c'est sans doute une injustice, me répond-on, mais c'est comme ça, et c'est bien pourquoi je veux maigrir !

D'autres personnes consultent moins parce qu'elles sont grosses que parce qu'elles souffrent d'un comportement alimentaire déréglé. Manger est devenu un cauchemar, me disent-elles. Si je pouvais retrouver la sérénité, l'apaisement, le plaisir de manger tranquillement, je serais content(e), même si je ne perdais pas de poids.

Celles-là, souvent, ont déjà par le passé fait de multiples régimes amaigrissants, perdu et repris bien des fois leurs kilos. Elles sont sans guère d'illusion. Ce qui ne les empêche pas, tout de même, de se laisser aller à quelques rêves de minceur…

Enfin, certains mettent en avant leur santé. Ils ont une maladie causée ou aggravée par l'obésité, et leur médecin leur a chaudement recommandé de perdre du poids au plus vite. Ou bien ils s'inquiètent pour leur espérance de vie, puisqu'on dit que les gros meurent prématurément.

Je vois aussi des patients qui ne sont pas gros, mais qui sont inquiets à l'idée de le devenir. Ils passent leur temps à

### Tous les gros peuvent-ils maigrir durablement ?

Soyons clair : la médecine ne dispose pas à ce jour de méthode amaigrissante efficace dans la durée, qui conviendrait à tous. Il n'existe pas de médicament amaigrissant qui vaille, pas de méthode physique, pas de méthode diététique, et pas davantage de psychothérapie amaigrissante. Et même, dans un tiers des cas, pour des raisons à la fois biologiques et psychologiques, il est illusoire d'espérer perdre du poids, même temporairement.

Certains ne peuvent pas maigrir parce que ce n'est pas dans leur nature. Leur conformation physique les veut rondouillards, et ils le sont de père en fils, de mère en fille. Lorsqu'ils essaient, pour se conformer aux standards du moment, d'être plus minces que nature, celle-ci se révolte, leurs mécanismes de régulation reprennent la main et les conduisent à manger en dehors de toute volonté.

D'autres ne peuvent pas maigrir parce qu'ils ont déjà maigri trop de fois, et tout repris ensuite, bien entendu. Tout se passe comme si leur organisme avait assimilé les privations du régime à une forme de famine. Lorsque revient la nourriture, le corps augmente alors le stock de graisse en prévision d'une famine ultérieure. Plus on se prive, et plus le corps fait des provisions ! C'est ce qu'on appelle habituellement l'« effet Yo-Yo ascendant ».

Enfin, certains ont besoin d'un matelas de graisse pour se protéger du monde, des autres, d'eux-mêmes. Ils paniquent lorsqu'ils maigrissent. Ils paniquent lorsqu'ils ne peuvent plus faire appel à la nourriture pour se protéger de leurs émotions. Leur situation n'est cependant pas véritablement désespérée puisque nous nous occupons de leur cas un peu plus loin, mais peut leur en donner le sentiment.

se battre contre eux-mêmes, font des efforts inouïs pour s'empêcher de manger, et n'ont qu'une peur, craquer et grossir. Ils sont boulimiques, anorexiques, ou bien tout simplement compulsifs et grignoteurs. Ils ont mal à leur comportement alimentaire. Ils souffrent. Ils veulent que cela cesse… à condition de ne pas grossir !

En voilà, toutes sortes de raisons pour maigrir. Nous allons examiner les principales et voir si elles sont aussi légitimes qu'on le prétend. Et nous allons voir comment cet appétit de minceur qui a saisi nos sociétés finit par… faire grossir.

*Minceur et santé*[3]

Il semble aller de soi que, pour avoir une bonne santé, pour vivre longtemps, il est nécessaire de faire le poids indiqué par les tables, d'avoir un indice de masse corporelle, ou IMC, qui se situe dans la bonne fourchette[4].

Si on a un poids qui se situe au-delà d'un IMC de 25, on est en surpoids. Plus de 30, et c'est d'obésité qu'on parle. Plus de 40, et nous sommes dans l'obésité morbide.

La solution semble aller de soi : on doit maigrir, et vite !

Et si, du point de vue de la santé, maigrir n'était pas aussi essentiel qu'on le dit ? La sédentarité, une alimentation incomplète, ainsi que les efforts d'amaigrissement seraient, selon certaines études, davantage responsables de la dégradation de la santé, de la diminution de l'espérance de vie[5], que le poids lui-même[6].

Avoir une vie active[7], c'est-à-dire marcher, bouger, et aussi manger de façon suffisamment variée, en fonction de ses sensations et de ses émotions alimentaires[8], améliore notablement la santé[9] et la longévité[10], même sans perte de poids[11].

On peut donc, dans bien des cas, être au-dessus des normes pondérales recommandées et en bonne santé.

Voilà qui signifie aussi qu'en cas de maladie en relation avec l'obésité, par exemple un diabète ou des problèmes cardio-vasculaires, il ne faut pas compter sur un hypothétique amaigrissement, mais se faire soigner correctement pour ces maladies.

*Minceur et beauté*[12]

Il n'y a pas que la santé dans la vie, il y a la beauté aussi. Et cette beauté apparaît aujourd'hui comme une des pierres angulaires de l'épanouissement personnel. Les hommes et les femmes d'aujourd'hui trouvent injuste de n'être pas des Apollons ou des mannequins suédois.

Certains héritent de ce corps idéalement beau, merveilleusement mince. À eux ensuite d'entretenir leur capital beauté, qui tout comme le capital jeunesse a une fâcheuse tendance à s'évaporer au fil du temps. À eux aussi de savoir monnayer leur beauté dans la sphère professionnelle ou bien en épousant une personne riche. Ne s'agit-il pas là d'une saine gestion de ses propres ressources, d'une utilisation habile de ses points forts[13] ?

La minceur, bien entretenue, résiste mieux au temps que la peau du visage. Quoique… Combien en ai-je vu, de ces femmes qui, durant une, deux, parfois trois décennies, ont vaillamment lutté pour conserver leur ligne, et qui, vers la quarantaine, ou bien la cinquantaine, pour les plus résistantes, ne parviennent plus à contrôler leur comportement alimentaire ? Malgré une résistance acharnée, la boulimie, les compulsions alimentaires rongent leur minceur et les désespèrent. Il y a de quoi, quand on a tant investi dans ce capital-là.

## Que pèse un pèse-personne ?

Combien voient dans leur balance un détecteur de mensonge, qui révèle la vérité des êtres, avec qui il est impossible de tricher, de se raconter des histoires ? Bientôt, plus rien ne compte que le poids indiqué, qui symbolise alors la valeur de l'individu, inversement proportionnelle au poids exprimé en kilogrammes.

Nous ne sommes plus qu'un tas de kilos, et le chiffre de la balance, fétichisé, devient notre météo : 59,900 kilos le matin signifieront une belle journée, tandis que vos 60,100 kilos vous poursuivront jusqu'au coucher.

Plus la balance est précise, et plus elle dramatise un poids forcément fluctuant. Car il est normal que le poids varie de 1, 2 ou 3 kilos, en plus ou en moins, selon les périodes de l'année, selon son degré d'hydratation, le type d'aliments ingérés, l'exercice physique accompli, selon qu'il fait froid ou chaud, qu'on aura été stressé ou qu'on est relaxé, selon les périodes du cycle féminin. Prendre ces kilos-là au sérieux revient à se réjouir des marées basses et se désoler des marées hautes.

En somme, les pèse-personnes ne sont rien d'autre que des machines à se créer des émotions intempestives !

Alors faut-il alors ranger la balance au placard ? Et pourquoi pas ? À condition toutefois que cela ne résulte pas d'une politique de l'autruche, d'un déni du corps.

On se pèsera donc, si on y tient, avec circonspection. On échangera de préférence son pèse-personne électronique contre une balance approximative, qui pèse au kilo près. Voilà une précision bien suffisante ! On ne s'occupera que de la tendance générale sur plusieurs semaines.

Et on n'oubliera pas que ce qui est pesé est notre corps, pas notre personne, encore moins notre âme.

Ceux qui ne sont pas beaux de naissance, ceux qui sont trop enrobés, peuvent néanmoins aujourd'hui acheter un peu de beauté et de minceur dans le monde marchand. Chirurgiens et médecins esthétiques, spécialistes médicaux et paramédicaux de la nutrition, coaches en tout genre, sans oublier l'industrie cosmétique et pharmaceutique, les instituts de beauté, les salles de sport et de remise en forme, tout ce petit monde se fait fort de vous vendre de la beauté, de la minceur, ou du moins un rêve de beauté et de minceur.

Où tout cela nous mène-t-il ? À un monde sans pitié dans lequel l'apparence physique constitue un avatar du capital, une forme de richesse monnayable et échangeable. Dans ce monde, les vrais pauvres sont ceux qui ne possèdent ni richesse pécuniaire, ni savoir-faire à monnayer, ni minceur ou beauté. Leur vie, selon ces critères, est donc ratée d'avance.

Ne croyez pas pour autant que la situation des « belles jeunes filles », dont le prototype est le top model, soit si confortable[14]. Car la belle jeune fille sait que son temps est compté. Elle doit au plus vite profiter de sa richesse, prostituer sa beauté avant qu'elle ne se fane. Aussi, en retour de son éblouissante compagnie, de sa beauté sans prix, exige-t-elle qu'on lui donne tout et tout de suite. Sa beauté le vaut bien.

La voilà donc pressée et anxieuse, toujours insatisfaite, voulant toujours davantage. D'une certaine façon, cette belle jeune fille est le prototype de chacun d'entre nous. Nous autres, Occidentaux, aspirons tous à être de belles jeunes filles ! Nous voulons profiter et capitaliser au plus vite, et avons toujours le sentiment que nous n'avons pas eu assez, que nous aurions pu jouir davantage, que nous avons perdu du temps et du capital jouissance !

C'est encore ce que me disait Annette, une de mes patientes, pas plus tard que la semaine dernière, qui se plaignait amèrement de ne pas être, de n'avoir jamais été une belle jeune fille : « Rendez-vous compte, docteur : j'ai déjà 30 ans et je suis toujours grosse. Tout ce temps-là est perdu. Comment le rattraper ? »

Perdu, ce temps-là ? Mais vous avez vécu, Annette. Vous avez vu, écouté, touché, senti, satisfait aux besoins corporels. Vous avez étudié, compris, approuvé, désapprouvé. Vous avez travaillé, vous êtes partie en vacances, en voiture, en avion, et même parfois à pied, et vous en êtes revenue. Vous avez agi, échangé, ressenti des émotions, ri, pleuré, vous avez eu des sentiments pour les uns et les autres. Bref, vous avez été vivante jusque-là et vous l'êtes toujours. Cela ne mérite-t-il pas en soi de la reconnaissance ?

### *Minceur et maîtrise*[15]

La principale maladie mentale du monde moderne est la boulimie. On peut parler à ce sujet de maladie de société, ou de maladie ethnique. Je ne parle pas seulement de ce trouble du comportement alimentaire qui consiste à engloutir de la nourriture, puis à la vomir pour ne pas avoir à la digérer. Je parle de cette frénésie qui fait de la plupart d'entre nous des dévorateurs désireux d'abattre autant de travail, d'accumuler autant de richesses matérielles que possible, de vivre toujours davantage de temps de loisirs, riches en aventures de toutes sortes, de voyager, de faire du sport, et ainsi de suite. Sans compter la beauté et la minceur, bien sûr, qui sont à la fois des richesses à capitaliser et des nécessités pour obtenir le reste.

Le problème, c'est que ce désir de remplissage nous vide, littéralement. Nous avons besoin d'avaler pour nous sentir exister, mais comme nous ne trouvons pas la satisfaction, nous voilà condamnés à renouveler l'acte consommatoire encore et encore.

Certains le perçoivent : se contenter d'accumuler n'aboutit qu'à un décevant gavage. Avoir ne suffit pas, il faut « être ». Vous avez aimé la modernité ? Vous allez adorer la postmodernité ! Une vie réussie doit l'être dans tous les domaines, professionnel, relationnel, sentimental. Tout cela doit s'obtenir avec fluidité, sans trace d'effort, de labeur, sans qu'on ait eu à forcer sa nature, comme si cela nous était naturel. Et le tout doit composer un bien beau tableau, une œuvre d'art.

Ceux qui en sont déjà à la postmodernité considèrent qu'il ne sert à rien d'avoir réussi dans un domaine ou un autre si son surpoids, ses formes disgracieuses sont là pour témoigner de l'imperfection de leur personne. Si notre vie tient de l'œuvre d'art, alors la bonne forme, de belles formes sont des nécessités plus impératives que jamais. Le surpoids, l'obésité deviennent des fautes de goût, le signe d'un ratage de la vie entière.

### *La stigmatisation des gros fait grossir*

L'affaire est entendue : les gros sont des ratés ! Ils n'ont pas su maigrir. Peut-être est-ce par bêtise, par ignorance, parce qu'ils ne connaissent pas les principes de base de la diététique. Peut-être est-ce par manque de volonté, parce qu'ils sont faibles et lâches. À moins que ce ne soit par pauvreté, parce qu'ils n'ont pas les moyens de se payer les bonnes méthodes amaigrissantes, de faire appel aux bons professionnels, parce qu'ils mangent une nourriture de pauvres, à base de produits industriels, dénuée de fruits et de légumes si hors de prix.

Il est donc parfaitement normal qu'on leur fasse honte !

Cette terreur de l'obésité, cette obligation impérative de minceur conduisent bien des personnes de poids normal, en tout cas au départ, à se sentir dans la peau de *pas-encore-gros*, mais menacées de l'être. Abreuvées de messages les menaçant d'obésité à tout bout de champ, elles finissent par penser qu'il suffit d'un rien, d'un laisser-aller temporaire, d'un moment de relâchement, d'une période d'inattention pour devenir grosses à leur tour.

Elles commencent alors à se surveiller, à écarter certains aliments dits grossissants, cessant ainsi d'être à l'écoute de leurs sensations et de leurs émotions alimentaires. Leurs inquiétudes pondérales, leurs efforts pour ne pas grossir ont toutes les chances de provoquer ce qu'elles voulaient éviter !

La terreur de l'obésité conduit aussi à rechercher un bouc émissaire. Les obèses sont alors stigmatisés et discriminés à tour de bras. Durant les études, être gros est un handicap à l'oral. Dans le monde professionnel, être gros constitue désormais un handicap à l'emploi ou à la promotion. Dans les familles, les remarques doucereuses et faussement bienveillantes ne cessent de pleuvoir. Dans les réseaux d'amis, on en vient à penser que qui se ressemble s'assemble, et qui voudrait ressembler à un gros tas ? Dans la vie sentimentale, si on a du respect pour soi-même, on désirera le meilleur rapport qualité-prix.

Bon d'accord, on stigmatise, on discrimine. C'est scandaleux, mais comment réagir ? Faut-il, quand on est gros, reprendre à son propre compte le discours de ses oppresseurs, se dire que, c'est vrai, on a mérité ce qui nous arrive, qu'il convient de l'accepter ? On marchera alors en baissant les yeux, honteux. On essaiera de se faire tout petit, si c'est possible, en tout cas discret.

À moins qu'on n'essaie de donner le change en faisant le plus de bruit possible, en faisant semblant de se vouloir tel qu'on est. Puisque ces mystères nous dépassent, feignons d'en être les organisateurs !

Ou bien alors faut-il s'installer dans la plainte et la revendication ? Doit-on militer pour un statut de malade à pensionner ? Et même, doit-on cultiver son obésité pour pouvoir se plaindre davantage ?

### ➤ *S'affirmer tel qu'on est aide à manger harmonieusement*

La honte, la plainte ou la provocation ne vous feront aucun bien. S'il s'agit de restaurer une harmonie alimentaire compromise, comme je vous le propose, il est impératif de calmer le jeu.

Renoncer à un amaigrissement instantané, accepter que, pour le moment, les choses soient ainsi, que oui, vous êtes plus rond, plus ronde que la moyenne, voire carrément très gros, va représenter un énorme soulagement.

Vous serez délivré de cette urgence, maigrir à tout prix ! Vous pourrez prendre le temps de vivre. Vous pourrez profiter de vos vacances. Vous pourrez travailler dans la sérénité. Vous pourrez séduire ceux qui veulent bien se laisser faire, et même qui ne demandent que cela. Vous pourrez cueillir des moments de bonheur.

Et puis, vous pourrez manger. Manger normalement, c'est-à-dire sur un mode civilisé, veux-je dire. Vous réconcilier avec les aliments, tous les aliments, ainsi que nous l'avons vu précédemment. Manger en prenant le temps d'écouter ses sensations alimentaires, ses appétences. Manger n'importe quoi sans culpabilité, sans angoisse, sans craindre de mal faire et de grossir.

Vous allez rire : manger ainsi, sans souci, ne fait pas grossir, et même, parfois, souvent en fait, cela fait maigrir.

Cela fait maigrir d'autant plus qu'en s'affirmant on améliore notablement son estime de soi et que, du coup, on a bien moins de compulsions alimentaires[16].

Décidément, la vie est pleine de paradoxes.

### *Exercices d'acceptation de soi*

Ces exercices sont destinés à vous aider à retrouver votre fierté d'être humain. Penser du bien de soi est une étape indispensable pour parvenir à manger harmonieusement, en écoutant ses sensations alimentaires et ses appétits spécifiques. Car comment écouter ces messages que nous adresse notre corps, si nous continuons à le haïr ?

#### NOTRE CORPS EST UN HÉRITAGE

Vous avez sûrement chez vous des albums de photos, où sont représentés les différents membres de votre famille. Il y a là très certainement vos parents, à différents âges de la vie. Peut-être vos grands-parents sont-ils là aussi. Et qui sait, vous possédez peut-être aussi des portraits de vos arrière-grands-parents. Sans compter vos frères et sœurs, vos cousins et cousines. Certains vous ressemblent. Vous avez hérité de certaines caractéristiques morphologiques familiales. La forme générale du visage, le nez, le menton, la couleur des yeux. La couleur de la peau, des cheveux. La taille, aussi : dans certaines familles, on est grand et filiforme, dans d'autres, on est petit et trapu.

La génétique y est pour beaucoup. Dans certaines familles, il existe une facilité à grossir, dès que les conditions de vie le permettent. Peut-être faites-vous partie d'une telle famille. Tel est votre héritage. Avons-nous, tous autant que nous sommes, une autre possibilité que de l'accepter, cet héritage ?

### À VOUS DE JOUER

Sortez vos photos et vos vidéos de famille. Passez en revue des différents membres de votre tribu. Repérez avec chacun d'entre eux en quoi vous leur ressemblez physiquement. Peut-être partagez-vous aussi certains traits de caractère.
*Mettez par écrit ces ressemblances physiques et psychologiques.*

#### FAITES LA PAIX AVEC VOTRE CORPS

Je vous suggère de considérer votre corps comme une personne. Que pourriez-vous faire qui lui soit agréable ? Certes, nous avons vu précédemment qu'être à l'écoute de ses appétits, lui donner à manger quand il a faim, lui donner les aliments qu'il réclame, et non pas ceux que vous voudriez lui imposer, sont des formes de cadeaux.

Votre corps a aussi d'autres besoins. Donnez-lui à boire quand il a soif, laissez-le se reposer quand il est fatigué. Laissez-le dormir quand il a sommeil. Allez aux toilettes sans attendre le dernier moment.

Tout cela vous paraît simple, enfantin ? Tant mieux. Parce que je ne cesse de voir dans mon cabinet des personnes qui sont terriblement dures avec leur corps. Elles le martyrisent, le violentent, ne l'écoutent pas. Elles ne veulent en fait rien savoir de lui. Elles sont fâchées contre lui et ne lui font pas de cadeau.

Le problème, c'est que leur corps, lui non plus, ne leur fait pas de cadeau. Pourquoi leur ferait-il le plaisir de maigrir, alors qu'elles le traitent comme un déchet, une pourriture ?

Le corps, du coup, fait de la résistance. On est dur avec lui, et lui aussi se durcit. Il ne lâchera pas un gramme de graisse !

Prenez votre corps par la douceur, la gentillesse. Qu'a-t-il fait de mal ? Il est gros ? Et alors, en quoi est-ce de sa faute ? Ne souffre-t-il pas assez comme ça de ce surpoids ?

**À VOUS DE JOUER**

Toutes les deux heures environ, faites une pause de dix minutes. *Évaluez votre niveau de fatigue, votre faim, votre soif, votre besoin d'aller aux toilettes, des douleurs éventuelles. Répondez à ces besoins dans la mesure du possible.*

QUELQUES IDÉES DE CADEAUX À SON CORPS

Les soins du corps sont une première forme de cadeau. Les massages, l'hydrothérapie, les soins cosmétiques vous permettent de percevoir votre corps, de retrouver des sensations physiques agréables. N'hésitez pas à passer du temps dans votre salle de bains, à vous rendre chez le masseur-kinésithérapeute, l'esthéticienne, à envisager une cure de balnéothérapie.

L'activité physique douce est une deuxième forme de cadeau. Il y a la marche bien sûr, si possible dans la nature. Songez aussi à la baignade, à l'aquagym, au stretching, à la danse africaine ou orientale…

Ou bien faites appel à un professionnel, afin d'apprendre la relaxation, le yoga, la gymnastique douce.

L'important n'est pas tant l'activité que vous faites, mais la façon dont vous la ressentez. Il s'agit de prendre conscience de vos sensations corporelles, d'habiter votre corps, de respirer, de percevoir votre cœur qui bat, de vous sentir vivant. Vous n'avez qu'une seule vie, qu'un seul corps, et ça se passe ici et maintenant.

**À VOUS DE JOUER**

Une fois par semaine, ou plus si affinité, offrez un soin du corps, une activité corporelle à votre corps en gage de bonne volonté.

ÉPROUVEZ DE LA COMPASSION POUR VOUS-MÊME

Vous n'êtes pas parfait(e), mais qui vous le demande, à part vous-même ? Peut-être est-il temps de vous pardonner d'être tel que vous êtes.

Éprouver de la compassion pour soi-même, pour l'enfant qu'on a été, pour les enfants qui vivent ce que nous avons vécu, apporte un grand bien-être, un soulagement, une catharsis, dont la valeur est reconnue en psychothérapie.

Mais peut-être n'êtes-vous pas capable de vous laisser aller ainsi, peut-être est-ce trop douloureux. Mieux vaut alors faire appel à un médecin psychiatre ou un psychologue qui saura vous y aider par une thérapie cognitive et émotionnelle[17].

**À VOUS DE JOUER**

Faites une sélection des photos que vous avez de vous depuis votre berceau jusqu'à ce jour.

• Comment a évolué votre poids tout au long de votre vie ?
*Peut-être votre poids a-t-il varié selon les époques. Les périodes de prise de poids sont-elles en relation avec des malheurs qui vous sont arrivés ? Les périodes de minceur correspondent-elles à des efforts d'amaigrissement, ou bien à des périodes plus heureuses de votre existence ?*

• À partir de quel âge avez-vous cessé de vous aimer ?
*À quoi est-ce dû, selon vous ?*

• Prenez le temps de songer à cette petite fille, ce petit garçon, que vous avez été, et qui a grossi. Ou bien à cette adolescente, cet adolescent, qui a grossi. Ou bien à ce jeune adulte, qui a grossi.
*Songez-y avec compassion. Ça a été dur pour eux. Ils ont souffert.*
• Peut-être certains épisodes particulièrement pénibles vous reviennent-ils en mémoire.
*Des vexations, des quolibets, des rejets, du mépris. À moins que ce ne soit de la pitié, de la commisération, ce qui, à l'époque, ne vous a pas paru mieux.*
• Ne luttez pas contre ces sentiments qui vous envahissent.
*Peut-être allez-vous pleurer sur leur sort. Pleurez abondamment, ne retenez pas vos larmes.*
• Ou peut-être, si cela vous paraît trop dur, préférerez-vous imaginer un enfant, un adolescent, un jeune adulte, qui aurait à vivre ce que vous avez vécu.
*Que lui diriez-vous, si vous en aviez l'occasion, pour l'aider, le consoler ? Imaginez que vous le ou la preniez dans vos bras, que vous lui disiez qu'il n'a rien fait de mal, qu'il ou elle est un enfant, un adolescent, un jeune adulte qui n'a rien à se reprocher.*

### *Refuser la stigmatisation en s'affirmant tel que l'on est*

Ce n'est pas parce qu'on s'accepte tel que l'on est qu'on doit accepter que les autres poursuivent leurs avanies. Bien au contraire !

D'ailleurs, des avanies, il y en a tout de suite beaucoup moins, dès lors qu'on cesse de laisser la honte dominer ses comportements. Vous êtes-vous déjà demandé pourquoi la plupart des chiens mordaient les personnes qui ont peur d'eux, et laissaient tranquilles les personnes qui étaient sans crainte ? Les chiens sentent la peur, la hument et considèrent que ceux qui sont peureux ont des raisons de l'être. Sans doute ces personnes sont-elles faibles, sans doute sont-elles en tort. Elles font donc partie des proies.

Les êtres humains ne fonctionnent pas différemment. Vos congénères perçoivent votre honte, votre culpabilité. Elles se lisent dans vos vêtements amples censés cacher vos bourrelets, dans votre démarche peu assurée, sur votre visage, dans votre façon de fuir les regards, ou bien dans votre exubérance factice.

Vous avez honte de ce que vous êtes, et cela se voit. Aussi ne vous étonnez pas que cette honte que vous éprouvez, on vous la renvoie au visage.

Au contraire, si ce que vous exhibez, c'est votre fierté, ce sera sur elle que vous serez jugé. Et aussi, et surtout, cette fierté modifiera votre propre vision de vous-même, et sera hautement bénéfique à l'estime que vous vous portez.

#### MARCHEZ DANS LA RUE, DANS LES LIEUX PUBLICS

Dans les pays latins, on considère comme légitime de profiter du spectacle de la rue, par exemple assis à une terrasse d'un café. Le fait de vous trouver dans un lieu public confère aux autres le droit de vous regarder et à vous-même le droit de les examiner en retour.

Les personnes qui vous regardent ont le droit de penser ce qu'elles veulent de votre conformation corporelle, de votre allure. Vous-même pouvez aussi porter toutes sortes de jugements esthétiques sur la conformation corporelle, le maintien ou la vêture des passants.

Si on a toute liberté de penser ce qu'on veut, on n'a cependant pas le droit de faire ou de dire n'importe quoi. Les commentaires à voix haute ou les comportements déplacés sont répréhensibles.

### À VOUS DE JOUER

• Préparez-vous à être vu(e).
*Pour cela, soignez votre présentation et habillez-vous de telle sorte qu'on vous témoigne le respect qui vous est dû. Des vêtements propres, qui ne vous boudinent pas, mais qui ne sont pas non plus flottants feront l'affaire.*
• Choisissez une rue passante, une place bordée de terrasses de café. Marchez sans vous cacher, à la façon d'une personne assurée d'être dans son bon droit.
*Marchez tête haute, en vous grandissant et en tirant les épaules en arrière.*
*On vous regarde : très bien. Assumez ces regards.*
• Marchez ainsi durant un quart d'heure.
• Prenez ensuite place à la terrasse d'un café et regardez les autres à votre tour !
*Un seul exercice ne suffira pas à venir à bout de votre phobie du regard, de votre honte. Réitérez l'exercice autant de fois que nécessaire. Habituellement, quatre à cinq séances sont nécessaires.*

#### PRENEZ LES TRANSPORTS EN COMMUN

Les transports en commun sont le plus souvent conçus pour des individus standard, mesurés selon des normes désuètes. Si vous faites plus de 1,65 mètre et pesez plus de 65 kilos, vous aurez tôt fait de constater que les sièges sont trop petits et que vous manquez de place pour vos jambes.

Est-ce une raison pour être honteux de ce que vous êtes ? Comme vous l'avez sans doute remarqué, les personnes trop grandes, qui mesurent par exemple plus de 1,80 mètre, se contentent de ronchonner doucement lorsqu'elles doivent se contorsionner pour tenir sur le siège d'un autobus, du métro ou d'un avion.

Vous qui n'êtes pas si grand, mais qui êtes plutôt large, pourquoi feriez-vous autrement ?

## À VOUS DE JOUER

Prenez un transport en commun.

- Recherchez une place assise et installez-vous.
- Regardez vos voisins, vos vis-à-vis.

*Lorsque vos regards se croisent, faites un petit sourire de connivence, qui véhicule le message suivant : nous, qui voyageons en transports en commun, devons tous subir des conditions de voyage plus ou moins confortables. Nous sommes tous égaux, tous dans le même bain.*

### ALLEZ À LA PLAGE OU À LA PISCINE

La plupart des personnes rondes adorent se trouver dans l'eau. Elles s'y sentent bien, soulagées de leur poids par la poussée d'Archimède. Et même, leur couche de graisse devient un avantage car, grâce à elle, elles se refroidissent moins vite.

Le problème réside dans le fait qu'avant d'arriver jusqu'à l'eau, il est nécessaire de s'exposer aux regards des autres. Si bien qu'il n'est pas rare que les personnes grosses renoncent aux plaisirs de la baignade. Ou bien, honteuses, elles tentent de dissimuler leur corps derrière des vêtements, des paréos, et veillent à rester immobiles lorsqu'elles sont sur la plage, dans l'espoir qu'on les oublie, que les regards glissent sur elles.

Bien évidemment, c'est le contraire qui se produit. Les autres ne voient que leur honte, leur malaise, et les méprisent.

L'exercice suivant suppose qu'on se soit déjà bien entraîné à marcher dans la rue avec fierté, et qu'on prenne les transports en commun sans réticence. Ne grillez pas les étapes !

### À VOUS DE JOUER

• Tout d'abord, lorsque vous arrivez sur la plage ou sur les rebords de la piscine, surtout, soyez immédiatement actif !
*Ne vous couchez surtout pas sur une serviette, ne vous dissimulez pas derrière un parasol.*
*Jouez au ballon, au jokari, au frisbee, construisez un château de sable, promenez-vous de long en large, faites ce que vous voulez, mais ne restez pas immobile. Au contraire, bougez !*
*L'immobilité augmentera votre malaise, alors que bouger vous permettra s'assumer la situation.*
• Ne vous reposez sur votre serviette que lorsque vous vous sentez parfaitement à votre aise.
*Levez-vous et bougez dès que vous sentez poindre un inconfort.*
Attention : cet exercice ainsi que le suivant sont difficiles ! S'ils ne vous paraissent pas praticables, revenez à l'exercice p. 211.

#### ACHETEZ DES VÊTEMENTS ET AFFIRMEZ-VOUS FACE AUX VENDEURS

Nombre de boutiques de vêtements ne proposent que la taille standard. Les vendeuses regardent de haut les femmes dont la taille dépasse le 44, voire le 42.

Quel dommage ! Elles devraient songer qu'elles perdent votre clientèle !

### À VOUS DE JOUER

Entrez dans une boutique et demandez si tel vêtement qui vous a séduit existe dans votre taille.
Si tel n'est pas le cas, faites remarquer à la vendeuse qu'elle vient de perdre une cliente, que c'est dommageable pour elle comme pour vous.

MANGEZ EN PUBLIC DES ALIMENTS DIÉTÉTIQUEMENT INCORRECTS

Une personne grosse a-t-elle le droit de manger une crème glacée, une barre chocolatée, une viennoiserie, un gâteau, au su et au vu de tous ? Mais que fait donc la police ?

Lorsque vous vous cachez pour manger, lorsque vous exhibez votre honte, vous avalisez cette idée qu'on est gros parce qu'on mange ce qu'il ne faut pas, qu'on est responsable de son surpoids, qu'on serait mince si seulement on avait un peu plus de volonté.

Le pire, ce n'est pas que votre comportement en convainque les autres, c'est que vous êtes en train de vous en convaincre vous-même !

**À VOUS DE JOUER**

• Choisissez un endroit public pour prendre une sympathique collation.

*Seul(e) ou accompagné(e), vous pourrez par exemple commander une boisson et un croissant, un croque-monsieur dans un café-restaurant ; vous pourrez consommer un gâteau dans un salon de thé ; vous pourrez prendre une crème glacée à la terrasse d'un glacier en été.*

*Bien entendu, vous vous serez débrouillé(e) pour être suffisamment en appétit, afin de pouvoir faire honneur à ce petit repas, et vous le consommerez en le dégustant, comme il se doit.*

• Si vous êtes accompagné par un ami, un membre de votre famille, ne vous justifiez pas, ne fournissez pas d'explication.

*Vous avez droit de manger ce qui vous convient, comme tout un chacun.*

EXPLIQUEZ VOTRE DÉMARCHE À VOS PROCHES

Tout de même, il convient parfois de s'expliquer. Et ce d'autant plus qu'on vous a connu gros, puis mince, puis gros… qu'on sait les efforts que vous faites, la souffrance que vous endurez en raison de votre poids.

Certains sont bien intentionnés. Ils pensent que vous ignorez que vous êtes gros, que vous faites tout simplement des erreurs diététiques, et que quelques conseils devraient vous remettre sur le bon chemin. Ils vous donnent des leçons de diététique, ou bien vous indiquent un médecin qui, à ce qu'on dit, fait des miracles.

À quoi bon vous en irriter, vous mettre en colère ? Ces personnes sont prisonnières de leurs idées reçues, et ces idées reçues sont majoritaires aujourd'hui.

**À VOUS DE JOUER**

Lorsque des personnes que vous aimez, que vous appréciez, pour lesquelles vous avez en temps ordinaire de l'amitié, vous donnent des conseils amincissants d'une sorte ou d'une autre, n'argumentez pas. Demandez-leur plutôt si elles ont de l'affection pour vous, si elles continueront d'en avoir dans le cas où vous ne perdriez pas de poids.

AU TRAVAIL, NE VOUS LAISSEZ PAS DISCRIMINER

La discrimination des personnes en surcharge pondérale dans le monde du travail est avérée. C'est parfois le cas à l'embauche, ou cela peut se traduire par une préférence donnée à une personne plus svelte lors d'une promotion. Certes, cette discrimination, comme toutes les autres formes de discrimination, est passible d'une sanction pénale[18] mais, à ce jour, nul employeur n'a encore été condamné pour ce motif.

Devez-vous partir en croisade ? Je ne crois pas que ce soit une bonne idée. La cause des obèses doit être défendue de façon collective. Au niveau individuel, défendez en premier lieu votre propre cause.

Montrez à tous que vous ne répondez pas aux stéréotypes : vous faites bien votre travail, vous avez du respect pour vous-même comme pour les autres et vous demandez qu'on vous témoigne aussi le respect qui vous est dû.

Mais aussi, vous ne surcompensez pas et n'essayez pas de vous faire aimer et apprécier à tout prix, comme si vous vouliez vous faire pardonner d'être ce que vous êtes.

**À VOUS DE JOUER**

Lorsqu'un employeur ou un collègue laisse sous-entendre que la minceur est un signe de maîtrise, que le surpoids traduit le laisser-aller et le manque de volonté, ne laissez pas passer ce genre de discours sans réagir, car ce serait l'avaliser.

Demandez à ce qu'on n'applique pas ces stéréotypes à votre personne. Sans doute n'êtes-vous pas irréprochable, mais si quelque chose ne va pas dans le travail fourni, dans votre façon de vous y prendre avec les uns et les autres, vous préféreriez qu'on vous le dise directement.

SACHEZ DIALOGUER AVEC VOTRE MÉDECIN

Le corps médical est un « grand stigmatisateur » de l'obésité[19]. La plupart des médecins ont bien du mal à ne pas dégainer une feuille de régime ou donner quelques conseils diététiques lorsqu'ils voient passer une personne un peu ronde. Pourquoi leur en vouloir ? Ils aiment tant faire la morale ! Et ils sont, comme tout le monde, victimes des stéréotypes de l'époque.

**À VOUS DE JOUER**

• Lorsque vous consultez pour un problème sans rapport avec votre poids, ne vous croyez pas obligé(e) de faire l'éducation de votre médecin, de lui expliquer combien il est dur d'être gros, combien il est difficile de contrarier sa nature !
Le mieux est sans doute de lui rappeler que vous n'êtes pas sans savoir que vous êtes en surcharge pondérale, mais que tel n'est pas le motif de votre consultation.

• Lorsque vous consultez pour une maladie qui peut être aggravée par le surpoids, comme par exemple un diabète, des problèmes cardio-vasculaires, ou des problèmes articulaires, convenez avec votre médecin que, dans un monde idéal, certes, mieux vaudrait être mince que gros. Et aussi plus jeune, plus riche, plus beau, plus aimable et plus patient.
Mais voilà, vous êtes comme vous êtes et il revient à votre médecin de vous soigner de son mieux, tel que vous êtes, sans attendre une éventuelle perte de poids.

## Faites la paix avec vous-même

Imaginons : vous avez mis en pratique les chapitres précédents. Tout d'abord, vous avez arrêté la guerre alimentaire. Vous mangez les aliments qui suscitent une appétence, vous ne vous contraignez plus à manger des aliments vidés de leur énergie et de leurs qualités gustatives, vous ne culpabilisez plus en permanence.

Ensuite, vous êtes moins dur(e) avec vous-même. Vous avez désormais de la compassion pour vous, qui avez tant souffert, qui continuez à souffrir de votre surpoids. Pour autant, vous ne vous laissez pas marcher sur les pieds et savez désormais faire en sorte qu'on vous témoigne le respect qui vous est dû.

La situation est déjà bien meilleure. Pourtant, elle est loin d'être encore parfaite. Vous sentez qu'il y a encore plein de choses qui ne vont pas, et qui, certes moins souvent qu'auparavant, vous conduisent à manger sans appétit, au-delà de vos sensations de rassasiement, parfois sur un mode boulimique.

Pour expliquer ce qui ne va pas, ce qui les conduit à manger, mes patients utilisent souvent deux expressions : le vide et les contrariétés.

J'aime bien ces deux mots. Lorsqu'on se penche sur eux, qu'on les ausculte, on s'aperçoit qu'ils sont judicieux et éclairants.

### ➤ *Le besoin de se remplir*

Commençons par le vide. Le vide s'oppose au plein. Le plein est désirable, tandis que le vide est angoissant. Il convient donc de remplir le vide.

Une telle conception des choses va-t-elle de soi ? Pas autant que vous pourriez le croire. Le sage qui médite, immobile, cherche quant à lui à faire le vide dans son esprit. Ce qu'il veut, c'est assécher tout ce qui le distrait, les pensées futiles (y en a-t-il d'autres ?), les vagues émotionnelles, les sentiments qui le remplissent et qui l'encombrent. Le sage désire, dans son exercice de méditation, que tout cela finisse par s'évaporer, qu'il ne reste en définitive que lui. Ou même, qu'il ne reste rien, que son ego se dissolve, se fonde dans l'univers. Il trouve alors la plénitude. Quelle inexprimable jouissance !

Sans aller si loin dans l'ambition, pensons aussi à un gardien de chèvres qui passerait sa journée à ne pas faire grand-chose. La plupart du temps, il resterait assis là, sous un arbre, surveillant ses chèvres du coin de l'œil. Il satisferait aux besoins corporels, veillerait à son confort, par exemple en choisissant judicieusement l'endroit où il s'assied ou s'accroupit. Et, à la fin de la journée, si d'aventure, il rencontrait un semblable, il lui affirmerait que la journée a été bonne, pleine. Tout du long, il se sera senti exister. Que demander de plus ?

Je compte peu de sages et de gardiens de chèvres parmi mes patients. Je le conçois assez bien : ils n'ont pas besoin de moi.

*Le mythe du vampire*

Ceux qui viennent me voir ont une tout autre conception du vide et du plein. Pour eux, le monde est riche de vie, tandis qu'eux-mêmes se sentent vides. Il convient donc de procéder à une sorte de transfusion, de prendre ce qui est au-dehors pour le mettre au-dedans. Voilà qui évoque le mythe du vampire.

Oh, bien sûr, les vrais vampires ne courent pas les rues. Mais en ce qui concerne les vampires psychiques, c'est une autre paire de manches. Ce qui manque à ceux-là pour se sentir vivants, ce sont des émotions et des pensées. Oh, bien sûr, ils en ont, comme tout un chacun, mais ils n'y ont pas accès, ils ne les perçoivent pas. Ils se tournent alors vers le monde extérieur et tentent de se procurer des sensations intenses afin de se sentir exister davantage. Ou encore, ils tentent de s'approprier les pensées et les émotions des autres. Lorsqu'ils y parviennent, ils sont joviaux et sociables à l'extrême, dynamiques et grands travailleurs. Mais ils épuisent leur entourage, « pompent » tous ceux qui passent à leur portée.

Il n'est pas surprenant que le mythe du vampire ait rencontré un tel succès : la modernité ne se caractérise-t-elle pas justement par la priorité donnée à l'acte consommatoire, par ce sentiment que le monde est plein de choses intéressantes, vivantes, énergétiques, et que, pour se sentir vivre, avoir le sentiment d'exister, il faut se les approprier ?

En définitive, nous sommes tous des vampires.

### Les vampires sont parmi nous

Vous savez sans nul doute ce qu'est un vampire : il s'agit d'une personne morte qui, pour vivre, boit le sang des personnes vivantes. Cela lui confère une énergie et des pouvoirs surhumains mais, comme l'effet se dissipe rapidement, le vampire est condamné à parasiter en permanence les vivants. Ce mythe est une création récente, née au début du XXe siècle, qui a eu un succès fulgurant ces dernières décennies. Depuis le Dracula inventé par l'écrivain irlandais Bram Stoker en 1897[20], on ne compte plus les livres et les films. Et surtout, les vampires cessent d'être des personnages diaboliques, s'humanisent[21], et même deviennent des surhommes qu'on envie, auxquels on s'identifie. Le séduisant Lestat de Lioncourt, le héros du livre d'Anne Rice[22], *Entretien avec un vampire,* incarné à l'écran par Tom Cruise dans le film éponyme[23], en est un bel exemple. Autrefois, on redoutait d'être mordu par le vampire, tandis qu'aujourd'hui on y aspire.

*Alexithymie et hyperempathie :*
*n'ayons pas peur de mots compliqués*

Mais certains le sont plus que d'autres. Le vide intérieur a été conçu comme une incapacité à décoder ses sensations physiques, ses émotions et ses sentiments, baptisée *alexithymie* dans les années 1970 par deux auteurs américains, Nemiah et Sifneos[24]. L'alexithymie s'accompagne de ce qu'on a appelé une pensée opératoire, c'est-à-dire centrée sur le concret, qui fait l'impasse sur la perception des sentiments et des émotions, sur la réflexion, sur la rêverie. De ce fait, les alexithymiques seraient dépendants de leur environnement, des autres[25], moins autonomes, ce qui les rendrait plus aisément dépressifs. Les personnes souffrant de maladies psychosomatiques, de troubles addictifs comme l'alcoolisme ou les toxicomanies, ainsi que les personnes souffrant de troubles du comportement alimentaire seraient volontiers alexithymiques[26].

Mais cette définition a l'inconvénient de définir un creux, un manque. On peut aussi considérer que ce dont souffrent les personnes en surcharge pondérale ou ayant des troubles du comportement alimentaire, c'est d'un excès de talent. Voilà pourquoi, pour ma part, je préfère parler d'*hyperempathie*[27]. Rappelons que l'empathie consiste en cette merveilleuse capacité que nous avons, nous autres, êtres humains, de nous mettre à la place de l'autre, ressentir ce qu'il ressent, penser ce qu'il pense. Les hyperempathiques sont donc un peu trop doués de ce côté-là.

Comme toute leur attention est accaparée par leur talent empathique, ils ont tendance à laisser de côté leurs pensées et leurs sentiments personnels. Ce n'est cependant en aucune manière parce qu'ils en seraient dépourvus. Mais ils ne veulent rien en savoir, sans doute parce que ces sentiments et ces pensées sont douloureux.

### *Tout dehors, rien dedans*

Se focalisant sur le monde, sur les autres, la personne hyperempathique fait souvent preuve de remarquables talents d'intuition, d'une étonnante perceptivité. Elle constitue un excellent observateur, qui repère plus d'informations dans son environnement que la plupart[28]. Elle a souvent une appréhension directe du monde, ce qui peut aider à développer des talents artistiques. Et, bien sûr, elle comprend les autres mieux qu'elle ne se comprend elle-même, ce qui la prédispose aux métiers de communication, aux métiers de santé.

Le revers de la médaille, c'est qu'elle peine à se détacher du point de vue de l'autre et parvient mal à faire retour sur elle-même afin d'élaborer un point de vue personnel, un jugement, une conduite à tenir. Elle se trouve comme engluée par le monde qui l'entoure. Mettre des mots sur ce qu'elle ressent, sur ce qu'elle perçoit des émotions, des sentiments, des points de vue d'autrui lui est difficile. Et cette difficulté amoindrit, voire annule les bénéfices qu'elle pourrait tirer de son hypersensibilité, de sa grande intuition.

La personne hyperempathique a aussi le plus grand mal à faire des choix, à séparer le vrai du faux. Nous déterminons ce que nous appelons la vérité, la justesse, le bien-fondé, la pertinence d'un sentiment, d'un point de vue grâce à notre cerveau émotionnel. Nous ressentons intuitivement la justesse d'un sentiment, d'un point de vue : ils s'accordent avec notre être. Et c'est là-dessus que nous nous appuyons, bien plus que sur le raisonnement, pour faire nôtres ce sentiment, ce point de vue : ils sonnent juste.

Or rien ne sonne juste aux oreilles de l'hyperempathique. Ou plutôt, tout sonne aussi juste, sauf son point de vue à lui, discrédité dès le départ. Si bien que l'hyperempathique est souvent d'accord avec le dernier qui a parlé.

Certains, cherchant à exister malgré tout, développent ce que j'ai appelé la stratégie du « ni ni » : ils s'opposent afin d'affirmer un point de vue. Qu'on dise blanc, ils diront noir, et qu'on dise noir, ils diront blanc. On sera de gauche avec des interlocuteurs de droite et de droite avec des interlocuteurs de gauche. Mais les limites d'une telle stratégie sont vite atteintes : que faire lorsqu'on est confronté à une multiplicité de points de vue, de sentiments, d'émotions, comme c'est presque toujours le cas dans la vie quotidienne ?

### *La dévoration du monde*

Cette dévoration peut prendre différentes formes. On peut par exemple s'activer frénétiquement, travailler avec acharnement, s'occuper d'activités ménagères, de ses enfants.

On peut courir sans répit à droite et à gauche, parler aux uns et aux autres, se passionner.

Les frénésies d'achat sont aussi un bon moyen de faire le plein. Nombreux sont mes patients qui utilisent cette stratégie, au risque de mettre en danger leurs finances. Ils achètent souvent des objets dont ils n'ont pas l'utilité, dont ils possèdent parfois déjà un ou plusieurs exemplaires, des vêtements qu'ils ne mettront pas. Certains renonçant à sortir leur carte de crédit, passent au vol compulsif, à la kleptomanie. Voilà qui est encore bien plus excitant : ce n'est plus avec son banquier qu'on se fâche, mais avec la police !

Et puis, il y a aussi la course aux sensations fortes, aux émotions et aux sentiments intenses. Certains boulimiques pratiquent des sports extrêmes, font des voyages au bout du monde, cherchent à vivre des expériences inoubliables. Ou encore il leur faut de folles histoires d'amour, passionnées, romantiques, malheureuses, aussi dramatiques que possible, qui les feront vibrer.

Tant qu'ils dévorent, les hyperempathiques sont joyeux et sympathiques. Tout va bien, la vie est belle, ils se sentent exister.

Dans ces moments-là, ils ne s'intéressent pas à leurs sensations corporelles et ne ressentent pas de besoin alimentaire. Mais, à un moment ou un autre, la frénésie d'activité doit bien s'arrêter. Tout de même, on fatigue, à s'agiter ainsi. Et même, on se sent vidé à force de s'être rempli d'activités de toutes sortes.

Lorsque le dehors ne les alimente plus, ces personnes ressentent alors un grand vide, comme la vie qui s'éteint. Elles paniquent, dépriment, somatisent. Voilà justement le moment que choisit la faim pour se manifester. Nous sommes aux environs de 18, 19 heures ; ou bien c'est le weekend et il n'y a pas grand-chose à faire. Ou encore, on revient de vacances, de voyage. Ou on est esseulé, on vient de perdre ses illusions amoureuses. Devinez ce qui arrive…

**À VOUS DE JOUER**

Exercice n° 1
Prévoyez une demi-heure pour cet exercice. Rendez-vous dans un café et commandez une boisson. Vous êtes seul(e), vous n'avez pas de journal ou de livre, vous avez éteint votre téléphone portable.
*Contentez-vous de regarder autour de vous, d'écouter les bruits de la rue, ou peut-être de tendre l'oreille de façon indiscrète pour savoir ce qui se dit aux tables voisines. Voilà, c'est bien, vous ne faites rien d'intéressant, et vous perdez votre temps. Vous ne vous remplissez que de choses futiles. C'est le but recherché. À renouveler sans modération !*

Exercice n° 2
Même exercice que précédemment. Mais cette fois-ci, vous vous concentrez non pas sur ce qui vous environne, mais sur vos pensées et vos sentiments.
• Durant vingt minutes, laissez vos pensées vagabonder.
*Veillez à ne pas vous arrêter trop longtemps sur l'une ou l'autre. Sans doute penserez-vous à des tâches que vous avez à faire, ou bien à des projets, ou encore à des événements passés.*
*À certains moments, des autocommentaires vous traverseront sans doute l'esprit. Il peut s'agir de critiques, de commentaires dévalorisants et aussi, je l'espère, d'autosatisfecit.*
• Durant les dix minutes suivantes, notez par écrit vos pensées, vos sentiments, vos commentaires intérieurs.
*Durant tout ce temps, vous vous êtes suffi à vous-même, sans apport extérieur. Peut-être cela a-t-il été agréable, et peut-être pas. Quoi qu'il en soit, bravo !*
*Là aussi, à renouveler sans modération !*

### ➤ *Le trop-plein émotionnel*

Il peut sembler paradoxal que des personnes qui ont tant besoin de se remplir cherchent en même temps à se protéger contre un trop-plein émotionnel. Voilà qui mérite une explication : en fait, lorsque ces personnes partent à la recherche de stimulants émotionnels extérieurs en dévorant le monde, ce qui leur convient, ce sont des émotions prévisibles, et donc maîtrisables. Elles savent à quelles émotions s'attendre en achetant compulsivement, en travaillant intensément, et bien entendu en mangeant tant et plus. Il s'agit de comportements répétitifs, qui engendrent des émotions toujours identiques, et finalement rassurantes.

À l'inverse, des émotions qui les prennent par surprise les désarçonnent. Et justement, le fait d'être hyperempathique conduit à devenir une éponge à émotions. Ces émotions, on les subit, car on ne les reconnaît pas, on ne sait pas les nommer.

Le travail que je vous propose, si vous êtes dans ce cas, consiste en grande partie à développer votre talent à nommer vos émotions et vos sentiments, ce qui permet de prendre ses distances avec eux.

### *Les émotions positives qui font manger*

Certaines personnes ont tendance à manger davantage quand elles sont heureuses. Dans certains cas, leur objectif est d'être plus heureuses encore, de cumuler les bonheurs.

Mais souvent, à y regarder de plus près, on s'aperçoit que leurs joies sont teintées d'anxiété, de malaise. Bien souvent c'est lorsqu'elles sont en bonne compagnie qu'elles perdent le contrôle de leur comportement alimentaire. Elles se laissent alors aller à manger un peu trop de canapés ou de fruits secs salés, à boire un peu plus que de raison au moment de l'apéritif. Au repas, elles mangent sans s'occuper de leurs sensations alimentaires, et finissent tout ce qu'on veut bien leur servir. On pourrait penser qu'elles sont tout occupées à se remplir d'émotions positives, à faire le plein d'amour, et qu'en somme elles ont bien raison, ainsi que je le faisais remarquer précédemment.

Mais, en fait, ce n'est pas tout à fait ça. La proximité affective avec les autres convives, tous ces rires, toutes ces histoires, toute cette amitié les pénètrent au point qu'ils les envahissent. C'est davantage qu'elles ne sont capables de supporter.

En somme, ces personnes vivent ces moments conviviaux comme une épreuve, et c'est pour se protéger d'un trop-plein émotionnel qu'elles plongent le nez dans leur assiette. Manger et boire leur permet de mettre le holà, les isole durant quelques instants.

Le bonheur, la joie, la gaieté peuvent aussi conduire à manger davantage lorsqu'on est déjà en restriction cognitive, qu'on exerce un contrôle raisonné sur son alimentation de façon plus ou moins permanente. En fait, il est tellement difficile de lutter ainsi contre ses mécanismes de régulation que la moindre chose a tendance à vous faire perdre le contrôle.

### *Les émotions négatives qui font manger*

Que dire alors s'il s'agit d'émotions et de sentiments négatifs, comme la tristesse, l'anxiété, la peur, l'envie, la jalousie, la colère.

Le problème, avec ces émotions-là, provient souvent de ce qu'on ne s'autorise pas à les ressentir.

La tristesse, par exemple : ne doit-on pas être joyeux, profiter de la vie ? Si on est triste, cela ne signifie-t-il pas qu'on est faible, sans valeur ? N'a-t-on pas en quelque sorte, de nos jours, une obligation de bonheur, faute de quoi on risque d'être classé, de se classer soi-même, parmi les ratés ?

Et la haine, la colère ? A-t-on le droit de les ressentir ? Et que dire de l'envie, de la jalousie ? Il n'y a pas de quoi être fier !

Certains pensent tout simplement qu'il s'agit d'émotions, de sentiments inadéquats, qu'on devrait tout simplement ne pas avoir. Aussi essaient-ils de se convaincre qu'ils ne ressentent rien, mais alors rien du tout. Ou bien ils cherchent le sentiment adéquat face à telle ou telle situation, ne voulant rien savoir de ce qu'ils ressentent véritablement.

Ils en viennent à se tenir des raisonnements sur le modèle suivant : tout le monde sait qu'on doit aimer inconditionnellement son père et sa mère, de même que ses enfants, ou bien son conjoint, et même son chien. Donc c'est ce que je ressens.

En somme, plutôt que de regarder au fond d'eux-mêmes pour savoir quels sont leurs sentiments, ces personnes préfèrent croire qu'elles ressentent ce que les autres, le monde extérieur leur dit devoir ressentir.

Le problème, c'est que les émotions et les sentiments ne fonctionnent pas comme ça : ils ne se choisissent pas. Nous n'avons pas la possibilité de ressentir autre chose que ce que nous ressentons, d'éprouver autre chose que ce que nous éprouvons.

En fait, nous ne sommes tout simplement pas responsables de nos émotions et sentiments. Tout ce que nous pouvons faire à leur sujet, c'est en prendre acte[29].

Voilà qui n'est pas si grave car, en fait, nos sentiments et nos émotions ne nous engagent à rien. Ce qui nous engage, ce sont nos paroles et nos actes. Et d'ailleurs, les révolutionnaires de 1789 l'avaient fort bien compris : si nous sommes libres de penser et de ressentir comme bon

## Émotions et sentiments

Les émotions de base sont : la peur, la colère, la joie, la surprise, la tristesse, le dégoût. Les émotions sont de nature corporelle : on les ressent dans sa chair. La colère et la peur provoquent par exemple une tension musculaire, une respiration rapide, de la transpiration et accélèrent le rythme cardiaque. On est ainsi prêt à agir, fuir ou se battre.

La tristesse diminue le tonus musculaire, produisant une impression de ralentissement, de perte. À l'inverse, la joie se traduit par une accélération, un dynamisme, une frénésie aisément reconnaissables.

Le terme de sentiment correspond à une démarche plus élaborée. Le sentiment, ce sont des émotions mentalisées, nommées. Le vocabulaire est plus étendu, plus nuancé : on parlera d'anxiété, d'angoisse, de bonheur, de peine, d'admiration, de générosité, d'enthousiasme, d'indignation, de honte, de culpabilité, d'indifférence, de mépris, d'aversion, de sentiment d'injustice, et bien sûr d'amour et de haine.

nous semble, d'être libres penseurs et libres « ressenteurs », nous ne sommes pas libres de faire ou de dire n'importe quoi, nous ne sommes pas libres d'attenter à autrui.

Sigmund Freud n'est pas pour rien dans cette disparition du péché en pensée. Il a mis en évidence le fait que notre psyché recélait bien des sentiments secrets et peu avouables, et que l'objectif n'était pas de les refouler davantage au plus profond de notre psyché, mais au contraire, de les mettre au jour, d'accepter ce qu'ils étaient, ce que nous sommes, de faire la paix avec nos sentiments.

## À VOUS DE JOUER

Il ne s'agit pas ici d'un simple exercice, mais d'un mode de travail de longue haleine sur ses émotions. Il s'adresse à tous ceux qui mangent en fonction de leurs émotions, positives ou négatives.
Tenez un carnet émotionnel et cognitif en trois colonnes :
Sur un beau carnet, pourvu de trois belles colonnes, vous allez noter, plusieurs fois par jour, ce que vous pensez et ressentez.

• 1re colonne : identifiez les événements, les situations, ce que vous avez fait et dit, ce que les autres ont fait ou dit.
Soyez comme un bon enquêteur, honnête, qui ne réécrit pas l'histoire après coup.

• 2e colonne : prenez acte de vos émotions et de vos sentiments.
Peut-être allez-vous vous mettre en tête que vous n'avez rien ressenti. Croyez-moi, vous êtes en train de vous raconter des histoires ! Quoi qu'on fasse, quoi qu'on dise, on ressent une émotion, un sentiment.
En fait nous sommes émotionnés en permanence. Bien entendu, la plupart du temps ce sont de petites émotions, des sentiments brefs et transitoires.
Par exemple, nous disons bonjour à la boulangère en achetant notre pain et nous ressentons quelque chose. Nous a-t-elle souri ? Joie, gaieté, petites, toutes petites, mais c'est néanmoins bon à prendre. A-t-elle été plutôt revêche ? Honte, humiliation, haine.
Bon, d'accord, ces sentiments sont un peu trop grands pour la situation en question.
Mais c'est justement ça, l'astuce. Si vous doutez de vos sentiments, imaginez une situation plus dramatique, afin de préciser ce que vous ressentez : supposez par exemple que la boulangère ne se soit pas contentée de vous ignorer. Elle se sera faite carrément méprisante, au point que tout le monde dans la boulangerie aura vu comment elle vous traite. Que ressentez-vous alors ?

Peut-être allez-vous vous apercevoir que vous êtes conscient d'avoir des émotions, des sentiments mais que vous ne savez pas les nommer, que vous manquez de vocabulaire. L'astuce sera alors de vous mettre à la place d'un écrivain qui décrirait l'aventure dont vous seriez le héros : Adeline pénétra dans la boulangerie et demanda : « une baguette pas trop cuite, s'il vous plaît ». La boulangère lui jeta un œil torve. Adeline ressentit alors…

Alors quoi ? Un immense chagrin, une incroyable déception ? À vous de voir.

Ou bien vous pensez que vous n'avez pas ressenti ce que vous auriez dû, selon vous, selon vos parents, selon la morale. Parfait : voilà que ça devient intéressant !

• 3e colonne : distinguez vos discours intérieurs de ce que vous ressentez.

Nous n'arrêtons pas de nous raconter des histoires. Nous dialoguons avec nous-mêmes en faisant les questions et les réponses. Nous commentons nos actes et portons des jugements sur tout et sur rien, mais surtout sur nous-mêmes.

Certains passent beaucoup de temps à s'autoféliciter. Je suis un type épatant, une fille merveilleuse, je suis décidément bourré de qualités ! Mais, si être content de soi est dans l'ensemble une bonne chose, être trop content de soi correspond à une personnalité narcissique et conduit à se mettre en danger par excès de confiance, par des exigences disproportionnées.

Adeline la narcissique, rejetée par la boulangère, se dit alors : quelle sotte que cette pauvre boulangère minable, qui n'a pas compris la chance qu'elle avait eue de croiser Adeline. Décidément, elle ne méritait pas de lui vendre du pain.

Mais, bien entendu, ce n'est pas votre cas, sinon vous ne liriez pas ce livre. Il y a davantage de chances que vous soyez du genre à vous critiquer plus qu'à votre tour, et que vos autocommentaires débouchent sur des sentences du genre : « Je rate tout, je ne vaux rien. » Vous en tirez la conclusion que vous n'êtes pas

intéressant(e), pas aimable et qu'il est bien normal que personne ne vous aime.
Le roman *Adeline à la boulangerie* s'écrit donc sans doute : Adeline ressentit alors ce regard comme la preuve qu'elle ne valait rien. Même une boulangère qui ne la connaissait pas s'en était aperçue.

*Attribuez-vous maintenant une note de confort/inconfort émotionnel, allant par exemple de – 10 à + 10.*

## Un peu de vocabulaire pour mieux décrire quelques émotions négatives[30]

TRISTESSE : déplaisir, déception, consternation, morosité, affliction, mélancolie, maussaderie, « blues », « cafard », « spleen », peine, bouleversement, désespoir.

COLÈRE : contrariété, irritation, hostilité, frustration, amertume, aigreur, aversion, énervement, exaspération, haine, rage, fureur, rancune.

ANXIÉTÉ : souci, malaise, appréhension, crainte, inquiétude, tension, nervosité, alarme, peur, panique, horreur, terreur, frayeur.

Le fait de nommer ses sentiments, d'objectiver ses commentaires intérieurs est un travail sur soi-même difficile, parfois fastidieux.

Mais, dans bien des cas, identifier clairement ses sentiments permet de mieux les accepter. Écrire noir sur blanc ses commentaires intérieurs, et même jouer à les romancer, permet de prendre du recul par rapport à eux.

Après avoir travaillé à identifier vos émotions et vos cognitions, vous pouvez entreprendre de les modifier, en examinant la pertinence de vos discours intérieurs.

**À VOUS DE JOUER**

Ajoutez deux colonnes au carnet précédent.

• 4e colonne : réévaluez la pertinence de vos points de vue.
Que pourriez-vous vous dire, dans la situation en question, qui serait en concordance avec la réalité et qui serait moins destructeur pour vous-même ? Que se dirait une personne qui vous ressemblerait, qui se trouverait dans la même situation, mais qui serait moins dure avec elle-même ?
Adeline fut surprise par le regard de la boulangère. Elle se dit que celle-ci devait être bien malheureuse, avoir bien des problèmes. Vraiment, elle la plaignait de tout son cœur.

• 5e colonne : réévaluer vos sentiments.
Comment se sent maintenant Adeline ?

*Attribuez-vous à nouveau une note de confort/inconfort émotionnel, allant par exemple de – 10 à +10.*

Cette technique du carnet de bord émotionnel et cognitif est un outil classique de la thérapie cognitive. Si vous ne parvenez pas à le mettre en pratique par vous-même, peut-être vaut-il mieux alors vous adresser à un psychothérapeute pratiquant les thérapies cognitives.

*La technique du démon familier*

En somme, utiliser des situations qui engendrent des émotions intenses, mais connues, permet de se protéger contre des émotions elles aussi intenses, mais inconnues.

C'est ce que j'appelle la technique du démon familier.

En fait, tout se passe comme si, dans cette histoire, on avait échangé un problème contre un autre. On avait des problèmes émotionnels insupportables ? On a désormais un problème alimentaire récurrent, qui nous fait tout autant souffrir, mais dont nous connaissons les tours et les détours. On n'aura pas modifié le fait qu'on est stressé, mais on aura changé les raisons de ce stress.

> Prenons un exemple concret, celui d'une demoiselle qui s'appellerait Noémie, à qui son patron ferait des remarques désobligeantes sur la qualité de son travail. Le lundi, Noémie se dirait que son patron a vu dans son jeu, qu'elle est une incapable, et serait horriblement stressée. Bonjour la boulimie !
>
> Ce qui stresse Noémie, c'est le manque d'estime dans laquelle la tient son patron. Elle est dépendante de cette estime-là, elle en a désespérément besoin pour alimenter l'estime, bien trop faible, qu'elle se porte, et elle est donc hypersensible à tout ce qui vient la remettre en question. Manger en excès n'a alors qu'une fonction : protéger son estime de soi.
>
> L'avantage qu'en tire Noémie est simple : au lieu de se dire qu'elle est une mauvaise professionnelle, elle culpabilise à propos de son comportement alimentaire. Elle échange une difficulté qu'elle pense due à une cause non contrôlable contre une difficulté qu'elle imagine contrôlable. « Je n'y peux rien si je suis mauvaise dans mon boulot, si mon patron ne m'estime pas, mais les questions alimentaires sont à ma portée : demain, je commence un régime ! »

Cultiver un démon familier n'est pas sans efficacité. Votre démon alimentaire vous veut pour lui tout seul et chasse les autres démons qui pourraient vous agresser. Certes, il vous fait payer ses services en vous tyrannisant, mais comme vous le connaissez bien, vous croyez toujours pouvoir négocier avec lui. Il profite de vous et cela vous profite. Plus ou moins…

*Les petites contrariétés*

Les « contrariétés » font partie de ces démons qui tyrannisent et qui conduisent à faire alliance avec un démon familier, en l'occurrence le démon alimentaire.

Que se cache-t-il au juste derrière ce terme banal ? Comme leur nom l'indique, des contrariétés vont dans le sens contraire de ce que l'on souhaite. On avait prévu quelque chose, et les événements en décident autrement. On voulait aller se promener et voilà qu'il pleut ; on avait rendez-vous avec une amie et elle fait faux bond ; on comptait avoir un week-end relax et une cousine débarque ; on est dans son bain et le téléphone sonne.

Le monde entier ne se comporte pas comme il le devrait. Tout cela est contrariant, irritant, agaçant. Il y a de quoi se mettre en colère. La personne contrariée est dérangée dans ses plans : elle avait prévu un certain ordonnancement, auquel les circonstances l'obligent à renoncer. Voilà ce qui est insupportable, en fait : devoir renoncer, faire son deuil, se séparer de quelque chose. C'est si insupportable qu'on a alors besoin d'une consolation alimentaire.

En apparence, on n'a pas perdu grand-chose, pourtant. Il ne s'agit que d'une idée qu'on s'était faite, d'un plan qu'on avait mûri dans sa tête. Somme toute, il n'y a qu'à en changer : puisqu'il pleut, on ira au cinéma ou au musée plutôt que cueillir des champignons ; puisque notre amie ne vient pas, cela nous fournit l'occasion de flâner le nez au vent ; cette cousine qui débarque, en fait, on l'aime bien et ce coup de téléphone, même s'il nous fait quitter notre bain, peut s'avérer intéressant.

Mais voilà : pour certaines personnes, lâcher un projet, même minime, une idée, même discutable, ne peut se faire sans une profonde douleur.

On appelle cela l'angoisse de séparation. Comme on voit, elle conduit à une absence de souplesse, une rigidité mentale théoriquement mises en place pour rassurer sur la pérennité des choses, mais qui ne font que rendre les abandons plus douloureux encore.

Le monde environnant varie sans cesse et les projets sont toujours à refaire. L'adaptabilité à des événements changeants nécessite que l'on sache renoncer à ses plans pour en forger d'autres, probablement tout aussi éphémères. Mais voilà : pour certains, s'adapter aux circonstances apparaît comme une menace pour la permanence de leur être. Ils réagissent à ce danger en se mettant en colère. Manger, alors, et pour quelques minutes, fournit un point d'ancrage et dispense d'exprimer sa colère.

### *L'angoisse de séparation*

Continuons sur l'angoisse de séparation, ce démon de première catégorie. Certaines personnes paniquent à l'idée de se séparer de quoi que ce soit, de qui que ce soit. Jeter un objet est un déchirement ; partir en vacances en laissant sa maison, des membres de sa famille, son animal familier est un crève-cœur angoissant ; il en va de même pour le départ d'un proche, qu'il soit temporaire ou définitif. La perte d'un être cher est redoutée en permanence et, lorsqu'elle arrive, entraîne des débordements alimentaires et, souvent, des variations de poids significatives.

Que dire de la perte de son emploi ? Lorsqu'elle n'est pas avérée, elle est redoutée et on mange pour ne pas y penser. Lorsqu'elle survient, non seulement on entre dans une période d'incertitude particulièrement angoissante, mais on doit aussi faire son deuil d'un réseau relationnel, d'un réseau d'habitudes. Que de pertes, que de remises en question…

Quant aux chagrins d'amour, n'en parlons pas. Trop souvent, l'amour s'est envolé, ou bien n'a jamais été au rendez-vous, mais on reste avec la personne malgré tout, car on ne se sent pas capable de rompre.

L'angoisse de séparation est parfois de nature plus fondamentale : pour certains, perdre de la graisse se révèle angoissant parce que cela réveille le souvenir d'autres pertes non assumées, soit parce que, quoi qu'on en dise, il s'agit d'une part de soi-même qui disparaît.

Dans tous ces cas, qu'il s'agisse d'échecs amoureux, de banales difficultés de la vie, d'une séparation ou d'un deuil, on ne voit que des solutions alimentaires à ses problèmes : on mange en excès pour contrecarrer les émotions négatives, ou bien on se lance dans un régime afin de se renforcer en maigrissant.

Quelle plaie que cette angoisse de séparation ! Tout d'abord, on mange pour y remédier. Mais aussi, comme on ne parvient pas à se séparer des aliments qu'on a à sa disposition, là, devant soi, qu'on est incapable de jeter, de laisser, d'abandonner, de faire son deuil, on mange tout ce qu'on a sous le nez. Double peine !

## À VOUS DE JOUER

Exercice n° 1

Achetez une revue, un journal. Estimez le temps qu'il vous faudrait pour le lire entièrement. Disons par exemple une heure. Divisez ce temps par deux : soit une demi-heure.

La règle du jeu est la suivante : vous lisez ce journal durant une demi-heure ou moins, sans vous presser, puis vous le jetez dans une poubelle. Attention : vous n'avez pas le droit de revenir en arrière une fois une page tournée. Tout article sauté est donc définitivement perdu. Vous ne saurez jamais s'il était ou non intéressant.

*Comme vous l'avez compris, cet exercice est un exercice de deuil à double détente : on ne lit pas tout, seulement ce qui semble bon* a priori, *et ce qui n'est pas lu est définitivement perdu.*

*Cet exercice est tout particulièrement conseillé aux personnes qui ne parviennent pas à jeter de la nourriture avant d'en déguster une petite part. Il constitue un préalable à l'exercice de la p. 189.*

Exercice n° 2

Dressez par écrit une liste d'objets inutiles qui encombrent vos placards, vos tiroirs, vos étagères, votre sac à main.

Chaque jour, jetez-en un dans la poubelle et barrez-le de votre liste. Et d'un !

Exercice n° 3

Dressez par écrit une liste d'objets pas tout à fait inutiles, mais dont vous pouvez vous passer, ou bien que vous pourrez racheter si d'aventure, un jour, il se trouve que vous en avez réellement besoin.

Chaque jour, jetez-en un dans la poubelle et barrez-le de votre liste. Et de deux !

## Faites la paix avec ceux qui vous ont blessé

Comment manger en paix quand on a du ressentiment au fond de soi ? Quand on a des comptes en suspens, qui n'ont pas été réglés ? D'autant plus que, bien souvent, au lieu de s'en prendre à ceux qui nous ont fait du mal, on s'en prend à soi-même. Car comment accuser ses parents ? S'ils ne nous ont pas aimés, c'est sans aucun doute parce que nous n'étions pas aimables. Comment accuser un adulte de nous avoir séduit, d'avoir sali notre corps, entaché notre psyché ? Sans doute est-ce notre faute : nous l'avons provoqué, nous avons cédé. Et puis ce qui est fait est fait. À quoi bon y revenir ?

Dans ces conditions, on ne voit pas très bien pourquoi on prendrait soin de soi. Bien au contraire, on voit parfaitement pourquoi on laisserait son corps en déshérence, livré à ses sauvages appétits. Ses appétits alimentaires, en particulier, qui constituent alors une forme de punition.

### ➤ *De l'inconvénient d'avoir des parents*

Parfois, le malheur de manger se construit dans l'enfance. Il se peut qu'on ait tout simplement des parents qui allaient mal dans ce moment crucial où on avait besoin d'eux pour survivre et se construire. Ils étaient dans un état dépressif, ou bien débordés par leur angoisse, ou en proie à des difficultés psychologiques d'une sorte ou d'une autre ; ils avaient des problèmes affectifs et sentimentaux auxquels ils ne savaient pas faire face ; il s'agissait d'un parent isolé qui avait bien du mal à assumer cette situation ; il s'agissait de parents dont le couple vacillait et que cela occupait à plein temps. En somme, leurs soucis, leur malheur les accaparaient, et sans doute continuent-ils à le faire.

Ou encore, c'est leur travail, ce sont leurs passions qui monopolisaient l'attention des parents. Ils ne voulaient que du bien à leur enfant, mais cela restait au niveau des bonnes intentions. Ils n'avaient pas la disponibilité nécessaire pour s'intéresser à elle, à lui.

Enfin, il se peut que l'on ait eu affaire à des parents constitutionnellement dépourvus de capacités empathiques. Cela tient à leur personnalité, à leur histoire, à leurs propres parents. Mais qu'importe, le résultat est là : ils n'ont rien compris à ce que ressentait leur enfant, et d'ailleurs, ça ne les intéressait pas le moins du monde. Et sans doute est-ce toujours le cas.

*Des parents peu empathiques*

Un bébé pleure. Pourquoi, se demande sa mère. Est-ce parce que sa couche est sale ? A-t-il une irritation cutanée ? Ou bien a-t-il faim ? À moins qu'il n'ait soif ? Trop chaud, trop froid ? Ou bien veut-il tout simplement de la tendresse ? Une mère ordinaire le devine, et se trompe peu. Lorsqu'elle se trompe, elle rectifie rapidement son erreur. Comment fait-elle ? Elle utilise ses capacités d'empathie pour s'accorder à son enfant, se mettre à son diapason, à sa place, ressentir et penser comme lui.

Un parent dont les talents empathiques sont faibles, atrophiés, ou mis hors circuit ne parvient pas à faire cette démarche. Il ne comprend pas son enfant de l'intérieur. Il a alors tendance à se fier à des principes, des raisonnements, des idées toutes faites : un enfant doit avoir faim à telle heure et s'il n'est pas l'heure, c'est donc qu'il n'a pas faim. Il fait chaud, donc il a soif. L'affection ? Bien sûr qu'il convient d'en fournir à son enfant, mais à des moments que le parent choisira. Fermé à lui-même comme il est fermé aux autres, ce parent s'intéresse peu aux états d'âme, aux sentiments, aux ressentis corporels et émotionnels, qui lui paraissent de la sensiblerie, du temps perdu.

Ce désintérêt du parent pour l'intériorité de son enfant empêche celui-ci d'identifier clairement ses besoins, ses désirs, ses émotions, ses sentiments, et de les étiqueter, de les mettre en mots.

L'enfant devient alexithymique. Il ne se demande pas si ce qu'il ressent, là, en ce moment, c'est de la faim, ou bien de la soif ; il ne se pose pas la question de savoir si l'émotion qui le saisit est de la colère ou de la tristesse. Il ne cherche pas à savoir quels mots utiliser pour communiquer aux autres ce qu'il est en train de penser, à un moment précis.

Au lieu de cela, il se pose de tout autres questions : est-il l'heure de manger ? Si c'est le cas, alors j'ai faim. Maman me dit que les céréales de petit déjeuner sont bonnes, alors j'aime les céréales de petit déjeuner. On doit ressentir de l'amour pour ses parents, donc forcément, c'est ce que je ressens.

L'enfant en vient à croire que les sentiments qu'il convient de ressentir, les pensées qu'il convient d'avoir, ne sont pas à rechercher au-dedans de soi, mais à l'extérieur de soi. C'est sa mère qui sait mieux que lui s'il a faim ou soif, s'il s'est fait mal ou s'il est triste. Ce sont les autres qui ont les sentiments adéquats, les pensées justes.

Un enfant dont l'un de ses parents, ou bien les deux manquent de qualités empathiques a de bonnes chances de devenir paradoxalement hyperempathique[31]. Il croit que sa vérité est ailleurs, au-dehors. C'est en sa mère que se trouvent la nature et l'intensité de ses besoins de base, de sa faim, de sa soif, de sa douleur, de ses joies, de ses peines. C'est elle, et non lui-même, qu'il doit apprendre à scruter, à décoder.

La plupart du temps, les choses ne sont pas aussi tranchées et l'enfant ressent bel et bien des sensations, des sentiments, il a des idées qui, il n'en doute pas, lui appartiennent. Mais ce qu'il élabore à l'intérieur de lui se trouve en conflit avec ce qu'on lui dit être l'émotion, le sentiment, la pensée corrects.

En somme, quand l'enfant ressent et pense par lui-même, il croit ressentir et penser de travers. De même, il ressent comme tout le monde des signaux de faim, de rassasiement, et a bien entendu des appétits spécifiques, mais ils ne lui paraissent pas pertinents.

Enfin, l'enfant construit son estime de soi à partir de l'attention que lui portent ses parents. Lorsqu'ils se centrent sur lui, qu'ils sont attentifs à ce qu'il ressent, qu'ils s'extasient sur ce qu'il fait, ils conduisent leur enfant à s'intéresser à lui-même, à croire que sa personne a de la valeur. L'enfant regarde là où regardent son ou ses parents, considère comme digne d'intérêt ce qu'ils considèrent comme digne d'intérêt. On conçoit que des parents à principes, dépourvus d'écoute, centrés sur eux-mêmes, conduisent leur enfant à douter de soi, à considérer qu'il n'est pas intéressant, qu'il est sans valeur.

### *Des parents centrés sur les apparences*

De tels parents supportent mal que leur enfant ne soit pas conforme, pas aussi beau que celui des voisins, qu'il ne puisse être un objet de fierté, prouvant au monde à quel point ils sont de bons parents.

Ils peuvent aussi penser que cet enfant gros révèle aux yeux du monde la véritable nature génétique de ses parents : eux-mêmes ne peuvent plus passer pour des minces naturels ; en voyant leur enfant, on comprend qu'ils ne sont rien d'autre que des obèses maigres, des gros qui se cachent.

## Comme une image (*premier épisode*)

Lolita, incarnée par Marilou Berry, est la jeune héroïne du film *Comme une image*[32]. Elle aurait été qualifiée autrefois de « jeune fille épanouie », et même « plantureuse ». Aujourd'hui, elle est un « boudin » mal dans sa peau. Son père, Étienne Cassard, alias Jean-Pierre Bacri, n'est pas étranger à ses malheurs.

Ce dernier semble vivre les joies d'autrui, leurs succès, leurs réussites comme autant d'agressions contre sa personne. Pour lui, les autres ne sont que des objets à manipuler, le carburant de son propre narcissisme. Il mène la vie dure à ses épouses successives, néglige ses deux filles, brise ses amis lorsqu'ils réussissent un peu trop bien.

Centré sur les apparences, ne considérant les femmes que pour leur physique, il exhibe Karine, sa seconde femme, mince et jolie, qui a l'âge de Lolita. La jeune demi-sœur de Lolita, la fille de Karine, est bien mal partie, elle aussi, entre ce père ne s'intéressant à autrui que pour sa valeur d'usage, et sa mère qui, obnubilée par sa ligne, affame sa fille de peur qu'elle ne devienne comme Lolita…

Les Étienne Cassard, tout occupés qu'ils sont à sauver leur narcissisme, sont des personnes extraordinairement pathogènes pour leur entourage, et qui surtout, dévastent leur progéniture, induisant dévalorisation et manque d'estime de soi, avec leur cortège de dépression, de toxicomanies, d'alcoolisme ou de troubles du comportement alimentaire. Ce ne sont donc pas des personnes à fréquenter. Et pourtant, ils ne sont pas sans exercer une trouble fascination : leur absence d'empathie, leur centrage exclusif sur leur personne leur permettent de subjuguer ceux dont le narcissisme est défaillant, qui rôdent autour d'eux sans bien comprendre ce qui leur arrive. Quels séducteurs ! En définitive, si Lolita doute d'elle-même et ne s'aime guère, il y a de bonnes raisons à cela, et la tyrannie des magazines a bon dos !

Quand on est incapable de ressentir la justesse d'un point de vue, d'une façon de faire, on est bien obligé de se raccrocher à des idées toutes faites, dont on ne peut tolérer la remise en question. Comme les sensations, les émotions, les sentiments, tout ce qui provient de l'intérieur de soi fait défaut ou bien est déconsidéré, les repères ne peuvent qu'être extérieurs. Les apparences, les normes, le qu'en-dira-t-on sont essentiels car, ils sont en définitive les seuls points auxquels on peut se référer pour gouverner ses conduites. Voilà qui mène bien souvent à l'intolérance et la psychorigidité.

Mais, en définitive, ces personnes sans empathie sont fragiles. Elles ont besoin que le monde extérieur les assure de leur valeur, et sont en permanence en quête d'admiration. Elles sont exagérément préoccupées par les apparences, la leur et celle de leur conjoint ou de leur progéniture. Leur aspect physique, leurs vêtements, leurs parures sont fondamentaux à leurs yeux, de même que leurs possessions, voiture, maison, mobilier. Leur époux ou leur épouse, leurs enfants sont destinés à remplir une fonction identique : les rassurer quant à leur valeur et en témoigner aux yeux des autres. Vous tous, regardez comme je suis belle ou bien beau, comme j'ai bien réussi dans la vie, comme mon conjoint est beau, comme mes enfants sont beaux, sportifs et travaillent bien en classe ! De tels parents souhaitent ardemment que leurs enfants soient parfaits, non pas pour qu'ils soient heureux, mais pour qu'eux-mêmes puissent s'en glorifier.

Comment se construire, avec de tels parents ? Comment apprendre à s'aimer, à avoir de l'estime pour soi, alors qu'on a rang d'objet de décoration ? Ces enfants-là ont souvent une estime de soi au ras des pâquerettes, fondamentalement différente des apparences de bonheur et d'épanouissement qu'ils donnent à voir. Ils sont habiles à donner le change, mais se sentent creux à l'intérieur. Un creux que les compulsions alimentaires et les boulimies viendront combler, un jour ou l'autre…

La préoccupation corporelle des parents les conduit bien souvent à une intolérance aux moindres rondeurs de leur enfant. Les régimes commencent tôt, dans ces familles. Certains enfants s'avèrent obéissants, tiennent leur rôle dans cette famille aux apparences parfaites. Ce n'est qu'au moment de l'adolescence, lorsqu'il leur faudra se définir, que les problèmes éclateront, et que se révéleront les troubles du comportement alimentaire et les problèmes pondéraux. Le poids sera parfois une façon de se révolter contre le joug parental, contre cette dépossession d'eux-mêmes, cette récupération de toute réussite par l'un ou l'autre des parents.

Dans d'autres cas, ce sera dès l'enfance que s'amorcera la guerre des kilos. Nourritures cachées, volées et mangées en cachette, pesées publiques, gymnastique disciplinaire, promesses de récompense en cas d'amaigrissement et de punition en cas de prise de poids, menaces d'abandon, chantage à l'affection, tel sera le lot de ces enfants enfermés dans leur prison dorée.

> Amélie est une charmante jeune femme de 26 ans, qui s'inquiète de son poids. Tout allait bien de ce côté-là jusqu'à ses 18 ans, où il lui avait alors fallu quitter ses parents et vivre seule dans la ville voisine. À l'issue de trois années d'études, elle était passée de 60 kilos pour 1,68 mètre à près de 80 kilos. L'amour, cependant, lui permit de perdre 10 kilos et elle faisait donc 70 kilos pour son mariage.
>
> Malheureusement, l'accalmie ne dura pas et, deux ans après s'être mariée, elle pesait 85 kilos, malgré divers régimes amaigrissants, ou bien en raison de ceux-ci.
>
> Julien, son mari, était un homme svelte et sportif, qui avait bien du mal à comprendre ce qui arrivait à Amélie. Il la tarabustait, lui disait ne pas aimer les femmes enrobées, ce qui est une preuve de

laisser-aller, d'un manque de volonté. Il faisait les gros yeux dès qu'elle mangeait autre chose qu'un aliment de régime, critiquait Amélie ouvertement en public et se désintéressait d'elle au lit, lui faisant remarquer que ça irait sans doute mieux de ce côté-là si elle faisait en sorte de rester séduisante.

Amélie angoissait à l'idée que Julien puisse l'abandonner au profit d'une femme bien faite. Elle déprimait donc, s'autoaccusant de manquer de volonté. Elle mangeait en cachette de Julien des aliments qu'elle appelait des « cochonneries », et qui n'étaient pas des cochonnailles, mais plutôt des biscuits et des chocolats. Puis lorsque Julien arrivait, elle remangeait avec lui, sans faim, afin de camoufler ses compulsions.

J'étais un peu surpris de cette attitude de Julien, bien peu compatissant, si exigeant quant aux apparences, dont l'agressivité était extraordinairement contre-productive. Comment faisait-il pour ne pas s'en apercevoir ?

Les choses s'éclaircirent quand Amélie me décrivit ses parents.

Comment est votre mère ? demandai-je. « Ma mère est belle », me répondit Amélie. Et son caractère ? « Le caractère de ma mère est d'être belle », fit Amélie, la bouche pincée.

De fait, la mère d'Amélie était préoccupée en permanence de sa beauté, surveillant son poids comme du lait sur le feu, faisant de temps à autre des régimes, beaucoup de sport et de soins du corps.

Quant au père, il était assorti, c'est-à-dire sportif, mince, accordant une importance exagérée aux apparences, au paraître, aux vêtements, aux objets de prestige, à la richesse, au métier.

Dans la famille, on mangeait « équilibré », sain, diététique. Les barres chocolatées, les viennoiseries, les confiseries et autres friandises n'avaient jamais eu droit de cité dans la maison familiale, pas plus d'ailleurs que les charcuteries grasses et autres nids à cholestérol et à acides gras saturés.

En fait, la première expérience d'Amélie avec ces sortes d'aliments remontait à un séjour linguistique en Grande-Bretagne, à

15 ans, durant lequel elle avait pris 8 kilos, que ses parents lui avaient précipitamment fait reperdre.

Il ressortait de tout cela que pour Amélie, mincir, c'était rentrer dans le rang, obtempérer, tandis que rester grosse signifiait s'opposer à ses parents, à Julien, à leurs valeurs, à leur culte des apparences.

Et puis aussi, grossir s'avérait une forme de test qu'elle faisait passer à Julien : l'aimait-il vraiment, à partir de quel poids l'abandonnerait-il ?

Après quelques entretiens, Amélie accepta de ne pas chercher à maigrir tout de suite. De toute façon, qu'avait-elle à perdre, puisque tous ses efforts de régime s'avéraient vains ? Au lieu de cela, nous entreprîmes un travail d'affirmation de soi, afin qu'Amélie parvienne à faire face aux critiques de Julien sur le poids et l'alimentation. Des jeux de rôle furent bien utiles pour apprendre à faire face à ses critiques durant les repas, ou lorsqu'Amélie mangeait en dehors des repas, ou lorsqu'elle mangeait des aliments non « diététiquement corrects ». Amélie devint aussi capable de faire face aux critiques concernant son tour de taille. Elle ne laissait plus passer les commentaires verbaux désobligeants, les regards désapprobateurs lorsqu'elle s'habillait le matin ou pour sortir, les commentaires pernicieux lorsqu'elle essayait de nouveaux vêtements.

En fait, le dialogue avec Julien se rétablit sur de nouvelles bases : quelles étaient, selon Julien, les causes de ses compulsions alimentaires, demanda Amélie ? Elle avait besoin que son mari la soutienne, lui manifeste de la tendresse, et non pas qu'il lui enfonce la tête sous l'eau.

Enfin Amélie prit le risque de demander à Julien ce qu'il aimait chez elle. L'aimerait-il toujours si elle ne maigrissait pas ? Quelques jours plus tard, Julien et Amélie refirent l'amour, ce qui ne s'était pas produit depuis longtemps.

Nous pûmes alors passer à un travail sur le comportement alimentaire…

*Des parents centrés sur leur poids et leurs formes corporelles*

C'est parfois parce qu'ils ont eux-mêmes des angoisses pondérales que les parents manquent d'empathie. Le poids, les formes corporelles, l'alimentation sont devenus des obsessions qui ont fini par gouverner leur existence. La balance est la météo et ils se pèsent plusieurs fois par jour : ont-ils perdu quelques centaines de grammes ? La vie est belle. Les ont-ils repris ? Ils sont de mauvaise humeur et dépriment.

Selon les périodes, ils mangent raisonnablement, ou bien diététiquement, le doigt sur la couture du pantalon, ou bien font des régimes ascétiques, ou bien se laissent aller à la débauche et mangent tout et n'importe quoi, ou bien alternent des moments de contrôle et de perte de contrôle. L'obsession pondérale et alimentaire leur prend tout leur temps, toute leur énergie.

Ce ne sont pas les pires, en tant que parents. Leur échec à se contrôler préserve en quelque sorte leur humanité. Certains, cependant, parviennent à faire efficacement barrage à leurs sensations alimentaires de faim, aux divers appétits. Mais, dans le même temps, ils font aussi barrage à leurs émotions, leurs sentiments, leurs pensées, car ceux-ci recèlent des pièges qui peuvent conduire à manger sans contrôle.

Ceux-là sont minces et beaux. Ce sont ceux-là que Hilde Bruch, une psychiatre spécialisée dans les troubles du comportement alimentaire et les problèmes pondéraux, dans les années 1970, a appelés des *obèses maigres*[33].

Se préoccuper exagérément de ses formes corporelles et de son poids, faire sans cesse des régimes, n'est pas anodin et entrave sa capacité à être un bon parent. La priorité donnée au contrôle, que celui-ci soit effectif ou perdu, diminue les capacités empathiques. On ne se juge plus qu'en fonction de ce contrôle, et on a tendance à appliquer la même recette à ses enfants, qui ne valent que par leur minceur.

On conçoit que de tels parents supportent mal d'avoir un enfant potelé. Le poids de leur enfant les angoisse, les renvoie à leurs propres difficultés, ou bien leur apparaît comme le révélateur d'une génétique inacceptable. Ils traînent leur enfant de médecin en médecin, ou bien lui font faire les mêmes régimes qu'eux.

Les effets de ce qu'il faut bien nommer des sévices sont connus et bien documentés dans la littérature. Hilde Bruch fut sans doute l'une des premières à s'y intéresser. Plus près de nous, Leann Birch, une psychologue et chercheuse américaine, a conduit différentes recherches sur le devenir de ces enfants[34].

Elle a pu montrer que les enfants des mères en restriction cognitive ont une mauvaise estime de soi, que lorsqu'il s'agit de filles, celles-ci développent des préoccupations exagérées concernant leurs formes corporelles et leur poids. Elles ont tendance à manger sans faim, mangent en cachette et ont une mauvaise adaptation de la taille des portions.

Si souvent tout va apparemment bien durant la petite enfance et l'enfance, c'est-à-dire tant qu'elles sont sous le contrôle de leurs parents, c'est à l'adolescence qu'elles présentent des troubles du comportement alimentaire, ou prennent du poids, ou les deux.

En somme, les mères font des régimes, les filles grossissent.

Lorsque ce sont les pères qui sont au régime, les filles ne s'aiment pas. Elles sont plus rarement elles-mêmes en restriction cognitive, mais présentent une estime de soi basse, qui conduit bien souvent à des difficultés psychologiques.

*Des mères vampires*

Tous ces parents que je viens de décrire manquent d'empathie et ont tendance à réduire leurs enfants au rang d'objets. Mais parfois, le désastre parental vient plutôt d'un excès d'empathie.

Certaines mères sont aimantes. Trop aimantes. Insatisfaites de leur vie, elles cherchent à en vivre une seconde par l'intermédiaire de leur fille. Ce sont des mères vampires.

Les mères vampires s'en prennent préférentiellement à leur fille. N'est-elle pas la proie idéale, celle dont les pensées sont semblables aux siennes, ou bien à celles qu'on voudrait avoir ? Sa fille ne ressent-elle pas ce qu'on voudrait ressentir ? N'a-t-elle pas l'enfance qu'on aurait aimé avoir, des soucis d'enfant mignons à croquer, puis plus tard les histoires d'amour qu'on aurait aimé avoir à son âge ?

Les filles aux prises avec une telle buveuse d'émotions se sentent possédées. La moindre pensée, le moindre frémissement sont aussitôt bus par une goule avide, intolérante aux secrets, aux dissimulations, qui veut tout savoir, tout ressentir. Il est si facile de se confier à elle, qui se montre si compréhensive, de partager avec elle, comme si on ne faisait qu'un.

Parfois, au moment de l'adolescence, la fille tente une révolte. Elle voudrait avoir des pensées, des émotions qu'elle ne partagerait pas avec sa mère, vivre une vie autonome, qui lui serait propre. Mais, bien vite, elle se rend compte qu'elle ne sait pas faire. Elle n'a pas l'habitude de penser et de ressentir pour elle-même, d'avoir un jardin secret. Elle ressent ce besoin incessant de se confier, de tout dire, car elle a l'impression que ce qui n'est pas dit n'existe pas.

Et puis, comment ne pas avoir pitié ? Sa mère est si aimante, si dévouée, si prête au sacrifice pour sa fille… Et si fragile aussi. La fille sent que, si elle refusait son sang à sa mère, celle-ci dépérirait bien vite et, peut-être même, en mourrait.

Aussi, bien souvent, cette relation de dépendance entre mère et fille se poursuit à l'âge adulte, ponctuée de crises et de révoltes, de rejets, de ruptures et de pardons, de haine et d'amour.

Les vampires, c'est connu, transforment leurs victimes en vampires. La fille, privée de sa mère, se sent vide à son tour et éprouve le besoin de se remplir de vie. Elle cherchera un homme, une femme à vampiriser, et reproduira avec eux ce que sa mère lui a fait. Elle voudra tout savoir de l'autre, ses moindres pensées, ses plus petits frémissements émotionnels, elle voudra qu'il ou elle soit totalement transparent, sans secret. Elle voudra vivre à son unisson, ne plus faire qu'un. Quel bel amour, quelle riche passion !

On le conçoit, dépendre ainsi des autres pour se sentir exister n'est pas de tout repos. Et, pour ce qui nous occupe, faire des compulsions alimentaires, des boulimies, est un moyen parmi d'autres de lutter contre le sentiment d'inexistence. Le poids fluctuera en fonction de sa vie de vampire, montant quand on ne parvient pas à aspirer la vie des autres, descendant quand ils nous remplissent de leurs passions.

### *Des familles chaotiques*

Dans certaines familles, ce qui domine, c'est l'incohérence. La famille forme un méli-mélo, sans qu'on comprenne bien qui est qui. Les pères et les mères sont des copains, ou bien des rivaux, ou bien les enfants de leurs enfants, ou bien tout cela ensemble, suivant les moments. Les crises se succèdent, toujours dramatiques. Les tentatives de manipulation, les violences physiques et verbales, les cris et les pleurs forment le quotidien.

Dans ces familles aux rôles fluctuants et interchangeables, comment se structurer quand on est enfant ? La plupart n'y parviennent pas. Certains présentent des troubles psychiatriques graves allant de la dépression à la psychose, tandis que d'autres se spécialisent dans les troubles du comportement alimentaire et les problèmes pondéraux.

Jackie, 30 ans, pèse 127 kilos pour 1,70 mètre. Elle s'en ficherait bien, mais son médecin tient à ce qu'elle maigrisse, pour une sombre raison de diabète, prétend-il. Elle n'a jamais fait de régime et mange tout ce qui passe à sa portée. Ce qu'il y a de bien, à l'époque où nous vivons, c'est que même quand on est pauvre, on ne souffre pas de la faim. En fait, ce sont les riches des beaux quartiers qui crèvent la dalle, à cause de leurs obsessions pondérales.

Ce n'est pas moi qui le dis, c'est Jackie, avec un petit sourire en coin. Elle a beaucoup lu et est bourrée d'humour. Elle a tellement lu, d'ailleurs, qu'elle a fini par réussir une tripotée d'examens, et est professeure des écoles.

On peut dire qu'elle a du mérite. La mère de Jackie est nourrice agréée et, question poids, dépasse la centaine de kilos, sans qu'on puisse avoir de chiffre plus précis. Le père ? Ah, pour le père, on ne sait pas, car ça fait belle lurette qu'on ne l'a plus vu. La maman de Jackie a un conjoint, qui est mince, mais c'est à cause de l'alcool.

Jackie a aussi un grand frère, qui est toxicomane, un second frère qui est pour le moment en hôpital psychiatrique, et une sœur, dépressive et suicidaire.

Dans un tel cadre, je trouve que Jackie ne va pas si mal que ça.

Jackie ne se souvient pas, petite fille, d'avoir mangé assise à une table, avec des couverts, en s'y mettant à plusieurs. Quand le besoin s'en faisait sentir, chacun se servait dans le réfrigérateur, se dépêchant pendant qu'il y en avait encore, réchauffait le bazar au micro-ondes et mangeait devant la télé.

En somme, c'était la vie sauvage. Vous parlez d'une éducation alimentaire !

Quand elle était petite, il était rare que Jackie prenne un petit déjeuner : trop compliqué. Heureusement, à midi, il y avait la cantine. Et puis le soir, on bâfrait.

Bon, bien sûr, l'un des problèmes de Jackie, c'était qu'elle n'avait jamais appris à manger sur un mode civilisé, des aliments porteurs de représentations nourrissantes, d'amour bienfaisant. Elle n'avait pas davantage appris à écouter ses sensations alimentaires de faim, de rassasiement, et ses appétences particulières. Mais surtout, le problème, c'étaient les émotions. Il y avait le vide de l'intérieur. Un vide paniquant, qu'elle combattait en faisant des boulimies. C'était un moindre mal, pensait-elle, par rapport à l'alcool du beau-père, aux *shoots* du grand frère, à l'ouverture régulière des veines de sa sœur et à la folie complète du second frère.
J'étais d'accord.
Nous commençâmes donc par un carnet émotionnel. Il en fallut, du temps, avant qu'on en arrive à la paix des assiettes.

### *Mes pauvres parents*

Peut-être avez-vous reconnu l'un de vos parents, ou bien les deux, dans ces différents portraits.

Une bonne part de vos problèmes vient alors sans doute de ce que vos parents n'ont pas su, pas pu, valoriser vos perceptions, vos émotions et vos sentiments, vos points de vue. Vous en avez retiré la croyance que vous ne valez décidément pas grand-chose, que vous n'êtes pas intéressant(e). Peut-être aussi croyez-vous que ce sont eux qui, seuls, sont véritablement intéressants et à aimer. À moins que vous ne vous soyez révolté contre eux, les accusant de tous vos maux, sans que vous alliez mieux pour autant.

Quoi qu'il en soit, vos parents ont eu des parents. Ils ont été eux aussi des bébés qui pleuraient, des petits enfants qui souffraient, des adolescents à problèmes, des adultes qui se débattaient dans leurs difficultés. Ils ont vécu des moments difficiles qui ont modelé leur caractère. Ils ont fait ce qu'ils pouvaient avec ce qu'ils avaient. En somme toute cette histoire remonte à Adam et Ève.

### À VOUS DE JOUER

Comme je vous ai demandé d'éprouver de la compassion pour vous-même dans le cadre d'exercices d'acceptation de soi (p. 208-212), je vous demande maintenant d'en éprouver aussi pour vos pauvres parents, qui eux aussi font partie de l'humanité souffrante.

• Installez-vous confortablement et prenez un long moment pour songer à cette petite fille, ce petit garçon que votre mère, votre père ont été. Aux adolescents qu'ils ont été ; aux jeunes adultes qu'ils ont été. Ils ont sans doute eu de durs moments. Ils ont souffert.

*Évoquez des épisodes de la vie de vos parents qu'ils vous ont racontés. Utilisez les documents, photographies, films, que vous avez peut-être.*

*Si tout cela vous manque, vous poserez à vos parents des questions la prochaine fois que vous les verrez.*

*Si vos parents sont décédés, vous poserez ces questions à des personnes qui les ont connus.*

• Que ressentez-vous ? Laissez venir les émotions, les sentiments, quels qu'ils soient.

*Peut-être sera-ce de la colère, et même de la haine. Ne luttez pas contre ces émotions.*

*Laissez-les venir, au contraire. Sans doute vous habiteront-elles durant un certain temps, quelques semaines, quelques mois, mais si vous leur laissez libre cours, sans doute s'épuiseront-elles d'elles-mêmes.*

*Ou peut-être éprouverez-vous du chagrin, de la peine, de la compassion. C'est généralement ce qui vient, après que la colère et la haine se sont épuisées.*

Peut-être vous laisser aller ainsi vous paraît-il bien trop dur. Mieux vaut alors faire appel à un médecin psychiatre ou un psychologue qui saura vous y aider par une thérapie cognitive et émotionnelle.

### ➤ *Le corps sali*

Pourquoi toujours accuser les mères ? Les pères eux aussi peuvent s'avérer toxiques. Le manque d'empathie peut conduire le père à donner une importance exagérée aux apparences, au poids et à la silhouette, aux résultats scolaires Ce que veut alors le père, c'est un enfant parfait, qu'il puisse exhiber pour conforter son propre narcissisme.

Mais aussi, le père sans empathie peut utiliser son enfant comme un objet sexuel et abuser de lui ou d'elle.

Et pourquoi accuser spécifiquement les pères ? Il peut s'agir d'un beau-père, d'un grand frère, d'un demi-frère, d'un oncle, d'un grand-père, d'un ami de la famille, d'un voisin, d'un prêtre, d'un visiteur quelconque qui passait par là. Et pourquoi pas une mère, une sœur, une demi-sœur, et ainsi de suite ?

L'abus sexuel n'implique pas non plus obligatoirement une pénétration. Souvent, ce sont des attouchements, des baisers ambigus, des évocations sexuelles, l'utilisation de matériel pornographique, la simulation de rapports sexuels, qui font perdre son innocence à l'enfant.

Ces violences ne laissent le plus souvent pas ou peu de souvenir conscient. Elles sont impensables, au sens propre du terme, et l'enfant ne peut les mettre en mots. Elles s'inscrivent néanmoins profondément dans la psyché.

Plus tard, bien plus tard, une fois qu'il aura oublié ces épisodes, l'enfant se trouvera aux prises avec un corps qu'il ressentira comme sali. Comment l'aimer ? Parmi toutes les difficultés qui attendent la victime de comportements incestueux ou d'expériences sexuelles précoces, les troubles du comportement alimentaire et les problèmes pondéraux occupent une place importante.

C'est parfois pour se prémunir du retour à la conscience de l'impensable que l'enfant développe des troubles du comportement alimentaire et grossit, à l'adolescence ou bien avant.

Grossir est bien pratique : voilà le corps protégé d'un matelas de graisse qui amortit les sensations corporelles, empêche qu'on ressente les appétits du corps. Ou plutôt, de tous les appétits, on ne s'en autorise qu'un seul, qui vient oblitérer les autres. On est ainsi protégé des désirs du dedans. Et aussi, l'armure de graisse décourage les autres d'éprouver du désir pour nous. Quel soulagement !

La situation n'est pas idéale pour autant. Quelle frustration, quelle souffrance que d'être enfermé dans son armure ! Comme on aimerait faire comme les autres, et mener une vie riche en désirs, en aventures, en sentiments, en passions ! Souvent, ces passions, on les vit en imagination, au travers de romans ou de DVD. Ou bien encore, on les vit sur un mode désincarné, en donnant à voir aux autres une image virtuelle de soi-même, voire en faisant appel à un corps virtuel dans un monde virtuel. Le corps imaginaire, qu'on visualise dans sa psyché, qu'on donne virtuellement à voir aux autres, est un corps mince, idéal, intangible, qui ne risque rien.

Mais tout de même, si on pouvait passer au réel… On s'essaie alors à maigrir. Ce qu'il y a d'affreux avec les régimes, c'est que, parfois, ils marchent ! Nous voilà brutalement délivrés de notre gangue de graisse, frétillant de bonheur. Nous nous dépêchons alors de jouer à la poupée avec notre corps, de l'habiller de vêtements sexy. Cela fait tellement longtemps que nous en rêvions ! Emplis de désirs, nous suscitons ceux des autres.

Mais dès qu'ils manifestent leur intérêt pour notre personne, voilà la panique qui gagne. On nous désire, et sans qu'on sache clairement pourquoi, cela nous paraît insupportable.

Fort heureusement, nous connaissons un truc épatant pour nous débarrasser de ces problèmes. Il suffit de regrossir. C'est affreux, mais en même temps, quel soulagement !

Une fois notre armure graisseuse reconstituée, nous sommes revenus à notre point de départ : nous pourrons à nouveau rêver notre vie au lieu de la vivre. Nous rêverons qu'un jour, nous maigrirons, que cette fois-ci sera la bonne, que nous trouverons l'homme, la femme de nos rêves, avec lesquels nous nous accorderons, et qui nous délivreront de nos cauchemars.

Juliette, la trentaine, contrôleuse de gestion, ne saurait dire si elle va bien ou mal. Le boulot ? Rien à dire. Rémi, son mari ? De même. Il est bien gentil, fait ce qu'il peut, mais elle-même n'a guère de désir, et les rapports sexuels la laissent de glace. Tout cela, pense-t-elle, est dû à son surpoids. Elle est rondelette sans être obèse, mais, à ses yeux, cela suffit pour l'exclure du champ de la séduction. Ce n'est pas l'avis de son mari, ni celui d'un certain nombre d'hommes, mais qu'importe, c'est ainsi qu'elle voit les choses.

Sa vraie vie sentimentale ? Elle est riche et passionnante, mais se déroule exclusivement en imagination. Son loisir, sa passion, ce sont les jeux de rôle sur Internet. Elle est pilote de vaisseau interstellaire, elle part à la conquête de galaxies. Et surtout, elle tombe amoureuse du capitaine, du commodore, de l'amiral. Elle flirte avec lui et, parfois, souvent, il répond à ses avances virtuelles. Tout cela ne fait-il pas partie du jeu de rôle, après tout ? Dans ces périodes où elle a un amant virtuel, elle mincit : il faut se préparer à l'éventualité d'une rencontre véritable, en chair et en os. Rémi, quant à lui, profite de ces moments car, enfin, la libido de sa femme semble se réveiller légèrement.

Vient le moment où tout paraît possible : elle est assez mince, a un soupirant. Mais plus la date de la rencontre se rapproche, et plus elle panique. Elle perd alors le contrôle de son comporte-

ment alimentaire. Les boulimies se succèdent et le poids remonte. La rencontre, une fois de plus, ne se fera pas. Ouf !
(*À suivre.*)

Comment se sortir de là ? Faut-il entamer une psychanalyse, partir à la recherche du traumatisme initial ? Voilà qui paraît logique : c'est, croit-on, en retrouvant les souvenirs refoulés, ceux d'un viol, d'attouchements, d'inceste, subis dans la petite enfance, qu'on pourra s'en délivrer.

Cette stratégie a été largement utilisée, en particulier aux États-Unis[35]. Mais peut-on vraiment mettre en mots ce qui n'aura pas été pensé ? Comment distinguer ce qui est de l'ordre d'un inceste fantasmatique, chose des plus banale, et ce qui correspond à un inceste réellement subi ?

En l'absence de preuves matérielles, d'examens médicaux, d'aveux, la distinction est aléatoire. Le risque est grand de construire de faux souvenirs, calqués sur les théories préférées de son thérapeute, ou bien sur les théories à la mode qui circulent.

Ainsi, depuis que l'inceste dans la petite enfance est présenté dans les médias comme une cause possible de troubles du comportement alimentaire ou d'obésité, le nombre de patients souffrant de ces problèmes et qui retrouvent des souvenirs incestueux durant leur psychothérapie a décuplé.

Voilà une quinzaine d'années, la mode s'était répandue aux États-Unis qu'on pourrait devenir boulimique ou obèse parce qu'on aurait été violé durant sa petite enfance dans le cadre d'activités sectaires, au cours de cérémonies sataniques. Plusieurs pères de famille se retrouvèrent alors en prison, accusés par leurs enfants, qui, à la trentaine, en auraient « retrouvé » le souvenir durant leur psychothérapie.

Certaines de mes patientes ont des doutes : leur père, leur beau-père, un oncle, un adulte proche de la famille leur paraissent susceptibles d'avoir abusé d'elles. Cela ne les étonnerait pas, si elles considèrent ce qu'elles connaissent de leur caractère. Mais comment être sûre ? Il n'y a pas de preuve palpable, juste des présomptions, un sentiment… Sans doute ne faudrait-il pas les pousser beaucoup pour qu'elles disent que oui, après tout, peut-être, je pense, je crois, je suis sûre, je suis certaine, je me souviens ! Mieux vaut donc que le psychothérapeute fasse preuve de prudence, suive son patient sans le précéder, et n'exerce aucune forme de suggestion. Il y a de l'erreur judiciaire dans l'air.

Dans d'autres cas, en particulier lorsque les crimes sexuels ont eu lieu chez un enfant plus âgé, les souvenirs retrouvés semblent plus fiables, mais sont à considérer là aussi avec prudence.

Parfois, souvent, le mystère demeure. L'histoire se raconte alors sur le mode du peut-être. Peut-être ai-je subi des attouchements de la part de mon grand frère, ou de la part du baby-sitter. Il me gardait tous les vendredis soir, quand j'étais bébé, paraît-il. Il a eu l'occasion. Peut-être mon dégoût de moi-même, ma haine de mon corps, mon refus de m'intéresser à mes sensations corporelles, quelles qu'elles soient, ma peur de la sexualité, mon armure de graisse viennent-ils de là. Ou peut-être pas.

Cette histoire, même hypothétique, cela fait du bien de se la raconter. On a besoin de pouvoir se dire que ce qu'on vit a un sens, une logique, qu'il existe des causes et des conséquences. Mais, rappelons-le, des indices, des hypothèses ne sont pas des preuves et mieux vaut un crime impuni qu'un innocent en prison.

Quoi qu'il en soit, reconstituer l'histoire traumatisante n'est pas toujours indispensable. En fait, l'important est de désamorcer la charge émotionnelle de l'histoire traumatique, que celle-ci soit vraie ou imaginée. Et, bien souvent, le travail principal consiste à tisser des liens solides de confiance mutuelle avec son propre corps, à se construire une estime de soi. Diverses techniques psychothérapeutiques peuvent y aider, comme les thérapies centrées sur les émotions, les thérapies corporelles, l'entraînement aux habiletés sociales et le travail sur la séduction.

(*Juliette, suite.*)

Mon grand-père ! C'était mon grand-père ! Il me gardait quand j'étais petite et que ma grand-mère s'en allait faire des courses. Je devais avoir dans les 1 an, peut-être 2. Il a toujours été coureur, ce grand-père. Un vieux dégoûtant, voilà ce qu'il était. Mais il est mort, aujourd'hui…

Que le grand-père soit mort me soulageait grandement, en tant que thérapeute. Voilà qui éviterait à Juliette de se lancer dans la revendication, voire dans la procédure. Juliette convint que son problème, aujourd'hui, consistait dans le fait qu'elle ne parvenait pas à vivre pleinement sa sexualité, qu'elle s'en protégeait en entretenant son armure de graisse. Pour avoir une sexualité épanouie, il fallait se réconcilier avec son corps, accepter les sensations qu'il procure. Avoir un poids satisfaisant s'obtenait par la même démarche : pour manger juste, on devait être à l'écoute de ses sensations de faim, de rassasiement, de ses appétits spécifiques, et, même, chérir ces sensations dont la présence et la régularité témoignent de son bon fonctionnement, de sa bonne santé.

Le premier pas fut un pas de danse. Juliette prit des cours de tango et surtout de salsa, une danse de salon, comme on dit, plutôt sensuelle, où ses rondeurs, comme elle s'en aperçut, n'étaient pas un handicap. Juliette se frotta donc à la séduction, et découvrit qu'elle ne se débrouillait pas si mal, et que ses émois ne la mettaient pas autant en danger qu'elle ne l'aurait cru. Quelques séances de thérapie sexuelle de couple avec un sexologue finirent de débloquer la situation. Tout compte fait, c'est avec Rémi, son mari, que Juliette avait envie de s'envoyer en l'air.

Le poids ? Ah oui, le poids. Eh bien, il diminua, sans que Juliette devienne mince pour autant. Rien de bien surprenant à cela, car dans la famille de Juliette, tout le monde se porte bien.

## Amour, séduction et comportement alimentaire

Dans notre partie consacrée à l'affirmation de soi, nous avons négligé un exercice, et non des moindres : séduire sans se sentir obligé de maigrir au préalable. Il n'est pas trop tard pour bien faire.

Oui, je sais, et je l'ai écrit un peu plus haut, la minceur est devenue un attribut de la beauté, ainsi qu'une preuve de maîtrise de soi, et donc de valeur personnelle. Plus on est mince et donc plus il devrait être facile de séduire. Et aussi, plus on est jeune, et riche, et intelligent(e), plus on accumule les qualités, et plus on devrait pouvoir séduire une personne en rapport. N'est-ce pas cela qu'on désire : le meilleur rapport qualité-prix ?

Est-ce vraiment cela que vous désirez ?

### Comme une image (*second épisode*)

Nous avons vu page 245 les mésaventures de Lolita, héroïne du film *Comme une image*.

Se croyant incapable de séduire par elle-même, elle utilise l'image et la position sociale de son père, écrivain et éditeur à succès. Elle attire ainsi de beaux jeunes gens aux dents longues, de parfaits arrivistes, qui la laissent tomber à la première occasion.

Son père l'aide volontiers, car cela le valorise encore davantage. Il séduit pour sa fille, si bien que la sexualité de Lolita dépend de son bon vouloir.

Lolita finit par rencontrer Sébastien, qui est séduit par ses rondeurs et qui l'aime pour elle-même. Non seulement Lolita n'y croit pas, mais Sébastien perd tout intérêt à ses yeux dès lors qu'elle s'aperçoit qu'elle lui plaît telle qu'elle est. Il faudra tout le bon cœur de la réalisatrice et coscénariste, Agnès Jaoui, pour sauver la situation et faire en sorte que tout s'arrange à la fin…

*Le syndrome de Groucho Marx*

Comment s'en sortir, quand Agnès Jaoui n'est pas là ? Il s'agit d'apprendre à se connaître pour pouvoir s'aimer tel qu'on est ; ou bien, il s'agit de s'aimer pour que les autres puissent faire de même ; ou encore, il s'agit d'entreprendre une difficile psychothérapie qui servira d'épreuve initiatique destinée à se convaincre de sa propre valeur ; à moins qu'il ne s'agisse de savoir séduire avec les armes dont on dispose.

Quelle que soit la façon de le formuler, c'est ce travail sur soi-même qui permettra qu'on cesse d'adhérer à ce modèle de beauté irréelle et en taille unique qui s'impose désormais à l'échelon mondial. Dès lors, les filles des magazines ne seront rien d'autre que ce qu'elles sont : de la déco.

Lolita est victime de ce que j'ai nommé le *syndrome de Groucho Marx*. Ce dernier aurait dit un jour quelque chose comme : « Jamais je n'accepterais de faire partie d'un club qui voudrait d'un individu tel que moi pour membre », ce qui devient, pour ce qui nous occupe : « Jamais je ne pourrais aimer quelqu'un qui aurait mauvais goût au point de m'aimer[36]. »

Lorsqu'on est dur avec soi-même, qu'on ne se pardonne rien, qu'on ne se trouve pas aimable, on ne comprend pas que des personnes aimables puissent nous aimer. Une personne qui nous aimerait tel(le) qu'on est ferait ainsi la preuve de son mauvais goût et de son peu de valeur.

Si on est gros ou grosse, et si quelqu'un s'intéresse à nous, ce ne pourra être que parce qu'il s'agit d'une sorte de pervers, ou bien de quelqu'un qui cherche une figure maternelle (ce qui n'est pas bien, paraît-il), ou encore une personne issue d'une culture lointaine, où on aime les femmes bien en chair.

Inversement, une personne à qui on ne plaît pas, par exemple qui n'aime pas les gros, les grosses, est donc une personne intéressante, infiniment attirante. C'est par celle-là qu'on désire être adulé. Nous voilà bien mal parti !

Et pourtant ! Celles et ceux qui veulent bien s'intéresser aux personnes qui sont prêtes à se laisser capturer par elles n'ont souvent que l'embarras du choix.

### *La séduction, comment ça marche ?*

En fait, la séduction n'est sans doute pas ce que vous croyez. Il n'y a pas besoin d'être mince. Ni beau ou belle. Ni riche. Ni intelligent(e). Ni drôle. Ni d'avoir de la conversation. Ni jeune. Ni sympathique.

Alors quoi ?

La séduction est une violence que l'on fait à l'autre, afin de le contraindre à s'intéresser à nous. Il s'agit de le détourner de lui-même, de faire en sorte qu'il concentre toute son attention sur un leurre qu'on lui agite sous le nez.

Ce leurre, ce sera notre regard, dans lequel il se perdra. Ce sera une mèche de cheveux, un bijou, une pièce de vêtement, une silhouette, un geste, un mouvement, ce qu'il voudra bien accepter comme leurre. Ce seront aussi des paroles, des murmures, des musiques, des chansons, des images, une danse, une démonstration de force, à moins que ce ne soit une démonstration de faiblesse.

Qu'importe. L'important est sans doute que la personne à séduire voie à quel point nous désirons parvenir à nos fins, comme nous nous donnons de la peine, combien nous prenons de risques.

Si on en croit les clichés, les femmes recourent à la magie, à la sorcellerie. Elles usent de leurs charmes, ensorcellent, mettent en scène leurs appâts pour enivrer, attirer, fasciner, persuader et, en définitive, instaurer un ascendant, attacher, réduire leur proie à merci.

Quant aux hommes, selon les mêmes clichés, ils paradent, font les fiers-à-bras afin de capter l'attention, obliger la belle à les prendre en considération. Puis ils multiplient les assauts, font le siège de leur dulcinée, font étalage de leur flamme, de leur désir, jusqu'à ce que leur conquête, captivée, succombe et se rende.

La séduction a des caractères bien particuliers : tout d'abord, il s'agit d'un jeu. Un jeu dangereux, parfois, puisqu'on y laisse des plumes lorsqu'on est séduit sans séduire. Ensuite, on ne séduit que dans l'instant présent, et toute séduction est donc toujours à recommencer. Mais n'est-ce pas pourquoi tout cela est aussi excitant ?

### À VOUS DE JOUER

Qui pourriez-vous séduire ?

• Je vous propose de vous entraîner sur votre garçon boucher. Ou bien sur votre poissonnier. Ou bien sur votre boulangère.

Voilà de braves gens qui ne demandent pas mieux et qui, de leur côté, n'ont qu'une idée eux aussi, vous séduire eux-mêmes. Bien évidemment, ils sont intéressés, mais tout acte de séduction l'est, n'est-ce pas ? Ce qu'ils désirent, en définitive c'est tout simplement s'attacher votre clientèle. Ils désirent que vous achetiez leur marchandise pour leurs beaux yeux.

Vous, de votre côté, désirez les séduire afin d'être mieux servi(e), de vous sentir valorisé(e).

• Lorsque vous faites la queue chez le commerçant à séduire, redressez-vous, grandissez-vous, tirez les épaules en arrière, sortez la poitrine et ayez un port de tête royal. Cela fait, captez le regard du commerçant, de la commerçante, et au moment où les regards se croisent, faites-lui votre plus charmant sourire.

Bon, voilà, ça a marché avec votre marchand(e) de journaux. Mais c'était facile, avec elle ou avec lui. Enfin, pas si facile que ça, mais vous l'avez fait !

Peut-être pourriez-vous faire monter les enchères. Une règle de base, toutefois : afin de ne pas vous laisser piéger par le syndrome de Groucho Marx, ne cherchez à séduire que des personnes susceptibles de vous manifester de l'intérêt, qui s'intéressent déjà à vous. Rappelez-vous que personne n'est obligé de se laisser séduire, qu'il faut pour cela être suffisamment disponible, que tout dépend d'attirances ou de répulsions inconscientes, d'une mystérieuse alchimie en somme.

**À VOUS DE JOUER**

Voilà, c'est fait, il ou elle est sous votre charme.
*Attention, la séduction est instantanée, mais s'évanouit rapidement. Renouvelez autant de fois que nécessaire.*

Vous avez le droit de parler, de dire des bêtises, ce qui vous passera par la tête à ce moment-là.
*Ce que vous racontez, sachez-le, n'a pas la moindre importance. Tout est dans le regard, le geste, le maintien, la fierté.*

Ah, oui, j'oubliais : si vous êtes enrobé(e), ne faites surtout pas semblant d'être plus mince que vous n'êtes. Habitez pleinement votre corps. N'essayez pas de faire oublier vos rondeurs. Au contraire, affichez-les. Elles font partie de vous, elles sont vous. Voilà qui, sans nul doute, plaira à certains et déplaira à d'autres. Si vous constatez que ceux à qui vous plaisez vous déplaisent de façon systématique, et *vice versa*, révisez votre syndrome de Groucho Marx.

### *Le Grand Amour*

Comme vous avez pu le constater, la séduction n'est en rien une affaire sentimentale. Le sentiment, c'est du côté du Grand Amour que ça se passe.

Le problème du Grand Amour, c'est qu'il est conçu pour conduire au malheur. Rappelons ici les principes du Grand Amour : a) il existe quelque part sur terre une personne qui nous est destinée de toute éternité ; b) la rencontre avec l'âme sœur est le but de la vie, ce qui donne son sens à l'existence ; c) lorsqu'on rencontre l'âme sœur, la passion amoureuse nous submerge et s'empare de nous ; il ne sert à rien de lui résister ; d) le coup de foudre ne nécessite pas

## Le gros Shrek et la princesse Fiona[37]

Shrek est un ogre verdâtre et sympathique qui, à la suite de palpitantes aventures, rencontre la jeune, jolie et mince princesse Fiona. Mais celle-ci cache un affreux secret : elle est une fausse mince, qui redevient grosse toutes les nuits.

À la fin du film, la princesse Fiona est en mesure de faire un choix : elle peut épouser le seigneur Lord Farquaad, un nabot complexé par sa petite taille, qui recherche une épouse représentative et qui ne s'intéresse à elle qu'en raison de sa beauté, ou bien lui préférer l'horrible Shrek, qui a pour elle des sentiments plus authentiques.

Selon la prophétie, Fiona, quand elle recevra un baiser d'amour, deviendra belle aux yeux de son bien-aimé. Si elle avait opté pour Lord Farquaad, sans doute serait-elle devenue définitivement mince.

Mais voilà, c'est Shrek, qu'elle embrasse et elle devient ogresse. Quelle déception pour elle ! Mais Shrek la rassure aussitôt : « C'est ainsi que je te trouve belle », lui dit-il.

Fiona et Shrek conforteront l'Amérique, et nous avec, dans l'idée qu'être gros n'est pas un obstacle à une relation sentimentale satisfaisante. Cet esprit frondeur arrive sans nul doute à point nommé, par ces temps d'épidémie d'obésité et de moralisation du poids.

d'effort de séduction, il est automatique ; e) en fait, il est souhaitable que le Grand Amour rencontre des obstacles sur sa route, qui sont autant d'épreuves au travers desquelles les amoureux font la démonstration de la réalité et de la puissance de leur amour.

Voilà qui vous étonne, qu'on puisse remettre en question ce poncif, sur lequel reposent tant de si beaux romans, de films si magnifiques et si émouvants, ainsi que la majeure partie de la littérature de gare, de la chansonnette et du cinéma hollywoodien ?

Réfléchissez-y en ce qui vous concerne. Passez en revue les différentes histoires sentimentales que vous avez vécues et demandez-vous s'il s'agissait de véritables histoires d'amour. Avez-vous rencontré l'âme sœur, la seule, l'unique, qui vous était prédestinée ? Avez-vous, dès le premier instant, senti que c'était lui, elle, et personne d'autre ? Et surtout, avez-vous mesuré les difficultés à surmonter, le chemin qu'il faudrait parcourir avant le *happy end* ?

Sans doute une telle histoire ne vous est-elle jamais arrivée. Mais vous connaissez sûrement des personnes qui ont trouvé le Grand Amour. Ou du moins des personnes qui connaissent quelqu'un qui a connu le Grand Amour. Peut-être avez-vous cru, à certains moments, que ce que vous ressentiez était bel et bien le Grand Amour. Mais soyez honnête : vous étiez si désireux de le vivre, ce Grand Amour, que vous avez quelque peu fait monter la sauce afin de vous en convaincre.

Bon, vous admettez que vous n'avez pas encore connu le Grand Amour. Mais vous ne désespérez pas ! L'âme sœur peut apparaître à tout moment ; il faut donc être prêt.

C'est justement ça, le problème, avec le Grand Amour : on ne le vit jamais, mais comme on l'attend, on élimine bien des prétendants qui auraient pu faire l'affaire. Si bien qu'on passe à côté d'amours qui pour n'être pas le Grand, auraient pu parfaitement nous contenter.

Et puis, ne dit-on pas dans les chaumières que pour avoir une chance de vivre le Grand Amour, si on est un peu enrobé, il faut commencer par perdre du poids ? Tant que ce n'est pas fait, à quoi bon se mettre en quête d'une personne à aimer, puisqu'il ne s'agira, au mieux, que d'une relation sentimentale de seconde catégorie ?

Je vous l'avais bien dit, que le Grand Amour était un piège.

**À VOUS DE JOUER**

Passez en revue vos histoires amoureuses. Avez-vous vécu un authentique Grand Amour ? Si non, conservez-vous cet espoir et vous réservez-vous pour cette circonstance ?
En attendant, y aurait-il quelqu'un qui s'intéresse à vous ? Peut-être ne le trouvez-vous pas intéressant, mais c'est parce que vous êtes en plein syndrome de Groucho Marx. En fait, toute personne qui s'intéresse à vous *est* intéressante.
Allez voir ce qu'elle a dans le ventre, donnez donc une seconde chance au candidat, à la candidate malheureux.

*La vinaigrette amoureuse*

Nous avons vu qu'il n'était pas nécessaire d'être mince pour séduire, et que même, dès lors qu'on arrivait à se débarrasser de son syndrome de Groucho Marx, on pouvait utiliser son surpoids comme fascinant objet de séduction. Puis nous avons vu qu'il est vain d'attendre l'arrivée du Grand Amour, que mieux vaudrait y renoncer et chercher à bâtir des relations sentimentales à taille humaine.

Celles-ci peuvent-elles être fondées sur la seule séduction ? Sûrement pas. Se séduire mutuellement nous ravit, nous fait vibrer, nous fait désirer, nous conduit à avoir des rapports sexuels. Mais cette immédiateté, qui fait tout le charme de la séduction, est aussi son talon d'Achille. Rien ne s'inscrit dans la durée.

Pour que la relation soit durable, il faut construire, tisser des liens. Et pour cela, il faut se comprendre. Car je ne sais pas si vous l'avez remarqué, mais dans une relation de séduction, on ne se comprend pas, et même, moins on se comprend, et plus on est en situation de séduire ou d'être séduit.

Se comprendre, cela veut dire utiliser ce talent empathique dont nous avons parlé plus haut, qui permet de se mettre à la place de l'autre afin de ressentir et penser comme lui. On se représente alors les émotions et les pensées de l'autre, on le comprend de l'intérieur, en quelque sorte.

Comprendre l'autre conduit, non pas à captiver, capturer l'autre, assurer son emprise, comme c'est le cas dans une relation de séduction, mais à se montrer généreux avec cet autre, lui donner ce dont il a besoin.

Ce seront de l'attention, du temps, des sourires, de la gentillesse, des mots et des gestes tendres, des cadeaux, tout cela dans l'unique but de le contenter. En échange, on compte bien que cet autre sera aussi généreux que nous, et nous donnera autant.

Ces dons réciproques permettent de tisser des liens. On est alors amis.

En définitive, la séduction et l'empathie constituent deux formes de communication qui s'opposent diamétralement.

La séduction est une communication primitive, instantanée et ludique, qui instaure un rapport de forces. Elle met en jeu de la violence, du désir, la jouissance sexuelle.

La communication empathique est plus élaborée, demande des capacités mentales supérieures. Elle nécessite qu'on soit capable de se représenter les émotions et les points de vue de l'autre. Elle met en jeu le don, l'amitié, la réciprocité des échanges. Elle est sérieuse et conduit à des relations durables.

Une relation sentimentale digne de ce nom nécessite qu'on se séduise et qu'on se comprenne, bien sûr. Le problème vient de ce qu'il n'est pas possible de faire les deux à la fois. Séduire nécessite qu'on se centre sur soi, afin de fasciner l'autre. L'empathie oblige à s'oublier pour se mettre à la place de l'autre.

On fera donc les deux, mais successivement. Certains moments seront réservés à la séduction, tandis qu'à d'autres on se comprendra. Si on est habile, on parviendra à osciller de l'un à l'autre en souplesse. C'est ce que j'appelle la vinaigrette amoureuse.

Nous voilà au bout de notre périple. Nous avons commencé par l'amour de la nourriture, et nous concluons sur l'état amoureux. J'en suis assez satisfait.

Guerre et amour. Voilà deux états plus proches qu'on veut bien le croire. Les guerres, ça ne se gagne jamais : il n'y a que des perdants. Relisez vos livres d'histoire. Quant aux histoires d'amour, eh bien, c'est la même chose, et mieux vaut avoir des visées plus modestes.

La guerre avec vos aliments, votre corps, vous-même et les vôtres est la cause de vos dérèglements, et vous l'avez compris, il vous faut du temps pour apaiser tout cela. Les guerres, ça met du temps à s'arrêter. Il y a des pertes, des rancœurs, des douleurs, qui ne peuvent pas disparaître en un jour.

Et puis, une bataille, ça soulève des nuages de poussière. Et après, il faut attendre que toute cette poussière retombe, se redépose sur le sol. Et encore après, il faut bien faire attention à ne pas repartir en guerre et soulever à nouveau la poussière.

Nous avons vu aussi que tous ces problèmes ne tombent pas du ciel. Ils se construisent dans l'enfance. Alors si vous voulez que la génération suivante échappe à la malédiction, je vous propose de vous en occuper dès à présent.

CHAPITRE 5

# *Faites l'éducation alimentaire de vos enfants*

« Le véritable enseignement n'est point de te parler, mais te conduire. »

Antoine de SAINT-EXUPÉRY

Nous avons vu comment manger : en écoutant ses appétences, ses sensations de faim et de rassasiement, en croquant des représentations gratifiantes, en partageant avec ses semblables, en les respectant et en se respectant soi-même.

Voilà ce qu'on appelle se comporter en personne civilisée !

Nous ne sommes pas civilisés de naissance. Il nous faut pour cela une éducation qui nous humanise, qui permette à notre personnalité de s'épanouir, de révéler ses meilleurs aspects, qui nous permette d'affronter dans les meilleures conditions notre vie personnelle et sociale. Les connaissances transmises doivent être lestées d'amour, faute de quoi nous ne pouvons pas les faire nôtres.

## Qui a besoin d'une éducation alimentaire ?

L'éducation alimentaire consiste à apprendre aux enfants comment se comporter avec la nourriture. Il ne s'agit pas de la confondre avec l'information diététique. Connaître la nature des nutriments dont les aliments sont composés, à quoi ils servent, ce qu'ils nous font, est certes intéressant, mais ne nous dit pas comment les aliments doivent être mangés. C'est un peu comme conduire une voiture : connaître les principes du moteur à explosion, les mécanismes du freinage et de la suspension, tout cela est passionnant, mais ne nous aide guère à conduire.

L'éducation alimentaire fait bien évidemment partie de l'éducation générale et en est une pièce essentielle. Peut-être même est-elle plus importante que jamais. Car, autrefois, l'éducation alimentaire allait de soi. Les enfants mangeaient en présence des parents, à la même table, la même nourriture, dès qu'ils étaient en mesure de le faire. Ils apprenaient d'eux les manières adéquates, qui traduisaient leur appartenance à une culture nationale, régionale, familiale particulière.

Tandis qu'aujourd'hui…

### ➤ *La barbarie alimentaire*

Aujourd'hui, certains enfants laissés sans éducation ne se civilisent que de façon superficielle. Pauvres enfants, pauvres adolescents, pauvres adultes, livrés à eux-mêmes !

Les parents ? Ils ne sont pas là. C'est le chaos, parfois d'une façon des plus concrète, parfois dans les relations familiales.

Quelquefois, les parents sont physiquement absents, préoccupés par leur travail, les aspects matériels de l'existence, par la course au niveau de vie.

D'autres fois, ils sont présents, mais ils sont sans racines admirables et sont déconsidérés. Peut-être sont-ils affectueux, pleins de bonne volonté, mais ce sont des personnes incohérentes, et l'enfant refuse avec justesse de s'identifier à eux.

Si on ne reçoit aucune éducation alimentaire, on reste englué dans sa vie de nourrisson. Comme à sa naissance, on dévore dans l'urgence, la faim nous saisit et on veut tout, et tout de suite. On n'a aucune patience. Puis, quand on est rassasié, repu, la nourriture cesse de nous intéresser. Dès qu'on est un peu plus âgé, on joue alors avec les aliments, prenant plaisir à faire des saletés.

On mange ce qu'on trouve. On va au plus pratique, au plus rapide. On ne voit pas pourquoi on devrait faire la cuisine, ni même réchauffer les aliments s'ils ne nous sont pas vendus déjà chauds. Ni pourquoi il faudrait manger à table, avec des couverts. Ce n'est pas pratique, ces trucs-là, et c'est si simple de manger avec ses doigts. Et puis, pourquoi ne pas manger devant le téléviseur, l'ordinateur, la console de jeux ? C'est double plaisir et ça gagne du temps.

Question appétences, on en reste alors aux goûts les plus simples, les plus basiques, qui sont autant de plaisirs faciles et immédiats. Du gras et du sucré, du mou vite ingurgité, qu'on n'aura pas appris à déguster et qu'on avalera sans y prêter l'attention que de tels aliments méritent.

Le principal problème de ces enfants perdus est bien souvent qu'ils n'ont pas pu apprendre à civiliser leurs émotions. N'ayant pas appris à mentaliser, c'est-à-dire à mettre des mots sur ce qu'ils ressentent et sur ce qu'ils pensent, ils n'ont d'autre choix que de transformer en actions les émotions qui les traversent dans l'instant.

La violence des émotions devient parfois une violence concrétisée. Mais comme nous sommes dans un monde dans lequel les désordres, le bruit, les cris, les bris d'objets, la violence physique sont de plus en plus mal tolérés, que ce soit au jardin d'enfants, à l'école maternelle, à l'école primaire, dans les immeubles mal insonorisés, dans les parcs ou dans la rue, ces enfants se heurtent vite à un tir de barrage des adultes.

Certains, qui sont naturellement prédisposés à l'obésité, trouvent alors une échappatoire, mieux tolérée, en tout cas dans un premier temps, qui consiste à s'apaiser en mangeant. Manger sert d'anesthésiant, et les émotions sont étouffées sous la nourriture.

Bien évidemment, ces enfants qui trompent leur malheur en mangeant ne se jettent pas sur les légumes à l'eau. Ils se tournent vers les aliments gras et sucrés, plus efficaces pour lutter contre les débordements émotionnels, et qui sont, du fait d'une éducation alimentaire déficiente, les seuls qu'ils connaissent.

Les parents déficients, largement dépassés par les événements, deviennent parfois les victimes de leurs enfants, ne pouvant pas faire autrement qu'acheter ce que leurs petits « pantagruels » réclament à cor et à cri.

Kevin a 13 ans, mesure 1,75 mètre et pèse 107 kilos. C'est le médecin scolaire qui a alerté les parents et leur a enjoint de consulter leur médecin généraliste.

Sa mère, Denise est aide-soignante, mesure 1,64 mètre et pèse 88 kilos. Le père, André, 50 ans, est lui aussi en surcharge pondérale et est au chômage. Enfin, Kevin a une sœur, Audrey, 9 ans, et un frère, Bryan, 6 ans, sans problèmes pondéraux.

Comme Denise a des horaires irréguliers et n'a pas toujours la possibilité de faire la cuisine, la famille mange en ordre dispersé, sans se soucier de l'heure, le plus souvent devant le téléviseur ou dans sa chambre, des produits ne nécessitant pas de préparation : plateaux télé, hamburgers, pizzas, plats à base de pâtes ou de pommes de terre réchauffables au micro-ondes, laitages, friandises diverses. Les fruits et les légumes ? Les légumes, dit Denise, sont trop longs et trop compliqués à préparer ; les enfants délaissent les fruits, qui ont tendance à pourrir dans le bas du frigo, ce qui constitue du gâchis…

Kevin ne prend pas de petit déjeuner, mange à midi à la cantine. Le soir, il mange de façon décousue, en piochant dans le frigo ou le placard, et boit des sodas. Il est en échec scolaire, et a des difficultés relationnelles tant avec ses professeurs qu'avec ses congénères. Un régime prescrit par une diététicienne se révèle être un coup d'épée dans l'eau. Devant l'échec de ces mesures, le placement de Kevin dans un pensionnat pour enfants obèses est envisagé.

C'est en raison du délai d'attente que Kevin est amené à voir un médecin comportementaliste. Les premiers entretiens sont individuels et centrés sur la souffrance que Kevin ressent en raison du rejet social dont il est l'objet. Il reconnaît qu'il s'est enfermé dans son rôle de *loser* agressif, dans lequel il se complaît. Manger beaucoup et n'importe comment est à la fois un processus compensatoire, et aussi une « politique du pire », car Kevin ne voit aucune issue à sa situation.

La thérapie comporte plusieurs axes. Des séances individuelles d'entraînement aux habiletés sociales doivent permettre à Kevin de faire évoluer son personnage social et de retrouver une meilleure estime de soi.

Des entretiens familiaux sont aussi proposés, centrés sur l'alimentation familiale, inexistante. Comme la famille est d'origine auvergnate, Denise est encouragée à cuisiner ou à acheter des plats auvergnats : chou farci, potée, petit salé aux lentilles, truffade, aligot, plats à base de fromages régionaux… Kevin se montre intéressé et désireux de participer aux travaux culinaires, d'autant plus que ces plats ne sont manifestement pas des plats de régime…

Le thérapeute insiste particulièrement sur la nécessité de faire honneur à la nourriture en la consommant dans de bonnes conditions, en la savourant comme elle le mérite, et pour cela, d'avoir suffisamment faim au moment où on passe à table, de s'arrêter lorsqu'on arrive au rassasiement.

Après un an, c'est le comportement alimentaire de toute la famille qui a évolué : les repas pris en commun sont plus fréquents, pris en charge par Denise quand elle le peut, ou parfois par Kevin. Ce dernier alterne les repas familiaux avec des repas solitaires. Il continue à savourer des produits d'alimentation rapide, mais consommés à table et posément.

Kevin apprend aussi à nager au club de natation du collège. Il est passé en dessous de la barre fatidique des 100 kilos. Denise et son mari, eux aussi perdent du poids, lentement mais sûrement. Contrairement aux craintes de Denise, le budget alimentaire n'a pas augmenté, et même, comme elle achète de moindres quantités et moins de plats industriels, il est en diminution[1].

## ➤ *Qui doit faire l'éducation alimentaire des enfants ?*

Sans doute les nutritionnistes n'ont-ils pas tout à fait tort quand ils accusent l'abondance de l'offre alimentaire, le faible prix des aliments gras et sucrés et la facilité qu'il y a à s'en procurer. N'est-il pas évident que les mêmes enfants, dans un monde pauvre en aliments riches, ne pourraient pas devenir obèses ? S'il leur fallait se contenter d'aliments plus simples, moins énergétiques, qui nécessitent d'être cuits et cuisinés, comme par exemple du riz, du pain, des pâtes, des viandes, des poissons, des laitages, des légumes, des fruits, ils seraient assurément moins gros.

Mais ils continueraient à être des enfants perdus, et bientôt des adultes infantiles.

Aussi, plutôt que de moraliser l'alimentation, faut-il prendre le problème à la base et le reconnaître comme un problème éducatif.

Et cette éducation, ce n'est pas aux fonctionnaires de l'Éducation nationale de la faire. Cette dernière aurait selon moi gagné à conserver son ancienne dénomination d'Instruction publique, car les professeurs sont essentiellement compétents pour transmettre des savoirs fondamentaux et apprendre à les utiliser.

Ce n'est pas non plus aux pouvoirs publics d'éduquer les enfants. Ni aux chaînes de télévision et aux autres médias. Ni à l'industrie agroalimentaire.

C'est aux parents, aux familles, aux substituts maternels de toutes sortes d'éduquer les enfants, car ils sont les seuls à pouvoir lester les savoir-faire à transmettre de l'amour indispensable à leur intégration.

Si les parents sont des parents aussi perdus que leurs enfants, sans doute devrait-on les aider. Car ils doivent aller suffisamment bien eux-mêmes, savoir manger eux-mêmes, afin d'avoir quelque chose à transmettre.

Donc, si on souhaite aider tous ces enfants perdus, aidons leurs parents à retrouver leur place, afin qu'à leur tour ils éduquent leurs enfants !

Et si, d'aventure, il est déjà trop tard ? Si les enfants ont grandi et sont devenus des enfants vieillis ? Alors, ces adultes qui n'en sont pas ont besoin d'éducateurs spécialisés, de psychologues, de psychiatres, bien plus que de nutritionnistes et de diététiciens.

### ➤ *Éducation ou dressage alimentaire ?*

Nous avons détaillé précédemment comment des parents peu empathiques, centrés sur les apparences, obsédés par leur propre poids et leurs formes corporelles pouvaient favoriser l'obésité de leur enfant.

Les mères font des régimes, et les filles grossissent, avons-nous dit. Quand ce sont les pères qui surveillent leur ligne, les filles en viennent à considérer que la balance est la mesure de toute chose, ce qui ne les aide pas à se forger une estime de soi convenable et ce, quel que soit leur poids.

Ces familles diététisantes et hygiénistes me font penser aux familles bien-pensantes de l'époque victorienne. Le péché alimentaire aura simplement remplacé le péché sexuel, mais hormis cela rien n'aura changé. La moralité se voit physiquement : elle se traduit par un ventre plat, une alimentation saine. Il ne s'agit sûrement pas d'écouter ses sensations alimentaires, ses appétences, c'est-à-dire en définitive les élans de la chair, mais de les maîtriser, de les discipliner. On doit donc bien manger, bien se tenir, refréner des désirs alimentaires qui vont bien entendu en s'exacerbant dans la mesure où ils ne sont pas satisfaits.

Dans certaines familles, les friandises n'ont pas le droit de cité. Peut-être, à la rigueur, les accepte-t-on lors des anniversaires… Les pommes de terre frites et autres « féculents », les plats en sauce, les charcuteries grasses ? C'est Satan en personne ! Souvent, dans ces familles, les enfants sont minces, voire maigres. Ils sont sages, ils travaillent bien en classe.

Dans d'autres familles, on est moins strict. On y mange du chocolat, des biscuits, des chips, mais tout en sachant que c'est « mal », qu'on ne devrait pas, que cela fait grossir.

Ce laxisme entraîne des problèmes alimentaires plus précoces : c'est dès l'enfance que les enfants intègrent la restriction cognitive de leurs parents. Eux aussi développent une préoccupation exagérée concernant leurs formes corporelles et leur poids, ont tendance à manger sans faim et souvent en cachette, ont une mauvaise adaptation de la taille des portions[2].

Ces enfants sont donc souvent potelés, rondouillards. Et comme leurs parents dramatisent leur surpoids, ils ont tendance à se croire carrément obèses.

Mais voilà que tous ces enfants grandissent, s'autonomisent, ont de l'argent de poche ! Les voilà qui cherchent à se lier d'amitié, qui s'essaient aux jeux de la séduction. Ils ont du mal, ces adolescents, avec leurs émotions, qu'ils peinent à mettre en mots et à penser.

Fort opportunément, les voilà qui découvrent que le chocolat existe, ainsi que les biscuits, les gâteaux, les barres chocolatées, les viennoiseries, les pommes de terre chips !

L'attrait du fruit défendu, le besoin de se protéger contre des orages émotionnels, la nécessité de se mettre hors compétition en ce qui concerne les jeux de séduction, tout cela concourt à les faire manger bien au-delà de leur appétit. Et les voilà qui enflent, qui grossissent !

Leur mère ne peut qu'être atterrée par une fille, un fils potelés, en surpoids, obèses. Ils lui rappellent cette période de sa vie si douloureuse, dont elle s'est sortie à la force du poignet. Ou bien ils la confortent dans son échec personnel, l'élèvent au carré : elle est grosse et sans volonté, ou bien est menacée de l'être, et voilà que sa faute retombe sur ses propres enfants !

Panique à bord ! On traîne l'enfant gros chez le médecin, le diététicien, le nutritionniste, le psychologue, le pédopsychiatre. On le met au régime : il maigrit, puis il regrossit. Encore et encore ! Et voilà, c'est parti !

### ➤ *Tous les enfants ne s'éduquent pas de la même manière*

Certains enfants ne sont pas compliqués, question nourriture : ils aiment à peu près tout, mangent quand ils ont faim et s'arrêtent dès qu'ils n'ont plus faim. Sans doute s'intéresseront-ils à bien d'autres choses dans la vie, mais manger n'est pas un truc qui les passionne tant que ça.

Le mieux est de les laisser tranquillement manger à leur idée, sans contrarier leur nature, qui fonctionne fort bien toute seule et sans aide.

D'autres enfants ont un talent. Ils sont gourmets de naissance. Ils sont bien plus sensibles aux goûts des aliments que les précédents. Ils sont donc plus difficiles à satisfaire.

Si votre enfant a ce talent gustatif, cet intérêt pour les bonnes choses, cette curiosité pour les aliments, alors il est de votre devoir de l'encourager à la gourmandise, de l'aider à affirmer ses goûts, à les civiliser en sachant nommer ses sensations et ses émotions alimentaires.

Attention : avoir un enfant doué implique davantage de responsabilités pour ses parents. Un talent non éduqué peut mal tourner et se transformer en handicap. La gourmandise laissée à l'état sauvage a tendance à virer à la goinfrerie.

Il est important que de tels enfants apprennent à rester dans leur zone de confort, c'est-à-dire à déguster seulement quand ils ont suffisamment d'appétit, mais point trop non plus ; on doit leur apprendre à s'arrêter lorsqu'ils sont modérément rassasiés, afin de ne pas empiéter sur le plaisir alimentaire qui suivra un peu plus tard.

De tels enfants sont aussi aisément culpabilisables. Si ses parents, les éducateurs, laissent entendre que prendre du plaisir à manger les aliments les plus délicieux est mal, comme l'enfant ressent un plaisir intense, il ne pourra qu'en conclure qu'il est une très mauvaise personne.

Bien au contraire, un talent valorisé est une source d'épanouissement. Qui sait ? Cet enfant deviendra peut-être un cuisinier renommé, un critique gastronomique ? Ou tout simplement, manger sera son violon d'Ingres.

## 13 grands principes pour une éducation alimentaire

Au début de sa vie, le nourrisson mange l'amour de sa mère. Le lait qu'il boit est une composante de cet amour.

Plus tard, il découvre qu'il existe des choses qui ne sont ni lui ni sa mère. Comme c'est intéressant ! Voilà, l'enfant se civilise. Ses parents le cultivent, il se cultive.

### *1. Je montre à mon enfant l'amour et le respect que je porte à ce que je mange*

L'enfant apprend à manger en vous voyant manger. Et ce qu'il perçoit avant tout, ce sont vos sentiments vis-à-vis de ce que vous mangez.

Prenez-vous du plaisir, ressentez-vous de l'amour pour ce que vous mangez, témoignez-vous du respect pour vos aliments ? Votre enfant fera de même avec les siens.

Êtes-vous angoissé(e) et culpabilisé(e) par le fait de manger, et de ce fait mangez-vous à la va-vite, en expédiant votre repas ? Votre enfant se méfiera de ce qu'il mange, de ce qu'il ressent en mangeant, et n'aura pas lui non plus une relation saine et décomplexée avec ses aliments.

Vous l'aurez compris : pour parvenir à faire l'éducation alimentaire de votre enfant, il est nécessaire que vous-même ayez fait la paix avec vos aliments.

Alors, décontractez-vous. Mettez en pratique les conseils de ce livre. Soignez-vous, afin de pouvoir dorloter votre enfant. Vous irez mieux, votre enfant ira bien, la vie sera plus simple.

## *2. Je mange avec mon enfant*

Comment faire l'éducation alimentaire de son enfant si on ne mange pas avec lui, dès qu'il est en âge de se tenir à table ? L'éducation alimentaire se fait sur le tas, pas dans les livres.

Bien sûr, il n'est pas indispensable de manger en famille à tous les repas, mais il serait bon que ce soit aussi souvent que possible. Par exemple, un repas par jour ou plus.

Cela revient à dire que les parents ne sont pas seuls à faire l'éducation alimentaire de leurs enfants. Ceux-ci apprennent de leurs camarades de cantine, des autres adultes avec lesquels ils mangent ou qu'ils voient manger. Et c'est tant mieux ! Il est bon de pouvoir se référer à plusieurs modèles, voire de pouvoir se référer à des antimodèles !

Au départ, quand l'enfant est trop petit pour se tenir à table, il est bon, néanmoins qu'il voie ses parents heureux d'y être. Voilà qui lui donne envie de grandir.

Puis, à son tour, il a le droit de manger avec les autres. Quelle fierté ! Surtout si ses parents valorisent les repas pris en commun, en font une petite cérémonie.

Dans ses débuts à table, l'enfant ne mange pas la même chose que ses parents. Mais, bien vite, il veut goûter aux nourritures d'adultes, partager, en somme grandir. Comment l'en empêcher ?

## *3. J'apprends à mon enfant comment on déguste et on apprécie ce qu'on mange*

Déguster nécessite un apprentissage et est un plaisir de personne civilisée. Votre enfant, en vous voyant prêter la plus grande attention à ce qui se passe dans votre bouche quand vous mangez, sera conduit à faire de même.

Voilà donc son intérêt éveillé. Reste maintenant à mettre des paroles sur cette musique.

Alors, Julien, comment tu trouves ? Ah oui, ce goût, c'est le persil. Je n'en avais pas mis, la dernière fois. Tu aimes ça ?

Pas assez salé ? Ah, oui, c'est possible. Tiens, débrouille-toi avec la salière. Ah non, ça n'est pas piquant, c'est plutôt acide, parce que j'ai mis un peu de citron. Piquant, ça serait plutôt si c'était de la moutarde. Tu aimes la moutarde ? Tu en as mangé, l'autre jour, avec les saucisses.

Et ces biscuits, comment tu les trouves ? Ils sont au beurre, ceux-là, et pas ceux d'hier. Tu sens la différence ?

Et ainsi de suite…

### *4. Je raconte des histoires sur ses aliments à mon enfant*

La nourriture ne doit pas seulement être aimée, elle doit être parlée. L'éducation alimentaire permet de manger des aliments qui ont une histoire et une géographie.

D'où viennent-ils, ces fruits et ces légumes ? De quelle région, qui les a plantés ? Les pommes de terre nous viennent d'Amérique du Sud, en fait, mon loulou. Avant, personne n'en voulait. C'est M. Parmentier qui, avec l'appui de Louis XVI, a convaincu les Français d'en manger. Comment faisait-on au Moyen Âge quand elles n'existaient pas ? On mangeait des fèves et des choux. Les fèves, ça n'existe plus, les haricots d'Amérique ont pris leur place après qu'on l'a découverte, l'Amérique. C'est drôle, non ? Allez, mange ta purée, Romuald.

Et le jambon, qu'est-ce que c'est ? C'est du cochon, ma chérie. Dans le cochon, tout est bon ! Les cochons sont des omnivores, c'est-à-dire qu'ils mangent de tout. Et nous aussi, nous sommes des omnivores et nous mangeons de tout. Alors mange ton jambon, Céline.

Ce poulet, je l'ai fait en colombo. C'est la recette de ta mémé Adélaïde, c'est elle qui me l'a apprise. Ta mémé, elle est née à Pointe-à-Pitre. C'est à la Guadeloupe, dans l'océan Atlantique. C'est drôlement loin : il faut au moins sept heures d'avion. J'espère que tu aimes ça, le colombo de poulet. Non, je ne t'en redonne pas, parce que, comme dessert, il y a du blanc-manger. Je le fais avec de la noix de coco. Ça aussi, ça vient des Antilles, mais j'ai un peu modifié la recette, alors c'est le blanc-manger de ta maman. Ton papa, il adore ça. N'est-ce pas, Jean-Louis ? Tu vas voir, on va se régaler !

### *5. J'enseigne à mon enfant les us et coutumes, les manières de table*

Manger est l'acte social par excellence, qui permet le partage, les échanges au sein de la famille, de la tribu. Et aussi, manger selon un rituel, en respectant les us et coutumes, la civilité, constitue un mode d'intégration à son groupe familial, puis social.

Certains enfants livrés à eux-mêmes, à qui on n'apprend pas comment on mange, parmi les siens, avec les autres, restent prisonniers de leurs appétits les plus primitifs, ne savent pas s'en distancier. Ils ne développent pas cette notion de « zone de confort » sur laquelle j'ai tant insisté. Ils fonctionnent en tout ou rien, sont tour à tour affamés et repus. Ils ne savent pas partager, sont condamnés à la solitude.

L'enfant se civilise en se modelant sur ses parents, en apprenant d'eux comment on tient une cuiller, puis une fourchette, puis un couteau. Il apprend à régler ses appétits sur ceux des autres, pour être en mesure de partager. Il adore cela, parce qu'il se sent grandi.

Parfois, c'est aussi l'occasion de se révolter, de s'opposer. L'enfant mange alors sauvagement, comme un bébé. Enfin, pas tout à fait. Parce que les règles, il les connaît, maintenant, et qu'il n'y a pas de retour en arrière, qu'on ne redevient jamais innocent. Transgresser les règles qu'on lui a apprises, cela aussi, il adore, parce qu'il s'affirme et que là encore, il se sent grandi.

Bon, finalement, toutes les occasions sont bonnes pour grandir, n'est-ce pas ?

Bien évidemment, apprendre les bonnes manières ne signifie pas devoir se conformer à des règles désuètes, issues de l'époque victorienne, où on apprend à peler une pêche avec un couteau et une fourchette.

Cela signifie manger de telle sorte que les autres voient qu'on respecte la nourriture, qu'on leur témoigne à eux aussi du respect, et qu'on se respecte soi-même.

À chaque famille, à chaque tribu sa façon.

### *6. J'apprends à mon enfant à identifier ses appétences et je négocie avec lui*

Dans la plupart des familles des pays riches, où on n'a que l'embarras du choix, où on a accès à toutes sortes de nourritures, il est bon que les menus fassent l'objet d'une négociation.

Chacun a ses aliments préférés et désire, à un moment donné, tel ou tel aliment qui suscite une envie particulière. Nous avons vu que ces désirs alimentaires ne sont pas des caprices, mais correspondent à des besoins physiologiques ou psychologiques, et qu'ils sont donc à respecter.

D'un autre côté, il est tout aussi bon que la nourriture soit partagée, qu'on mange ensemble la même chose au même instant. Cette communion permet le partage de l'amour. Plus prosaïquement, elle permet qu'on se recentre sur ses sensations alimentaires, par un effet mimétique, quand on voit les siens manger comme nous.

Lorsque chacun mange des choses différentes, on mange certes en compagnie, ce qui est déjà fort bien, mais on ne partage pas.

Comment faire, alors, pour avoir le beurre et l'argent du beurre, respecter ses appétences et partager ?

Il convient de négocier les menus. Les appétences de chacun lui signalent ce dont il a besoin, mais il n'y a pas si grande urgence à satisfaire ces besoins. Nous avons vu que la régulation alimentaire se faisait à l'échelle de la quinzaine de jours, alors on peut patienter, attendre un jour ou deux son steak-frites, son poisson au riz ou sa tarte aux fruits.

Et aussi, on peut manger quelque chose qu'on aime moins, parce que l'amour le rend meilleur.

Interrogez votre enfant sur ce dont il a envie. Du poulet ? Des bananes ? Du poulet aux bananes ?

Puis, négociez les menus avec lui. Aujourd'hui, c'est poisson. Ton papa, il adore le poisson. C'est de la daurade que j'ai achetée. Pas de la daurade d'élevage, mais de la daurade sauvage, pêchée dans l'Atlantique. C'est drôlement cher, tu sais. On peut dire qu'on mange de super bonnes choses, à la maison. Demain, d'accord, mon chéri, ce sera poulet. Avec une banane, oui, bien sûr.

### *7. Je fais découvrir des goûts nouveaux à mon enfant*

Les enfants ont leurs goûts propres. Ils adorent les pâtes, les pommes de terre, le riz, le maïs, le pain, sous toutes leurs formes. Ils aiment les viandes, les charcuteries, les laitages sans goût trop prononcé. La plupart aiment aussi les fruits, dès lors qu'ils ne sont pas trop compliqués à manger.

Question légumes, si certains enfants les aiment nature dès leur plus jeune âge, la plupart n'acceptent de les consommer que lorsqu'ils sont cuisinés, c'est-à-dire qu'on leur a ajouté des matières grasses. Ils aiment par exemple les gratins au fromage ou les ratatouilles à l'huile d'olive. Ou encore ils aiment les jardinières, les juliennes, les soupes dans la mesure où elles sont à la crème.

Ils ont bien raison. Comme ces plats apportent non seulement des micronutriments et des minéraux, mais aussi de la bonne énergie, les quantités de légumes consommées seront sans doute plus petites, mais je ne vois pas très bien en quoi ce serait un problème.

Ce qui serait dommage, c'est que l'enfant reste enfermé dans des choix alimentaires limités, qu'il mange en rond de sempiternelles patates avec le même jambon ou le même bifteck haché.

Pour que votre enfant puisse se constituer un répertoire alimentaire digne de ce nom, il vous faut lui présenter régulièrement des aliments nouveaux. Et comme il se méfie, il faut que vous rendiez ces nouveaux aliments aimables en racontant des histoires à leur sujet. Mais nous avons déjà dit cela.

D'un autre côté, il faut aussi éviter le zapping alimentaire. Il faut certes de la nouveauté, mais aussi une certaine constance. C'est facile lorsqu'on cuisine soi-même, car on ne connaît pas une infinité de recettes. Mais c'est plus difficile avec les produits industriels, car ils sont innombrables et il en sort chaque jour de nouveaux.

Aussi, pour les produits industriels que vos enfants mangent, que toute la famille mange, suivez les conseils que je vous ai donnés page 139 : pour chaque catégorie d'aliments, tels que les biscuits, chocolats, confitures, yaourts, desserts lactés, charcuteries, plats cuisinés frais ou surgelés, sélectionnez deux ou trois produits que vous aimez, qui vous paraissent plus sympathiques que les autres, que vos enfants aiment, et inscrivez-les sur une liste. Ce sont ceux-là que vous achèterez en priorité.

De temps à autre, essayez un produit nouveau. S'il vous satisfait, si vos enfants l'aiment, il viendra remplacer un aliment précédemment inscrit sur votre liste.

### *8. Je ne mets pas des conditions au fait de prendre son plaisir en mangeant*

Manger est une occupation sérieuse, vitale, qui permet l'équilibre physiologique, psychologique et émotionnel. On ne met pas des conditions à cela.

Oh, je sais bien que c'est ainsi que ça marchait, dans l'ancien temps : si tu travailles, tu auras à manger, tu gagneras ton pain à la sueur de ton front, ce genre de choses. Mais, pour la plupart d'entre nous, l'abondance alimentaire est une chose acquise. Pourquoi vouloir faire planer une menace, remettre en question cette opulence ?

Priver un enfant de dessert, c'est lui transmettre un message pernicieux : on lui fait comprendre que les aliments qui précèdent le dessert répondent à une nécessité qu'on ne remet pas pour le moment en question, mais qui sait ? On fait bien sentir à l'enfant qu'il est à la merci des adultes, que sa nourriture dépend d'eux et que, s'ils le désirent, ils peuvent lui couper les vivres.

Le plus souvent, il en tire la conclusion que le mieux est de s'empiffrer chaque fois qu'il le peut. Ce sera toujours ça de pris, n'est-ce pas ?

Le second message implicite est que le dessert n'est là que pour le plaisir, et que ce plaisir est facultatif. On peut vivre sans. Quel bien mauvais message !

J'ai longuement insisté sur le fait que c'est à partir de son plaisir alimentaire qu'on régule son alimentation. En fait, il n'y a pas des aliments nécessaires d'un côté et des aliments plaisir de l'autre. On prend du plaisir à tous les manger. En tout cas, il serait bon que ce soit ainsi.

« Finis ta soupe pour avoir du dessert » est un discours du même ordre, qui moralise l'alimentation et qui va à l'encontre de la physiologie. Car, comme on l'a vu dans ce livre à propos du rassasiement, page 52, lorsqu'on déguste ce qu'on mange, on sature avec un aliment, tandis qu'il nous reste de l'appétit pour le suivant (on appelle cela le rassasiement sensoriel spécifique).

Autre manipulation courante, dont sont victimes les enfants de la part des adultes : « Si tu es sage, tu auras un bonbon. » Pourquoi vouloir rendre ce bonbon conditionnel ? Pourquoi le rendre ainsi de plus en plus désirable ? Imagine-t-on une mère qui dirait : « Si tu es sage, tu auras des épinards » ? Ce serait pourtant ce qu'elle devrait faire, cette mère, si elle voulait manipuler son enfant afin qu'il aime les épinards.

Laissez donc les bonbons à leur place de nourritures ordinaires, au même niveau que la viande, les légumes ou les fruits, ni plus ni moins désirables.

Enfin, dans notre sottisier, « Finis tes brocolis, parce que les petits Éthiopiens ont faim » est en bonne place. Que viennent faire les petits Éthiopiens ici, si ce n'est couper l'appétit de nos enfants, les culpabiliser d'avoir à manger ? Et puis, Jérémie a beau finir ses brocolis, les petits Éthiopiens continuent à avoir faim. Jérémie le sait, il n'est pas idiot.

### *9. J'apprends à mon enfant à identifier ses sensations de faim et de rassasiement, et j'en parle avec lui*

Apprendre à manger, c'est encore apprendre à écouter ses sensations alimentaires, les respecter, de telle sorte qu'on soit autant que possible dans sa zone de confort, ni affamé ni repu.

Voilà quelque chose qui ne se fait pas forcément d'instinct, mais qui relève d'un processus d'apprentissage pour nombre d'enfants.

De même, un enfant ne saura différencier la faim d'envies de manger tout aussi respectables, mais qui correspondent à des besoins psychologiques et émotionnels, que si on le lui a appris.

On s'arrête de manger quand on est rassasié. Mais quand l'est-on ? Lorsqu'on est repu ? Ou bien lorsqu'on est juste assez nourri pour ne plus avoir faim, en étant toujours dans sa zone de confort ? Bien des enfants ont besoin qu'on leur apprenne la différence.

Dis donc, Aiwa, tu avais drôlement faim, j'ai l'impression, parce que tu as tout fini à une allure ! Comment tu te sens, maintenant ? Un peu lourde ? Ça ne m'étonne pas. Peut-être que tu avais trop faim et que tu aurais dû manger quelque chose avant. Ah oui, tu l'as senti, mais tu n'avais rien sous la main ? Bah, ça arrive, on ne fait pas toujours ce qu'on veut.

### *10. Quand mon enfant a faim, il doit pouvoir manger, même entre les repas*

Si votre enfant est aux prises avec certains de ces puritains qui voudraient discipliner les appétits de nos enfants, les obliger à manger à heures fixes, les empêcher de manger à leur faim, apprenez-lui à s'en défendre.

Expliquez-lui la différence qu'il y a entre le grignotage et une collation. Grignoter consiste à manger sans faim et sans fin, sans conscience de manger, par exemple devant la télévision ; prendre une collation consiste à répondre à une faim survenant en dehors des heures prévues pour les grands repas de la journée, et l'idéal est de supprimer la faim sans pour autant se couper l'appétit au repas suivant.

La différence est un peu spécieuse, je vous l'accorde, et grignoter pour se réconforter n'est pas toujours une si mauvaise idée, comme on va le voir.

Mais bon, voilà qui donne malgré tout quelques munitions pour faire face aux moralisateurs de tous poils.

### *11. Quand mon enfant est rassasié, il peut sortir de table*

Ces repas où les adultes discutent à n'en plus finir, tandis que leurs enfants sont tenus de se tenir tranquilles sur leur chaise, quelle horreur !

Basile, tu n'as déjà plus faim, tu ne veux pas finir ta viande, tu ne veux pas de dessert ? Va jouer, mon chéri. Ah si, tu veux quand même de la tarte aux pommes ? Va jouer, et je t'appellerai quand on en sera là.

### *12. Je montre à mon enfant le mode d'emploi des aliments les plus nourrissants, le mode d'emploi des aliments de faible densité calorique*

Les biscuits, les produits chocolatés, les friandises sont des aliments riches. Il en faut ridiculement peu pour se sentir nourri. Certains enfants s'en aperçoivent tout seuls tandis que d'autres ont besoin d'une éducation particulière.

On leur montrera donc comment ils se mangent : avec beaucoup d'attention, de plaisir et de circonspection. On les déguste, on garde chaque bouchée longtemps en bouche afin de mieux s'imprégner de son goût délicieux, de ce sucre, de ce gras, de ces arômes. Vient un moment où on sature, on n'en veut plus. On laisse alors ce qui reste. On en remangera une prochaine fois, dès que notre appétence pour eux se manifestera à nouveau.

Ces aliments-là sont faits pour répondre à des besoins énergétiques, ou bien à des besoins affectifs et émotionnels. Dans tous les cas, on les mange avec adoration et prudence, car chaque bouchée compte.

Les salades, les légumes, les fruits ne requièrent pas la même attention. Leurs effets nourrissants sont bien moindres, et leur goût ne se modifie pas de bouchée en bouchée.

En fait, on n'a pas cette sensation de saturation progressive, mais simplement la sensation qu'ils nous remplissent l'estomac.

On en mange donc habituellement une quantité préétablie, sans qu'il soit besoin d'adapter précisément la quantité consommée à son appétit. On veille toutefois à ne pas les manger en excès, afin de ne pas s'encombrer la panse inutilement.

Tous ces aliments sont des trésors et sont nécessaires. Ils sont tous aussi nobles, mais ne courent pas dans la même catégorie.

### *13. J'apprends à mon enfant à se réconforter ponctuellement avec la nourriture*

Lorsque votre enfant réclame des friandises, demandez-lui s'il a faim. Si ce n'est pas le cas, alors que se passe-t-il ? Qu'est-ce qui ne va pas ? Est-il triste, a-t-il mal ?

Mais parfois, vous n'êtes pas disponible, physiquement ou mentalement. Ou bien vous n'avez pas compris ce que votre enfant vivait. Manger, de préférence un aliment gras et sucré, vient alors remplacer la parole et l'amour absents.

Il n'y a pas de quoi fouetter un chat, si vous voulez mon avis. Enfin, à condition que ce ne soit pas systématique, que votre enfant ne prenne pas l'habitude de manger au lieu de parler et d'exprimer ses sentiments.

Si votre enfant est sur cette pente glissante, parlez avec lui de ce qu'il ressent, de ce qui se passe, et qui suscite en lui le recours à l'aliment réconfortant. Montrez-lui que manger ne dispense pas de parler. Après s'être réconforté, justement, ça va mieux, et on peut donc parler et comprendre ce qui s'est passé.

C'était de la faim, Caroline, ces bonbons, tu es sûre, ou bien c'était parce qu'il y avait quelque chose qui n'allait pas ? Allez, raconte-moi ce qui s'est passé. Viens que je te fasse un câlin. Et reprends un bonbon, si tu veux.

## Si mon enfant est potelé, en surpoids ou obèse

Un enfant qui a appris à manger de l'amour, qui s'est civilisé, qui sait autant que possible se maintenir dans sa zone de confort afin de n'être ni affamé ni repu n'a aucune raison de faire un autre poids que celui prévu par sa génétique.

Il sera donc fin s'il est issu d'une famille d'échalas, et potelé si certaines personnes de sa famille lui ont transmis des gènes de rondouillard.

Il ne sera franchement obèse que s'il est porteur d'une tare génétique. Ou peut-être cette obésité n'est-elle pas due à une erreur alimentaire, comme on vous le serine, mais est-elle causée par un facteur mystérieux et actuellement inconnu ? Nous avons passé en revue quelques théories de ce genre au fil des pages et, qui sait, l'avenir réserve peut-être bien des surprises !

Quoi qu'il en soit, certains enfants sont gros aujourd'hui, et peut-être est-ce le cas du vôtre.

Bien évidemment, commencer par donner à votre enfant une éducation alimentaire digne de ce nom est ce que vous pouvez faire de mieux.

Cependant, dans le meilleur des cas, votre enfant s'affinera en grandissant, mais ne maigrira pas immédiatement de façon foudroyante. Ce n'est d'ailleurs en aucune façon souhaitable. Car rappelons qu'à ce jour, il n'existe pas de méthode amaigrissante qui soit simple, efficace et durable.

Durant ce temps où votre enfant est gros, il vous revient, à vous, ses parents, de l'aider à survivre dans ce monde hostile aux gros et, surtout, de ne pas lui enfoncer un peu plus la tête sous l'eau.

### ➤ *Je ne stigmatise pas mon enfant*

Votre enfant, l'aimez-vous inconditionnellement, quel que soit son poids, ou bien seulement s'il mange droit et maigrit ? Si vous faites dépendre votre affection de l'aspect physique de votre enfant, de ses efforts pour « manger raisonnablement » ou pour faire un régime, alors cela signifie que cet enfant ne reçoit pas l'amour dont il a besoin.

Faire dépendre l'amour qu'on donne à ses enfants du poids qu'ils font, de leur comportement alimentaire correct ou incorrect, c'est stigmatiser ! On discrédite son enfant, on le considère comme anormal, déviant, et il se trouve réduit à cette étiquette de gros. Voilà, il est un gros, rien qu'un gros. C'est de sa faute, parce qu'il mange mal, parce qu'il est mauvais. On instille alors en son enfant une honte inexpiable, une culpabilité destructrice.

Au secours les psys ! Le mieux serait que vous vous fassiez aider afin que cesse cette obsession du poids et des formes corporelles. Qui sait, peut-être cela évitera-t-il à votre enfant d'avoir besoin de se faire aider par un psy un peu plus tard ?

### ➤ *Je soutiens mon enfant face à la stigmatisation extérieure*

Supposons que vous ne soyez pas ce genre de parent. Vous ne voulez que du bien à votre enfant, et vous lui donnez tout votre amour. Vous lui donnez une éducation alimentaire et l'aidez à se civiliser.

Mais vous ne vivez pas sur une île déserte et votre enfant non plus. Il est aux prises avec ses petits camarades, ses enseignants, différents médecins, les gens dans la rue, ainsi que les autres membres de votre famille.

Expliquez à votre enfant gros les dures réalités de la vie dès qu'il est en âge de les comprendre. Il doit affronter une société stigmatisante pour les gros et devenue idolâtre de la minceur. Sans doute cette hargne est-elle due en grande partie au fait que tout un chacun se sent plus ou moins un pas-encore-gros, un mince menacé de devenir gros s'il ne se contrôle pas en permanence, comme on le demande aujourd'hui. Bref, le gros est un bouc émissaire.

D'autres ont déjà vécu ce genre de situation dans le passé : les Noirs, les juifs ont par exemple été stigmatisés. Les gens de couleur le sont toujours, dans nos pays. Les pauvres et les chômeurs aussi. Et puis aussi, de tout temps, les trop ou les pas assez quelque chose : trop grands, trop petits, trop intelligents, trop bêtes.

Ce qu'il faut expliquer à votre enfant, c'est qu'il n'a pas commis de faute, n'a pas à avoir honte, n'est pas en cause en tant que personne.

L'encourager à se plaindre, ou bien à revendiquer ? Bof. À un niveau individuel, vous risquez surtout de l'encourager à devenir un assisté[3]. Non, ce à quoi vous devez encourager votre enfant, c'est à être lui-même, tel qu'il est, se respecter et demander le respect qui lui est dû.

Donc, respectez votre enfant. Respectez ses appétits, ses sensations alimentaires, son apparence physique, sa vision des choses.

### ➤ *J'encourage mon enfant à être actif, quelles que soient les activités qui le passionnent*

Un enfant inactif est un enfant qui va mal. Son immobilité traduit une profonde fâcherie avec son corps, que l'enfant, l'adolescent s'efforcent d'oublier par tous les moyens. Parfois, cela le conduit à ne pas vivre, c'est-à-dire ne pas ressentir, ne pas penser, ne pas échanger. L'enfant s'éteint plus ou moins, ne gardant pour toute vie que sa vie alimentaire.

D'autres s'en sortent un peu mieux grâce à leur imagination, aidée aujourd'hui par un brin de technicité. Par exemple, jouer à des jeux vidéo leur permet de se procurer à moindre frais un corps de rêve, beau, gracieux, fort, svelte, admirable.

Ce mouvement d'oubli du corps réel et sa substitution par un corps virtuel vont parfois si loin qu'aux yeux de l'enfant ou de l'adolescent, le vrai corps est celui qu'il s'imagine, tandis que le corps biologique apparaît comme un résidu. La vraie vie est alors celle qu'on vit par écran interposé.

Ce qu'il faut à votre enfant, c'est de la vie en prise directe. Avec de l'émotion, du sentiment, de l'amour. Et puis de la bagarre, de la rivalité, des matchs.

De ce point de vue, les matchs d'échecs valent les matchs de foot. Ne confondez pas activité et agitation. Le corps peut s'agiter sous l'effet d'un cours de gym, mais si ce corps n'est pas habité, alors tout ça ne sert pas à grand-chose. À l'inverse, une partie de Monopoly contre des adversaires qui vous respectent peut réveiller la vie.

C'est quand la vie est de retour que le corps fait mal. C'est bon signe. C'est le bon moment pour convaincre votre enfant qu'il est temps d'habiter son corps. Il n'y en aura jamais de rechange, et il doit faire la paix avec celui-là. Doucement, gentiment. Bon, d'accord, même comme ça, ça fait mal. Mais c'est toujours comme ça quand on entre en convalescence.

En pratique, il s'agit d'encourager votre enfant à des activités physiques les plus progressives et les moins déplaisantes possible. Trouvez-lui des compagnons d'activités. De petits camarades, bien sûr, si c'est possible. Ou bien un cheval avec qui il fera de l'équitation, un chien qui le promènera.

# *Conclusion*

Tout va bien si on est attentionné vis-à-vis de soi-même, si on répond à ses besoins, à ses désirs. Cela vaut pour tout un chacun, de 7 à 77 ans, ou plutôt de 0 à 100 ans. On écoute ses sensations alimentaires, ses appétences, ses émotions, ses pensées. On mange des aliments bons à aimer et bons à penser et on les mange en compagnie, car cela réchauffe le cœur, le nôtre, le leur, et cela aide au respect de soi.

Les aliments qu'on mange deviennent indigestes s'ils font peur, et les sensations alimentaires cessent d'être perceptibles.

Méfions-nous de ces oiseaux de mauvais augure, qui ne cessent de crier au loup, qui voudraient nous convaincre qu'il nous faut des aliments parfaitement purs et hygiéniques, dénués de la moindre trace de saleté. Fort heureusement, nous sommes solides et nous nous contentons très bien d'aliments sans aucune perfection, juste suffisamment bons, ce qu'ils sont dans l'ensemble. Sans doute un peu grâce à cela, nous vivons vieux et conservons la forme.

En définitive, tout va mieux aussi si on est aimable et patient avec soi. Et il en faut parfois, de la patience, car les comportements alimentaires ne marchent pas droit. Il arrive qu'on ne mange pas dans les clous, qu'on abandonne la sagesse et la prudence, qu'on sorte de sa zone de confort, bref qu'on soit la proie d'une sorte d'orage alimentaire de type tropical, voire d'un cyclone en bonne et due forme.

Est-ce grave, docteur ? Seulement si vous en faites une maladie. Sinon, après la pluie le beau temps.

Bon, d'accord, il arrive parfois que les choses ne s'arrangent pas toutes seules, que les cyclones se suivent d'un peu trop près.

Tout se dérègle. La guerre avec soi-même a commencé. Il faut donc faire la paix. Mais celle-ci prend du temps à s'établir. Il faut raccommoder la confiance, s'amadouer, s'apprivoiser. Pendant tout ce temps, les comportements alimentaires tanguent et on ne fait pas le poids qu'on voudrait. Mais justement, c'est en partie parce qu'on a cherché à maîtriser son poids qu'on a basculé dans la guerre…

Ce doit être mon côté post-soixante-huitard : voilà que me revient à l'esprit ce slogan, « Faites l'amour, pas la guerre ». Il me paraît parfaitement adapté à la situation. Mangez avec amour, ne vous faites pas la guerre.

# *Notes*

## CHAPITRE PREMIER
## *Mangez harmonieusement*

1. Le psychanalyste René Spitz a ainsi décrit ce qu'il a appelé l'hospitalisme, dans les années 1950. *Cf.* Spitz R., *De la naissance à la parole*, Paris, PUF, 1968.

2. Smart Fortwo : 3,4 l/100 km, Citroën C2 4,1 l/100 km. Ferrari Enzo : 23 l/ 100 km.

3. Huit acides aminés, sur une vingtaine, sont dits essentiels et doivent être apportés par l'alimentation. Mais en fait, vu la composition des protéines des aliments usuels, seuls trois acides aminés, la méthionine, la lysine et le tryptophane sont susceptibles d'être limitants.

4. Le cas de la lysine a été particulièrement étudié : les rats déficients en lysine montrent un appétit spécifique pour les aliments qui en contiennent. Voir : Torii K. *et al.* « Nutritional deficiency of an essential amino acid L-Lysine (physiological recognition and responses) », *in Food selection. From genes to culture*, Anderson, Blundell, Chiva éds., Danone Institute, 2002.
De même, en ce qui concerne les acides gras essentiels à longue chaîne, l'acide alphalinolénique, indispensable pour la synthèse des oméga 3, et l'acide linoléique, indispensable pour la synthèse des oméga 6, des travaux récents montrent que nous sommes aptes à les détecter grâce à un goût spécifique. Car, contrairement à ce qu'on avait cru jusque-là, le gras, ou en tout cas certaines substances grasses, a un goût spécifique, et nous pouvons donc avoir de l'appétence pour les aliments qui en contiennent. Voir : 1) http://www.gros.org/pagesgros/kronikold.html#anchorgras ; 2) Laugerette Fabienne, Passilly-Degrace Patricia, Paths Bruno, Niot Isabelle, Febbraio Maria, Montmayeur Jean-Pierre, Besnard Philippe, « CD36 involvement in orosensory detection of dietary lipids, spontaneous fat preference, and digestive secretions », *Journal of Clinical Investigation,* 2005, vol. 115, n° 11, p. 3177-3184 ; 3) Laugerette Fabienne, Passilly-Degrace Patricia, Patris Bruno, Niot Isabelle, Montmayeur Jean-Pierre, Besnard Philippe, « CD36, un sérieux jalon sur la piste du goût du gras », M/S. *Méd. Science,* 2006, vol. 22, n° 4, p. 357-359.

5. Le cas de la thiamine, ou vitamine B6 est connu depuis les années 1930. Voir Rodger et Rozin, « Novel food preferences in thiamine deficient rats », *J. Comp. Physiol. Psychol.,* 1966, 61, 1-4. Différentes expériences montrent des appétits spécifiques pour d'autres vitamines B comme la piridoxine, le pantothénate et la riboflavine.

En ce qui concerne les vitamines A et D, qui sont aisément stockées et pour lesquelles les carences n'apparaissent qu'après plusieurs mois, les expériences sont plus difficiles à réaliser. En ce qui concerne les minéraux, l'appétit pour le sel est bien documenté, de même que pour le calcium.

6. Dans le Lévitique, où sont énoncées les lois concernant la cacherout des animaux, nulle raison n'est donnée pourquoi, par exemple, un animal qui rumine et a les sabots fendus est casher alors qu'un animal qui n'a pas un de ces signes ne l'est pas. Il n'y a pas de raison logique apparente pour faire une distinction entre ces animaux ou d'autres.
Le grand commentateur français Rachi (1040-1105), citant des sources talmudiques, écrivit que l'interdiction de manger telle ou telle viande doit être acceptée telle quelle, car elle n'a pas de raison humainement compréhensible.

7. http://www1.alliancefr.com/~kacher/Kcacher11-refl.htm

8. Les mucilages, généralement vendus en pharmacie, sont à base d'extraits de plantes tels que le konjac, la gomme de caroube, le fucus, ou encore à base de glucomannane ou de xanthane. Voir pour plus de détails : Apfeldorfer G., *Maigrir, c'est fou !, op. cit.*

9. Je reprends là à mon compte la théorie glucostatique de la faim, ancienne théorie qui, après avoir été sujette à bien des controverses, a été récemment confortée par des travaux récents. Une légère hypoglycémie, transitoire, est concomitante des sensations de faim. Les manifestations perceptibles de la faim sont d'ailleurs superposables à celles que l'on ressent lors d'une hypoglycémie. Les aires hypothalamiques latérale (ALH) et ventromédiane (VMH), qui jouent un rôle essentiel dans les processus de déclenchement de la prise alimentaire, possèdent des neurones sensibles aux variations de glucose dans le sang. Pour plus de détails, voir Chapelot D., Louis-Sylvestre J., *Les Comportements alimentaires,* Paris, Éditions Tec et Doc, 2004.

10. C'est une hormone, la leptine, qui est sécrétée par les adipocytes et qui informe les centres hypothalamiques de la taille de réserves adipeuses.

11. On parle en anglais de *finickiness*, c'est-à-dire de comportement de gourmet.

12. Je traduis ainsi la différenciation faite par Berridge et Robinson entre *needing* et *wanting*, entre le besoin de manger pour satisfaire ses besoins physiologiques, et l'envie de manger pour le plaisir procuré. Berridge K., « Motivation concepts in behavioral neuroscience », *Physiology & Behavior*, 2004, 81, p. 179-209.

13. Chapelot D., Louis-Sylvestre J., *Les Comportements alimentaires, op. cit.*, p. 60.

14. *Ibid.*, p. 64.

15. Voir : 1) Apfeldorfer G., « Le Goût du gras », *Chroniques du GROS,* novembre 2006. http://www.gros.org/pagesgros/kronikold.html ; 2) Laugerette Fabienne, Passilly-Degrace Patricia, Paths Bruno, Niot Isabelle, Febbraio Maria, Montmayeur Jean-Pierre, Besnard Philippe, « CD36 involvement in orosensory detection of dietary lipids, spontaneous fat preference, and digestive secretions », *Journal of Clinical Investigation,* 2005, vol. 115, n° 11, p. 3177-3184 ; 3) Laugerette Fabienne, Passilly-Degrace Patricia, Patris Bruno, Niot Isabelle, Montmayeur Jean-Pierre, Besnard Philippe, « CD36, un sérieux jalon sur la piste du goût du gras », *Méd. Science,* 2006, vol. 22, n° 4, p. 357-359.

16. Nemeroff C., Rozin P., « You are what you eat : Applying the demand-free "impressions" technique to an unacknowledged belief », *Ethos*, 1989, 17, p. 50-69.

17. Apfeldorfer G. (sous la direction de), *Traité de l'alimentation et du corps,* Paris, Flammarion, 1994.

18. C'est la loi de contiguïté, ou magie de sympathie de Frazer, selon laquelle « une chose est pure ou impure, contaminée ou non ». Mauss M., « Esquisse d'une théorie générale de la magie », 1902-1903, 1re édition, *in Sociologie et anthropologie,* Paris, PUF, 1950 ; 1968.

19. Apfeldorfer G., *Aliments naturels et industriels : vos fantasmes se digèrent-ils bien ?* Paris, Communication Medec, 1995.

20. Rozin P., Millman L., Nemeroff C., « Operation of the laws of sympathetic magic in disgust and other domains », *J. of Personality and Social Psychol.,* 1986, 50, p. 702-712.

21. Rozin P., Fallon A. E., « A perspective of disgust », *Psychol. Review,* 1987, 94(1), 23-41.

CHAPITRE 2

## *Mangez des aliments bons pour la santé et pour le poids*

1. Kahn Axel, *op. cit.*

2. Apfeldorfer G., *Aliments naturels et industriels : vos fantasmes se digèrent-ils bien ?, op. cit.*

3. Michel E., Péquignot G., Jougla E., « Données sur le niveau et l'évolution de la mortalité en France », *in* Apfelbaum M., *Risques et peurs alimentaires,* Paris, Odile Jacob, 1998.

4. Haghebaert S., Delarocque Hastagneau E., Vaillant V., Gallay A., Le Querrec F., Bouvet P., « Épidémiologie des maladies infectieuses en France », *Bull. Épid. Hebd.,* numéro spécial février 1998. Cité par Apfelbaum M., *Risques et peurs alimentaires,* Paris, Odile Jacob, 1998, p. 109.

5. Entre 1980 et 2000, l'incidence des cancers a augmenté de 60 %. Cependant, en raison des progrès médicaux, la mortalité par cancer n'a augmenté que de 20 %. *Cf.* « Les cancers en chiffres : chiffres du cancer : incidence, différences et survie », Réseau Francim. http://www.ligue-cancer.net/

6. *Tableaux de l'économie française 2006,* Éditions Insee.

7. Gallais André, Ricroch Agnès, *Plantes transgéniques : faits et enjeux,* Éditions Quae, Collection « Synthèses », Inra, 2006.

8. Kahn Axel, « Génie génétique, agriculture et alimentation : entre peurs et espoirs », *in* Apfelbaum M., *Risques et peurs alimentaires,* Paris, Odile Jacob, 1998.

9. Apfeldorfer G. (sous la direction de), *Traité de l'alimentation et du corps, op. cit.*

10. Jonas H., *Le Principe responsabilité. Une éthique pour la civilisation technologique,* Paris, Éditions du Cerf, 1990.

11. Irigaray P. , Mejean L. , Laurent F., « Behaviour of dioxin in pig adipocytes », *Food Chem. Toxicol.,* 2005 , vol. 43, n° 3, p. 457-460.

12. Dhurandhar N. V., Israel B. A., Kolesar J. M., Mayhew G. F., Cook M. E., Atkinson R. L., « Increased adiposity in animals due to a human virus », *Int. J. Obes.,* 2000 , vol. 24, n° 8, p. 989-996 ; Dhurandhar N. V., Kulkarni P. R., Ajinkya S. M., Sherikar A. A., Atkinson R. L., « Association of adenovirus infection with human obesity », *Obes. res.,* 1997 , vol. 5, n° 5, p. 464-469.

13. Turnbaugh P. J., Ley R. E., Mahowald M. A., Magrini V., Mardis E. R., Gordon J. I., « An obesity-associated gut microbiome with increased capacity for energy harvest », *Nature*, 2006, 444, p. 1027-1031.

14. *Risques et bénéfices pour la santé des acides gras trans apportés par les aliments* – Recommandations, avril 2005. http://www.afssa.fr/ftp/afssa/basedoc/rapport-CLA.pdf

15. Rosnay Stella et Joël de, *La Malbouffe : comment se nourrir pour mieux vivre*, Paris, Seuil, 1981.

16. Remesy Christian, *Que mangerons-nous demain ?*, Paris, Odile Jacob, 2005.

17. De larges emprunts ont été faits à : 1) Fischler C., « Les aventures de la douceur », *Nourritures*, Autrement, 1989, n° 108, p. 32-39 ; 2) Fischler C., *L'Homnivore, le Goût, la Cuisine et le Corps*, Paris, Odile Jacob, Paris, 1990 ; 3) Apfeldorfer G., Chapelot D., *Sucre et addiction*, Paris, Cedus Ed., Coll. « Sucre et santé », n° 7, 2006.

18. C'est le Français Benjamin Delessert qui met au point en 1812 une méthode d'extraction du sucre à partir de la betterave, sur la demande de Napoléon.

19. Ces chiffres de consommation englobent le saccharose consommé tel quel, ainsi que les produits sucrés, qui représentent en fait les trois quarts de la consommation de sucre. Les pays européens ont une consommation modeste en regard de celle des États-Unis, où les ventes de sucres (saccharose de canne ou de betterave, sirops de glucose issus du maïs, mélasse, miel…) représentent 70 kilos par an et par personne pour l'année 2000. Consommation pour la France ; voir le Rapport du groupe de travail PNNS sur les glucides. Étapes 1 et 2 du mandat. Direction générale de l'alimentation sous-direction de la réglementation, de la recherche et de la coordination des contrôles, mars 2007 http://agriculture.gouv.fr/spip/IMG/pdf/rapportglucides.pdf. Consommation pour les États-Unis : voir Cordain Loren, Eaton S. Boyd, Sebastian Anthony, Mann Neil, Lindeberg Staffan, Watkins Bruce A., O'Keefe James H., Brand-Miller Janette, « Origins and evolution of the Western diet : health implications for the 21st century », *Am. J. Clin. Nutr.*, 2005 , vol. 81, n° 2, p. 341-354.

20. Fischler C., *L'Homnivore, le Goût, la Cuisine et le Corps*, *op. cit.*

21. C'est la position du courant galéniste du XVIIe siècle.

22. C'est le courant paracelsien de la même époque, dont les chefs de file sont Garencières, Thomas Willis ou Duchesne.

23. Le glucose, le fructose, le galactose sont des monosaccharides, tandis que le saccharose (composé de l'union d'une molécule de glucose et d'une molécule de fructose) et le lactose (composé de l'union d'une molécule de glucose et d'une molécule de galactose) sont des disaccharides.

24. Certains chercheurs ont suggéré que la consommation régulière d'aliments à index glycémique élevé pourrait induire une insulino-résistance et une élévation d'une hormone, l'IGF-I (*Insulin like Growth Factor-I*), ce qui favoriserait les processus inflammatoires et certains cancers. Ont été évoqués les cancers du côlon, du sein, de l'ovaire et de la prostate. Il s'agit de nouvelles perspectives de recherche, à partir desquelles il n'est pas possible de tirer de conclusion à ce jour. *Cf.* Giovannucci E., « Insulin and colon cancer », *Cancer Causes Control*, 1995, 6, p. 164-179.

25. Apfeldorfer G. *Maigrir, c'est fou !*, *op. cit.*

26. Atkins R. C., *La Révolution diététique du Dr Atkins*, Paris, Buchet-Chastel, 1975.

27. *Ibid.*

28. *Ibid.*

29. Lean M. E., Lara J., « Is Atkins dead (again) ? », *Nutr. Metab. Cardiovasc. Dis.*, 2004, 14(2), p. 61-65.

30. Robert Atkins est mort à 73 ans, en 2003, des suites d'une mauvaise chute. Son corps pesait alors 117 kilos selon les instances officielles de l'hôpital, alors que lui-même avait annoncé 88,5 kilos au moment de son hospitalisation.

31. L'index glycémique mesure la capacité d'un glucide donné à élever la glycémie après le repas par rapport à un standard de référence qui est le glucose pur. L'inventeur du concept en 1981, le docteur David Jenkins, a donné arbitrairement au glucose l'index 100. Le saccharose a un IG de 65, ce qui le classe en fait dans les aliments à IG moyen.

32. Pigeyre M., Romon M., « L'index glycémique est-il utilisable en pratique ? », *Cah. Nutr. Diét.* 41, 4, 2006, p. 247-251.

33. C'est Walter Willett, professeur d'épidémiologie et de nutrition à l'université de Harvard, qui propose le concept de charge glycémique. La charge glycémique est évaluée pour une portion standard d'aliment et mesure la capacité de cette portion à élever le sucre sanguin. Salmeron J., Manson J. E., Stampfer M. J., Colditz G. A., Wing A. L., Willett W. C., « Dietary fiber, glycemic load, and risk of non-insulin-dependent diabetes mellitus in women », *JAMA*, 1997, vol. 277, n° 6, p. 472-477.

34. Lecerf J. M., *La Signification et l'utilisation de l'index glycémique*, communication aux 9e Entretiens de nutrition de l'institut Pasteur de Lille, 5 juin 2007, Lille.

35. Audette R. V., Audette R., *Neanderthin : a Caveman's Guide To Nutrition*, Paleolithic Press, 1995.

36. Aujourd'hui, c'est un comble, sous l'effet de conseils diététiques un peu trop bien suivis qui tendent à diaboliser les lipides toujours davantage, on commence à voir des individus carencés en acides gras saturés. C'est tout particulièrement le cas de personnes mises au régime par leurs médecins, pour un syndrome métabolique, une dyslipidémie athérogène, une athérosclérose ou une simple obésité abdominale.

37. Pour plus de précision : le chef de file des acides gras oméga 6 est l'acide linoléique ou LNA, le seul acide gras essentiel de la série. Le chef de file des acides gras oméga 3 est l'acide alphalinolénique ou ALA. Il est essentiel, mais ses métabolites, l'acide eicosapentaénoïque ou EPA, et l'acide décosahexaénoïque ou DHA ne sont synthétisables qu'en faible quantité. Il est donc préférable que l'alimentation en apporte aussi.

38. Ces produits sont signalés par le logo « Bleu-Blanc-Cœur » http://www.bleu-blanc-coeur.com/

39. Weil Pierre, *Tous gros demain ?* Plon, 2007.

40. Ailhaud Gérard, professeur de biochimie à l'université de Nice-Sophia-Antipolis et directeur de recherches au CNRS.

41. Ailhaud G., « Oméga 6 et obésité », *Réalités en nutrition*, 2, juin 2007, p. 37-39.

42. Ailhaud G., « Rapport oméga 6/oméga 3 : un équilibre déterminant », *Nutri-doc*, août 2007, 68, Cerin éditeur.

43. Weil Pierre, *Tous gros demain ?*, *op. cit.*

44. Archestrate, *La Gastronomie* (également connu sous les noms de *Gastrologie* ou *Hédypathie*).

45. « La consommation alimentaire depuis 40 ans », *INSEE Première*, n° 846, mai 2002. http://www.insee.fr/fr/ffc/docs_ffc/ip846.pdf

46. Cohen, Jean-Michel, Serog, Patrick, *Savoir manger. Le Guide des aliments*, Paris, Flammarion, 2004.

47. En France, c'est principalement l'Afssa (Agence française de sécurité sanitaire des aliments) qui est chargée de veiller à l'innocuité des aliments destinés à l'homme et aux animaux. Pour l'Europe, citons l'Efsa (Autorité européenne de sécurité alimentaire).

48. Apfeldorfer G., *Un monde sain, sain sain !*, http://www.gros.org/pagesgros/kronikold.html

49. Steven Bratman, David Knight, « Health food junkies », *Orthorexia Nervosa : Overcoming the Obsession with Healthful Eating*, New York, Broadway éd., 2001. http://www.orthorexia.com/

50. Apfeldorfer G., Zermati J.-P., *Dictature des régimes, attention !* Paris, Odile Jacob, 2006.

51. Autrefois, on parlait de crétinisme goitreux des Alpes, qui était dû au manque d'iode dans les vallées reculées de ces régions.

52. Compte tenu des autres apports alimentaires, les doses conseillées pour avoir en particulier un impact sur l'humeur sont d'environ 1,5 g/j d'oméga 3, sous forme d'EPA et de DHA. À vos loupes, si vous voulez choisir parmi les produits du commerce et disponibles en pharmacie !

53. Dans l'étude Suvimax, les produits et doses prescrits étaient les suivants : bêta-carotène : 6 mg/j (apport nutritionnel conseillé ou ANC : 2,1 mg/j) ; vitamine C : 120 mg/j (ANC : 110 mg/j) ; vitamine E : 30 mg/j (ANC : 12 mg/j) ; sélénium : 100 µg/j (ANC : 50 µg/j) ; zinc : 20 mg/j (ANC : 10 mg/j).

54. On a par exemple récemment mis en évidence les effets cancérigènes du bêta-carotène en excès chez les fumeurs et surtout chez les fumeurs buveurs d'alcool. Baron J., « Neoplastic and antineoplastic effects of beta-carotene on colorectal adenoma recurrence : results of a randomized trial », *J. Nat. Cancer Inst.*, 2003, 95(10), p. 717-722.

## CHAPITRE III

# *Quoi, quand, où, comment manger ?*

1. Holley A., *Le Cerveau gourmand*, Paris, Odile Jacob, 2006.

2. Fantino M., « Faut-il mettre les aliments sucrés à l'index ? », table ronde, *Nutrition infos*, juillet 2007, 1, p. 22.

3. Épicure, *Lettre à Ménécée* (traduction anonyme). http://www.ac-nice.fr/philo/textes/Epicure-Menecee.htm

4. Citons les margarines Pro-Activ de Fruit d'Or et Cholegram de Saint-Hubert.

5. Lecerf J.-M., « Phytostérols et phytostanols. Quel bénéfice cardio-vasculaire ? », *Cholédoc*, 101, mai-juin 2007, Cerin éd.

6. Rey Alain, *Dictionnaire historique de la langue française*, Le Robert, 1998, t. 2, p. 1599.

7. Rey Alain, *Dictionnaire historique de la langue française, op. cit.*

8. Brillat-Savarin, *Physiologie du goût*, 1825, p. 141.

9. Données fournies par la société McDonald's. http://www.mcdonalds.fr/

10. *Idem.*

## CHAPITRE 4

# *Venez à bout de vos dérèglements alimentaires*

1. Apfeldorfer G., *Maigrir, c'est dans la tête,* Paris, Odile Jacob, 1997.

2. Zermati Jean-Philippe., *Maigrir sans régime*, Paris, Odile Jacob 2002.

3. Ce point de vue a été précédemment développé plus en détail dans « Les commandements de la minceur » *in* Apfeldorfer G., Zermati J.-P., *Dictature des régimes, attention !*, Paris, Odile Jacob, 2006. Merci au lecteur intéressé de s'y référer.

4. IMC = indice de masse corporelle. On le calcule en divisant le poids, exprimé en kilos, par la taille, exprimée en centimètres au carré.

5. Gaesser G., « Thinness and weight loss : Beneficial or detrimental to longevity », *Med. Sci. Sports Exer.*, 1999, 31, p. 1118-1128.

6. Ernsberger P., Koletsky R. J., « Biomedical rational for a wellness approach to obesity : An alternative to a focus on weight loss », *J. Soc. Issues,* 1999, 55, p. 221-260 ; « Look at the evidence », *Healthy Weight J.,* 2003, 17, p. 8-11.

7. Robison J., « Health at every size : Antidote for the "obesity epidemic" », *Healthy Weight J.*, 2003, 17, p. 4-7.

8. Bacon L., Stern J. S., Van Loan M. D., Keim N. L., « Size acceptance and intuitive eating improve health for obese, female chronic dieters », *Am. Diet. Ass.,* 2005, 105, 6, p. 929-936.

9. Miller W. C., « Fitness and fatness in relation to health : Implications for a paradigm shift », *J. Soc. Issues,* 1999, 55, p. 207-219.

10. Gaesser G., « Thinness and weight loss : Beneficial or detrimental to longevity », *Med. Sci. Sports Exer.*, 1999, 31, p. 1118-1128.

11. Cogan J. C., Ernsberger P., « Dieting, weight, and health : Reconceptualizing research and policy », *J. Soc. Issues,* 1999, 55, p. 187-205.

12. Ce point de vue a été précédemment développé plus en détail dans Apfeldorfer G., *Les Relations durables,* Paris, Odile Jacob, 2004. Merci au lecteur intéressé de s'y référer.

13. Sobal J., Stunkard A. J., « Socioeconomic status and obesity : A review of the literature », *Psychol. Bulletin,* 1989, 105, 2, p. 260-275 ; Amadieu Jean-François, *Le Poids des apparences, beauté amour et gloire,* Paris, Odile Jacob, 2002.

14. Bardolle Olivier, *Éloge de la graisse,* Paris, Jean-Claude Gawsewitch Éditeur, 2006.

15. Ce point de vue a été précédemment développé plus en détail dans « De la société boulimique à la société postindustrielle », *in* Apfeldorfer G., Zermati J.-P., *Dictature des régimes, attention !* Paris, Odile Jacob, 2006. Merci au lecteur intéressé de s'y référer.

16. Heatherton T. F., Herman C. P., Polivy J., « Effects of physical threat and ego threat on eating behavior », *J. of Personality and Social Psychology,* 1991, 60, p. 138-143

17. Hahusseau Stéphanie, *Tristesse, peur, colère, agir sur ses émotions,* Paris, Odile Jacob, 2006.

18. http://vosdroits.service-public.fr/particuliers/F1642.xhtml

19. Poulain Jean-Pierre, « Sociologie de l'obésité : facteurs sociaux et construction sociale de l'obésité », *in* Basdevant A., Guy-Grand B., *Médecine de l'obésité*, Paris, Flammarion, 2004, p. 17-25.

20. Stoker Bram, *Dracula*, Marabout, 1975.

21. *Dracula* (*Bram Stoker's Dracula*), film réalisé par Francis Ford Coppola, 1992.

22. Rice Anne, *Entretien avec un vampire*, Paris, Jean-Claude Lattès, 1994.

23. *Entretien avec un vampire* (*Interview with the Vampire*), film réalisé par Neil Jordan, avec Tom Cruise, Brad Pitt, Stephen Rea, 1994.

24. Nemiah J. C., « Alexithymia : present, past and future ? », *Psychosomatic Medicine,* 1996, vol. 58, n° 3, p. 217-218.

25. Otmani O., Loas G., Lecercle C., Duflot M., Jouvent R., Veyrat, Houillon, « Relations entre alexithymie et dépendance affective : Étude chez un groupe de 144 étudiants. Discussion », *Ann. méd. psychol.,* 1999, vol. 157, n° 1, p. 48-50.

26. Guilbaud O., Corcos M., Chambry J., Paterniti S., Loas G., Jeammet P., « Alexithymie et dépression dans les troubles des conduites alimentaire », *Encéphale,* 2000, vol. 26, n° 5, p. 1-6.

27. Apfeldorfer G., « Surpoids et troubles du comportement alimentaire », *Je mange, donc je suis,* Paris, Payot, 1991.

28. À la suite des travaux de Stanley Schachter, en 1974, on a baptisé « externalité » cette hypersensibilité aux stimuli du monde extérieur, qui va de pair avec une absence de reconnaissance des signaux internes. Les externalistes repèrent davantage d'informations dans un temps donné, mais sont plus distractibles ; ils évaluent mal les durées et les sensations douloureuses. On a voulu en faire une caractéristiques des personnes obèses, qui mangent en fonction des stimuli alimentaires présents dans leur environnement, et négligent leurs signaux de faim et de rassasiement [Rodin J., Elman D., Schachter S., « Emotionality and obesity », *in* Schachter S., Rodin J., *Obese Humans and Rats,* Washington DC, Erlbaum/Wiley, 1974 ; Rodin J., Slochower J., « Externality in the nonobese : the effects of environmental responsiveness on weight », *J. Pers. Soc. Psychol.*, mars 1976, 33(3), 338-344 ; Rodin J., « Effects of distraction on the performance of obeses and normal subjects », *J. of Comparative and Physiological Psychol.,* 1973, 83, 68-78]. Cependant cette théorie, sans doute un peu schématique, fut abandonnée quand on se rendit compte que la distinction faite entre signaux externes et internes était en grand partie artificielle, les signaux internes influençant la façon dont on perçoit les signaux externes et *vice versa.* Par exemple, la faim, signal interne, nous fait percevoir un gâteau, signal externe, comme plus savoureux [Rodin J., « Current status of the internal-external hypothesis for obesity : what went wrong ? », *Am. Psychol.,* avril 1981, 36(4), p. 361-372].

29. Apfeldorfer G., « Les sentiments n'ont pas de prix et n'obligent à rien », *in Les Relations durables, op. cit.*

30. Cosnier J., *Psychologie des émotions et des sentiments,* Retz, 1994, cité par Hahusseau Stéphanie, *Tristesse, peur, colère, agir sur ses émotions, op. cit.*

31. Apfeldorfer G., *Je mange, donc je suis. Surpoids et troubles du comportement alimentaire.* Paris, Payot, 1991.

32. Film d'Agnès Jaoui, scénario d'Agnès Jaoui et Jean-Pierre Bacri, 2003.

33. Bruch H., *Les Yeux et le ventre, l'obèse, l'anorexique*, Paris, Payot, 1984.

34. Carper J. L., Fisher J. Orlet, Birch L. L., « Young girls'emerging dietary restraint and disinhibition are related to parental control in child feeding », *Appetite,* 2000, vol. 35, n° 2, p. 121-129 ; Francis L. A., Hofer S. M., Birch L. L., « Predictors of maternal child-feeding style : maternal and child characteristics », *Appetite,* 2001, vol. 37, n° 3, p. 231-243.

35. Forward Susan, *Betrayal of Innocence : Incest and Its Devastation,* Houghton, Mifflin, 1978.

36. Gérard Apfeldorfer, *Maigrir, c'est dans la tête, op. cit.*

37. *Shrek,* film en images de synthèse d'Andrew Adamson et Vicky Jenson, adaptation d'un conte de fées de William Steig, par DreamWorks SKG en 2001.

## CHAPITRE 5
## *Faites l'Éducation alimentaire de vos enfants*

1. Zermati Jean-Philippe, Apfeldorfer Gérard, « 60 millions de gros. Et moi, et moi, et moi… », *60 millions de consommateurs,* juin-juillet-août 2006, n° 127, p. 16-23.

2. Carper J. L., Fisher J. Orlet, Birch L. L., « Young girls'emerging dietary restraint and disinhibition are related to parental control in child feeding », *Appetite,* 2000 , vol. 35, n° 2, p. 121-129. Shunk Jennifer A. , Birch Leann L., « Girls at risk for overweight at age 5 are at risk for dietary restraint, disinhibited overeating, weight concerns, and greater weight gain from 5 to 9 years », *J. Am. Diet. Assoc,* 2004 , vol. 104, n° 7, p. 1120-1126.

3. À un niveau collectif, voilà qui est différent. Mais votre enfant est bien trop jeune… Pour votre gouverne, les lois combattant la discrimination en fonction du poids existent déjà. Par exemple, une personne ne peut être écartée d'une procédure de recrutement en raison de son origine, de son sexe, de ses mœurs, de son orientation sexuelle, de son âge, de sa situation de famille, de ses caractéristiques génétiques, de son appartenance ou non-appartenance, vraie ou supposée, à une ethnie, une nation ou une race, de ses opinions politiques, de ses activités syndicales ou mutualistes, de ses convictions religieuses, de son apparence physique, de son patronyme ou, sauf inaptitude constatée par le médecin du travail, en raison de son état de santé ou de son handicap. Les peines encourues par l'employeur sont au maximum de 45 000 euros d'amende et de 4 ans de prison. Voir http://vosdroits.service-public.fr/particuliers/F1642.xhtml

# Index

# *Remerciements*

Plusieurs personnes ont bien voulu relire mon manuscrit et me faire des commentaires détaillés, des critiques pointues, ou m'éclairer de leurs connaissances. Merci aux docteurs Dominique-Adèle Cassuto, Jean-Michel Lecerf, Yves Sonigo et, tout particulièrement, à Jean-Philippe Zermati ; un grand merci à mesdames Martine Hacker, Ulla Menneteau, Katerine Kureta-Vanoli.

Je remercie aussi le Groupe de réflexion sur l'obésité et le surpoids, association qui existe maintenant depuis une dizaine d'années et qui regroupe des soignants prenant en charge les personnes en difficulté avec leur poids et leur comportement alimentaire. Je ne suis pas peu fier d'avoir contribué à la fonder. Cet ouvrage n'aurait pas été ce qu'il est sans nos travaux, nos discussions, nos confrontations.

# *Table*

## Chapitre 3
## Quoi, quand, où, comment manger ?



## Chapitre 4
## Venez à bout de vos dérèglements alimentaires

---

Cet ouvrage a été transcodé et mis en pages
chez Nord Compo

*Impression réalisée par CPI*
en mai 2018

N° d'impression : 2036853
N° d'édition : 7381-2268-8
Dépôt légal : avril 2009

*Imprimé en France.*